李端棻

近代教育改革的先驱

主　编　周术槐
副主编　余文武　丁　阳

西南交通大学出版社
·成　都·

图书在版编目（CIP）数据

李端棻：近代教育改革的先驱 / 周术槐主编. —
成都：西南交通大学出版社，2020.5
ISBN 978-7-5643-7431-0

Ⅰ. ①李… Ⅱ. ①周… Ⅲ. ①李端棻（1833-1907）
- 人物研究 - 文集 Ⅳ. ①K827 = 52

中国版本图书馆 CIP 数据核字（2020）第 080146 号

Li Duanfen：Jindai Jiaoyu Gaige de Xianqu
李端棻：近代教育改革的先驱

主　编 / 周术槐

责任编辑 / 梁　红
助理编辑 / 梁霄雲
封面设计 / 原谋书装

西南交通大学出版社出版发行
（四川省成都市金牛区二环路北一段 111 号西南交通大学创新大厦 21 楼　610031）
发行部电话：028-87600564　028-87600533
网址：http://www.xnjdcbs.com
印刷：四川煤田地质制图印刷厂

成品尺寸　185 mm × 260 mm
印张　11　　字数　248 千
版次　2020 年 5 月第 1 版　　印次　2020 年 5 月第 1 次

书号　ISBN 978-7-5643-7431-0
定价　99.00 元

本书编委会

主　任　吕保平　毛有碧

副主任　赵福菓

主　编　周术槐

副主编　余文武　丁阳

编委会成员（按姓氏笔画排列）

冯祖贻　伍小涛　杜和平　陈金萍

李守明　张羽琼　林建曾　欧阳恩良

罗　权　莫子刚　熊宗仁

序 一

写在前面的话

吕保平*

李端棻（1833—1907），字苾园，衡永郴桂道衡州府清泉县（今衡阳市衡南县）人，出生于贵州省贵筑县（今贵阳市），同治二年（1863年）进士。历任山西、广东、山东等省乡试主考官，全国会试副总裁、云南学政、监察御史、刑部左侍郎、仓场总督、礼部尚书等职。在李端棻七十余年的生涯中，因其倡言新政，举荐梁启超而产生广泛深远的社会影响。围绕新政这一主题，李端棻结识了大量志同道合者，其中不乏朝廷高官和一大批有着维新主张的爱国知识青年。

李端棻的新政举措中，《请推广学校折》（全称《时事多艰，需才孔亟，请推广学校，以励人才而资御侮折》）颇有代表性地体现了李端棻的教育新政举措。后世的研究者，围绕这一奏折做了大量富有成效的研究。笔者认为，在李端棻的新政举措中，有三件突出事迹值得载入史册。一是倡议兴办京师大学堂（今北京大学前身），二是举荐维新派领袖梁启超，三是创办贵阳公立师范学堂（今贵阳学院的前身）和贵阳第一中学。其中，倡办京师大学堂之举，有研究者认为乃近代中国高等教育制度的肇始。举荐梁启超并促成梁启超与其堂妹李蕙仙联姻，堪称近代中国政治史上的一段佳话。正如钟家鼎所言："李、梁两家的婚姻缔结为梁启超步入政治舞台提供了重要条件，同时为戊戌维新派的联合提供了一条重要纽带。"①创办贵阳公立师范学堂和贵阳一中，当属李端棻教育新政活动中的重要组成部分。有研究者认为，贵阳公立师范学堂和贵阳一中的创办，"李端棻作为黔籍大员，在推动贵州师范教育和普通教育事业方面，有着不可磨灭的贡献"。

李端棻作为从贵州走出去的教育改革家、政治家，已经成为贵州历史文化的一张重要名片，也是贵阳十大历史文化名人之一。习近平总书记说："历史是最好的教科书，也是最好的清醒剂。"今天，我们纪念李端棻，研究李端棻，其意义是多方面的。不仅涉及改革创新的问题，人才培养的问题，也涉及爱国敬业的问题，

---

* 作者简介：吕保平，男，贵阳学院党委书记、高级政工师。

① 钟家鼎著：《李端棻评传——兼论维新官僚在戊戌变法中的地位与作用》，海南出版社2004年版，第14页。

敢为人先的问题。对此，贵阳学院将端棻文化作为学校五大校园文化的重要组成部分，可谓着眼长远，用意十分深远。其目的不仅仅因为李端棻是贵阳学院的前身——贵阳公立师范学堂的创始人,更主要的是在人才培养的过程中让学生养成开拓进取、敢为人先的精神。基于这一目的，本文集收集了28篇与李端棻研究有关的文稿（含一位专家所作的序言），包括李端棻的教育思想研究和李端棻的生平事迹综合研究等内容，权当李端棻研究的一个肇端。期待以后有更多的李端棻研究成果问世，推动端棻文化的发展与繁荣。

序　二

当今李端棻研究中的几个问题

冯祖贻*

贵州的李端棻研究，近年来不可谓不热：各级领导的重视、贵阳各界人士对于乡贤的热爱，都推动了学界对李端棻研究的关注。近年来，有关李端棻的传记出了，讨论会召开了，文章也发表了不少。贵阳学院还成立了专门的“李端棻研究院”。但在“李端棻热”中，似乎还缺乏一点思考，下面所提的几点意见，就是我的思考，以供大家参考。

一、李端棻研究的基础还不扎实

我参加过国家清史工程的传记撰写，所写传记中就有《李端棻传》。按编写要求，除写传记本文外，为做到“无一字无来历”，还需编纂传记长编，规定所编长编必须在二至三万字。为之我几乎查遍了所能找到的有关李端棻的资料，自然我省同志所写传记及文章都在收集之内。检阅所有传记、文章之后，我深深感到，我省同志对李端棻的研究是在资料极薄弱的基础上开展的，所依据的只有《清史稿》、梁启超的《戊戌政变记》和《墓志铭》。李的作品呢，仅据李氏所写的《请推广学校折》等少数奏折及李氏的《苾园诗存》，新发掘的资料极少（两本传记中涉及的李氏给梁启超的信及师大图书馆所藏李氏后期所作《普通学说》算是例外），在资料极少的情况下，想对李端棻的一生做全面研究是困难的。

从现存有关李氏的记载中可知，李氏一生经历丰富，又是文臣，交往也很广泛。据陈夔龙所称戊戌年间“封奏独夥，均系变法维新”可见，仅戊戌年“封奏”一项，李端棻就应有不少。我本人曾为此事采访过李氏后人李良麒先生（时任省气象局总工），李先生言戊戌政变时为避祸，李家已将“封奏”全部烧毁。李家既没有，历史档案馆必有。20 世纪 90 年代，孔祥吉先生就告诉我，他曾看过一些。

---

* 作者简介：冯祖贻，男，江苏江阴人，曾任贵州省社科院副院长、《贵州社会科学》主编，主要从事中国古代史、中国近现代史、地方史的研究与教学工作。

当时因种种原因，没有及时去查访，现在条件已不同于往昔，我希望贵阳学院能组织力量去查访，将李端棻的奏稿（不仅戊戌年的）访得，出一本《李端棻奏稿》，这将是一件大事。此事可与北京市社科院郑永华先生合作。此次讨论会，郑先生提交的论文报告，即是关于中央档案馆所存《请推广学校折》原件，与坊间本相比，大不相同。

二、应对李端棻的一生进行综合研究

目前我省的李端棻研究，大多集中于李端棻一生的后期，后期中又多集中于戊戌维新运动中他上的《请推广学校折》。这固然与李端棻生平资料的缺失有关，但由于过分集中于一点，因之对李端棻一生的评价大有无法深入之感。

李端棻的政治生涯大致分三段，光绪十五年（1889 年）典试广东，结识梁启超之前，是他在清王朝任职初期，所任主要是学官。从他屡次出任学政、典试各地看，积累了他以后能在教育上提出改革的经验，但距离新政还差得远；这时他的学问主要是程朱理学，《清史稿》本传及梁启超为他写的《墓志铭》上交代得很清楚，陈夔龙则直说李氏的学问是“旧学”。光绪十五年后则不同，特别是梁启超到北京与李蕙仙结婚后，梁就住在李端棻家中，李端棻的思想发生了巨变，从清廷循规蹈矩的官僚，变为支持维新变法并屡上改革奏折的维新大吏，直至变法失败。变法失败后可称第三期，他此期内对维新信仰不变，经贬返贵州，从事贵州的改革事宜，直到他逝世。他逝世前曾给在日本的梁启超写过一封信称：“吾年七十……犹得从诸君子之后，有所尽于国家。”可见李端棻并未因挫折而改变追随康梁的初衷。

此三阶段中，结识梁启超是李端棻一生最大的转折点。要全面研究李端棻，就不能不加强梁李之间关系的研究。有一种说法，在李梁之间，李影响了梁，根据是梁说过“饮食教诲于公者且十年”，出处为梁为李所写的《墓志铭》。若从年岁上论，李比梁长，梁赴京后又住在李家，在旧学和官场应酬往来上，李可以为师；但在思想上，却大不一样。梁中举后即拜康有为为师，成为康有为得意弟子，所以当梁赴京、结亲李家时已成为康有为变法最得力的助手，新学造诣已领袖全国。这从戊戌变法时梁的作用便已看得出来。说李影响了梁或指导了梁，从何说起？

对李端棻一生进行综合研究，还可回答一个重要问题，即一些进步的官僚是如何走向支持康梁变法之途的，李端棻在这批官僚中是有代表性的。还有李端棻究竟在康梁维新变法案中处于何种地位，也可因之得到比较圆满的解决。

我提到要研究李端棻，必须要同时研究梁启超，不只是要回答戊戌时在思想上究竟是谁指导了谁，而且研究李、梁姻缘，对研究李氏家族在贵州及贵阳近代化中的地位和作用，对进一步了解梁启超对贵州近代政治、思想的影响也有帮助。

众所周知，李、梁之间关系并非只是李端棻一代。从许多资料中可得知，民国初年，梁启超的地位很高（司法总长、币制局总裁），便有能力资助李家，并安排工作，而且援助了李氏后人去京津上学。在这之前，李氏乃至贵州的许多后学，远赴日本留学时，第一个要拜会的就是梁启超。辛亥革命前贵州宪政派重要人物姚华、蹇念益、陈国祥等都有类似经历。所以梁一生与贵州真是关系匪浅。

三、应实事求是地评价李端棻于戊戌维新运动中的地位和作用

研究李端棻，戊戌维新运动是绕不开的，但对他在整个运动中的作用、地位，应作实事求是的评价。有的书中对李的评价是这样的：他不仅在整个维新运动中有“重要的政治地位”，而且是“变法的重要策划者”“重要组织者”“重要推动者”，在整个运动中是“领袖阶层中的核心人物”，比之梁启超、谭嗣同“有过之而无不及”。这个评价是否过高了？

一切还应回归历史事实。

作为支持维新变法的朝廷官员，李端棻为变法维新是做出了贡献的。在百日维新之前（1896 年，光绪二十二年五月初二），李端棻便上了《请推广学校折》。在百日维新中，李也是在维新派最困难的时候上了《变法维新当务之急折》(1898 年，光绪二十四年六月六日)，提出了开懋勤殿议制度，以代康有为的开制度局建议；又为响应维新派精简官吏，李本人虽任仓场侍郎，却主动要求裁撤衙门以为倡导等，都是值得称道的。由是，梁启超称他为“二品以上言新政者，一人而已”。再有，李端棻曾举荐过康有为等新政人才。至于何时举荐康有为，原折已不见（黄彰健先生考订应在六月六日折中），但这是李端棻自己承认的，还说是“屡荐”。这也是李端棻支持变法的重要表现。但是否这样他便是变法的策划者、组织者，甚至是变法的核心呢？显然不是。

变法的重要领导者还是康、梁等极少数人，即便是上过更重要奏折的徐致靖也不在核心圈子里。这可以从敌对营垒在政变后对参与变法阵营中人的处理轻重看出来。康、梁逃跑不计，被捕的有张荫桓、徐致靖、杨深秀、军机四卿（杨锐、刘光第、林旭、谭嗣同）及康广仁。其中，张荫桓被牵进去的理由很牵强，所以只是充军；徐致靖也因为李鸿章救援，便以参与不深判了斩监候，庚子（1900 年）时便出狱；最后被处刑的只有六人。李端棻连被捕的资格都没有，最后的罪名也只是保举了康有为。“重谴”的结果只是充军。假若李端棻是康梁维新派的核心，在慈禧盛怒之下，李端棻的结局会是这样吗？

另还有一个史实应注意：在变法过程中，慈禧为了加强对光绪及朝政的控制，规定二品以上大员任职必须亲自向慈禧谢恩。事实上，光绪安排礼部官员名单都是经慈禧许可的，光绪所拟名单与慈禧批准名单是有出入的。徐致靖原拟任礼部右侍郎，慈禧就没有允许，所以徐没有得到实授。李端棻的礼部尚书是慈禧同意的，此时已是戊戌年的七月下旬，距政变发生已不到十日了。试想，慈禧能同意让一位维新派的核心人物如此“荣膺高位”吗？

总之，李端棻在戊戌维新运动中的地位问题，只要如实地写出便可以了，不

必争什么组织者、策划者。

另外，李端棻在变法前所上的《变法维新当务之急折》(1898年，光绪二十四年六月六日）是康有为代拟的，康有为在《自编年谱》中已说明；另一封影响更大的光绪二十二年上的《请推广学校折》，已有人考订是梁启超代拟的[1]。代拟与亲自撰写自是不同，但我认为即使别人代拟，李端棻必看过，同意代拟者观点才会上奏，因此仍可以作为研究、评价李端棻的依据。

① 闾小波：《李端棻〈请推广学校折〉为梁启超代拟》，《近代史研究》1993年第6期。

目录

"抗疏变法冠九卿"
——关于李端棻的《请推广学校折》及其他

刘宗棠*

贵州先贤李端棻是清朝著名的政治家、改革家、教育家，对于清末的维新变法和教育改革事业做了很多重要的贡献。但是，在过去有一段时期，他却被忽视，被遗忘。改革开放以来，对李端棻的研究和宣传逐渐增多。进入21世纪后，贵州省，尤其是贵阳市曾经用多种形式纪念李端棻。今年是李端棻逝世110周年，我们重新阅读他的《请推广学校折》，重温他的一些重要事迹，会得到很多新的启迪和感悟。

一、屡建奇功，曾被遗忘——李端棻人生的辉煌与遗憾

在清末的维新变法运动和教育改革的前前后后，李端棻做出了很多独特的贡献，屡建奇功。1889年，李端棻主考广东乡试，非常赏识年仅十七岁的梁启超，即将堂妹李蕙仙许配给梁启超。此后十年间，梁启超到京师多寄住在李端棻府上，并得以结交各界名流，大大地提升和扩大了活动空间。1894年，甲午战败后，光绪帝"欲兴庶政而图自强"，降旨征求"通达中外能周济时用之才"。不料时过数月，应者寥寥。唯李端棻竭力保荐了16位俊彦维新之士，其中有唐才常、熊希龄、严修、夏曾佑等。1896年，李端棻上《请推广学校折》——这一奏折是戊戌变法教育改革的方针，后来被称为中国教育走向近代化的纲领性文件。1898年，李端棻向光绪帝上奏，密保康有为、梁启超、谭嗣同等人，并上《变法维新条陈当务之急折》——这其实是一份政治改革的纲领。1898年7月，李端棻被授职礼部尚书，负责掌管全国教育行政和其他相关事务。戊戌变法失败后，李端棻以"滥保匪人"被"着即革职，发往新疆"。1901年，李端棻以年老多病，被赦回黔，时年已69岁。但是，他仍然热心教育，传播新学，应聘主持贵州经世学堂讲席，参与举办贵州省通省公立中学堂、贵州省公立师范学堂等。临终前还竭力捐资助学。1907年11月17日，李端棻与世长辞，终年75岁。

对于李端棻在变法维新和教育改革中的独特贡献，康、梁等都给予了很高的评价。梁启超说："李端棻屡上封事，请开学堂定律例开懋勤殿大誓群臣诸大事，二品以上大臣，言新政者一人而已，故上特拔为礼部尚书。"①康有为称赞李端棻当时是"抗疏维

* 作者简介：刘宗棠，男，1931年生，贵州省毕节市人，原贵阳学院教授，长期从事逻辑学的教学与研究工作，著有《〈指物论〉与指号学》《论"承认"》《再论"承认"》《三论"承认"》等。

① 梁启超：《戊戌政变记》，岳麓书社2011年版，第65页。

新冠九卿”，后来又在悼念李端棻的祭文中说：“维新之艰难兮，公缔其始。”又说：“策变法而累抗疏兮，发维新之大旨。”(《祭李端棻文》)[①]《清史稿·戊戌变法传论》曰：“戊戌变法，德宗发愤图强，用端棻等言，召用新进。百日维新，中外震仰，党争遽起，激成政变。”[②]

然而，在相当长的一段时间里，由于种种原因，李端棻没有得到足够的重视，甚至被“忽视”，被“遗忘”。《李端棻评传——兼论维新官僚在戊戌变法中的地位与作用》的作者钟家鼎教授说：“作为朝廷大臣，李端棻能够直接就国家大事与光绪皇帝对话。作为梁启超的老师和姻兄，李端棻能够与康有为、梁启超等人密切合作。李端棻成为打通光绪皇帝、维新官僚、康梁三者之间关系的关键人物，是被后世忽略的一位戊戌变法领袖人物。”

去年（2016 年）是李端棻上《请推广学校折》120 周年，今年（2017 年）是李端棻逝世 110 周年，明年（2018 年）是李端棻安葬于贵阳大关口（现贵阳市南明区永乐乡水塘村大关口）110 周年。这些都是应该隆重纪念李端棻的年份。

现在，我们重新认真阅读李端棻上的《请推广学校折》，仍然可以感受到当年李端棻忧国忧民的赤诚和锐意改革的决心。

二、抗疏变法，锐意维新——《请推广学校折》的积极意义

上疏是在朝官员向皇帝进呈奏章的一种文书形式。清代官吏向皇帝奏事的文书，用折本缮写，叫作“奏折”，也叫“折子”。抗疏指的是向皇帝上书直言。在戊戌变法时期，李端棻向光绪上了一些很重要的折子，其中最著名的为光绪二十二年（1896 年）的上《请推广学校折》和光绪二十四年（1898 年）的上《变法维新条陈当务之急折》。前者讲教育改革，后者讲政治改革，这正是戊戌变法的两个最为重要的内容。

后来，百日维新失败，但由《请推广学校折》而设立的京师大学堂却保留下来。“京师之有大学堂也，始于中日战后，侍郎李端棻奏请立学，中旨报可……及政变，惟大学以萌芽早，得不废。”(《清史稿》)而且，慈禧在谕旨中也说：“大学为培植人才之地，应予继续兴办。”于是，京师大学堂成了“戊戌变法”诸多新政中的幸存者。这所大学堂的建立，意义非常重大。它是中国高等教育近代化的标志，其最大特色是在继承中国传统文明的基础上引进和吸纳西方近代的文明和科学文化。1912 年，京师大学堂改名为北京大学，此后，北京大学始终与国家和民族同命运、共呼吸，形成了光荣的革命传统和优良的学术传统，深刻地影响着中国近现代思想理论、科学技术、文化教育和社会发展的进程。

而且，百日维新后，不仅京师大学堂幸存下来，各地建立起来的若干新学校也没

---

① 上海市文物保管委员会编:《康有为遗稿　戊戌变法前后》,上海:上海人民出版社 1986 年版，第 633-634 页。

② 转引自钟家鼎:《李端棻评传——兼论维新官僚在戊戌变法中的地位与作用》，海南出版社 2004 年版，第 378 页。

有被解散，而是继续作为传播新思想、培育新人才的基地，有力地促进了我国此后的改革、革命和建设，推动了我国的近代化和现代化进程。

显而易见，李端棻的《请推广学校折》非常重要，它是中国学制近代化的先声，是中国教育近代化的纲领性文件。

三、“时事多艰，需才孔亟”——上《请推广学校折》时的形势

《请推广学校折》的全部内容都概括在开头的二十一个字中：“时事多艰，需才孔亟，请推广学校，以励人才而资御侮。”“时事多艰，需才孔亟”八字，就非常鲜明地说明了当时形势的紧迫。

1840 年的鸦片战争，给予当时“闭关锁国”的清王朝社会以巨大的冲击。林则徐、魏源等人开始睁眼看世界，提出学习西方、救亡图存的对策：“师夷之长技以制夷。”魏源认为：“夷之长技三，一战舰，二火器，三养兵练兵之法。”(《海国图志》卷二《筹海篇》)。其后，曾国藩、左宗棠、李鸿章、张之洞等洋务派用实际行动开始学习西方的技术。然而，随着洋务运动的发展，一些人从实践中逐渐认识到，仅仅学习西方的技术是不够的，还应该深入地多方面地学习西方的先进文化、变法经验、教育思想和学校制度等，从“师夷之长技以制夷”到“师夷之长技以自强”。

1894 年甲午战争的失败，使中国人受到更进一步的大震动。进步国人认识到必须做进一步的更全面的改革。这种改革强烈地表现为戊戌变法运动。

彼时，主张变法的人士大都认为革新教育是变法的根本大计，而教育革新首要的就是废除八股，兴办学校。康有为说：“尝考察西之所以富强，不在炮械军器，而在穷理劝学。”[①]梁启超说：“变法之本在于人才，人才之兴在开学校，学校之立在变科举，而一切要其大成在变官制。”[②]然而，当时康梁等人的言论只是在野人士的呼吁，人微言轻，不能对国家决策产生直接的影响。当然，也有不少朝廷官员提出有关开办新式学堂的奏折，例如李鸿章、左宗棠、张之洞、盛宣怀等人，就都上过有关开设某种新式学堂的折子。[③]但是，这些奏折都只是就个别的学堂进行论述。对推广学校问题集中进行全面论述的，当属李端棻的《请推广学校折》。

《请推广学校折》一开始就提出：“时事多艰，需才孔亟。”关于“时事多艰”，这在当时是众所周知的，所以并未详加论述。对“需才孔亟”，则进行了扼要而且精准的论述：“皇上顺穷变通久之义，将新庶政以图自强，恐办理无人，百废莫举，特降明诏，求通达中外能周时用之士，所在咸令表荐，以备擢用。”本来期望很美好，“以为豪杰云集，富强立致。”实际情况却距离原来的期望很远，“然数月以来，应者寥寥；即有一二，或仅束身自好之辈，罕有济难瑰玮之才，于侧席盛怀，未能尽副。”那么，原因

---

① 《戊戌变法》（二），神州国光出版社 1953 年版，第 148 页。

② 《戊戌变法》（三），神州国光出版社 1953 年版，第 21 页。

③ 舒新城编：《中国近代教育史资料》（上册），人民教育出版社 1961 年版，第 128-143 页。

何在呢？“夫以中国民众数百万，其为士者十数万，而人才乏绝至于如是，非天之不生才也，教之之道未尽也。”

国难当头，时事多艰，需才孔亟，这就是当时的形势。

四、顶层设计，一经五纬——《请推广学校折》的主要内容

面对“时事多艰，需才孔亟”的严峻形势，《请推广学校折》提出了“一经五纬”的教育改革措施：“一经”指“设官书局”，“自京师以及各省、府、州、县皆设学堂”，京师设“大学堂”；“五纬”则是为了配合推广新式学校教育的五项辅助措施，即设藏书楼、创仪器院、开译书局、广立报馆，以及选派学生到外地和外国游历、学习。

《请推广学校折》首先深入剖析了“教之之道未尽”的事实和原因。实际上，当时已经开设了一些新式学校，“夫二十年来，都中设同文馆，各省立实学馆、广方言馆、水师武备学堂、自强学堂，皆合中外学术，相与讲习，所在皆有。”

那么，为什么还说“教之之道未尽”呢？李端棻提出以下五点：

其一，“诸馆皆徒习西语西文，而于治国之道，富强之原，一切要书，多未肄及。”这是说教学的内容单一，只是学习西语西文，却未学习“治国之道，富强之原”等更重要的内容。

其二，“格致、制造诸学，非终身执业，聚众讲求，不能致精。今除湖北学堂外，其余诸馆，学业不分斋院，生徒不重专门。”这里特别指出物理、化学和工业制造等学科的特点和要求，提出学习不分专业，不重视长期实践，是不行的。

其三，“诸学或非试验测绘不能精，或非游历察勘不能确。今之诸馆，未备图器，未遣游历，则日求之于故纸堆中，终成空谈，无自致用。”指出学习科学有的需要试验测绘，有的需要游历察勘，这与过去只从“故纸堆中”读书，不注重实践，大不相同。

其四，“利禄之路，不出斯途。俊慧子弟，率从事帖括以取富贵，及既得科第，遂与学绝，终成弃材。今诸馆所教，率自成童以下，苟逾弱冠，即已通籍；虽或向学，欲从末由。”指出科举取士与新学教育之间的矛盾。学生或耽于功名而无意于新学，或欲学新学而无门。

其五，“巨厦非一木所能支，横流非独柱所能砥……今十八行省只有数馆，每馆生徒只有数十。士之欲学者或以地僻而不能达，或以额外而不能容，即使在馆学徒一人有一人之用，尚于治天下之材，万不足一。况于功课不精，成就无几。”指出新式学堂学生太少，成材率不高，远远不能满足实际的需要。

最后，李端棻总结道：“此诸馆所以设立二十余年，而国家不一收奇才异能之用者，惟此之故。”此外，李端棻还特别提出：“格致、制造、农、商、兵、矿诸学，非若考据、词章、帖括之可以闭户獭祭而得也。书必待翻译而后得读，一人之学，能翻群籍乎？学必待游历而后证实，一人之身，能履群地乎？此所以虽有倜傥有志之士，或学焉而不成，或成焉而不大也。”

在贴合实际深入分析了“教之之道未尽”的原因之后，李端棻针对性地提出了改

进的办法。

首先，他高度赞赏“设官书局于都畿，领以大臣以重其事”。因为必须有充足的优良的学习资料才能很好地学习，而且有了充足的优良的学习资料供人学习，就有了希望。“他日奇才异能由斯而出，不可胜数也。”

所谓“官书局”，其实早在咸丰末年，湖北、安徽、江苏等地就已出现。到同治、光绪年间，曾国藩、左宗棠、张之洞等热心洋务的封疆大吏也积极筹资举办。1895 年，维新派的强学会所办的强学书局被清政府改组为官书局，译刻各国的政治、商务、工程等书籍。1898 年并入京师大学堂。之所以李端棻高度赞扬“设官书局于都畿”，是因为由此能够提供大量的新学资料给学习者。

其次，“惟育才之法匪限于一途，作人之风当偏于率土。”李端棻还郑重提出“推广学校”的主张。“臣请推广此意，自京师以及各省、府、州、县皆设学堂。”他还由低到高，分别提出了各级学堂的不同要求、学习内容和学习时间。初级学堂：“府州县学，选民间俊秀子弟十二至二十者入学，其诸生以上欲学者听之。学中课程，诵‘四书’、《通鉴》、小学等书。而辅之以各国语言文字及算学、天文、地理之粗浅者，万国古史近事之简明者，格致理之平易者，以三年为期。”中级学堂：“省学选诸生二十五以下者入学，其举人以上欲学者听之。学中课程，诵经史子及国朝掌故诸书，而辅之以天文、舆地、算学、格致、制造、农、商、兵、矿、时事、交涉等等，以三年为期。”高级学堂：“京师大学，选举贡监三十以下者入学，其京官愿学者听之。学中课程一如省学，惟益加专精，各执一门，不迁其业，以三年为期。”

此外，还要安排分斋学习，并安排好学成后的出路，“其省学、大学所课，门目繁多，可仿宋胡瑗经义治事之例，分斋讲习，等其荣途，一归科第；予以出身，一如常官。”他认为在这样周到的安排下，一定会有很好的效果。“如此，则人争濯磨，士知向往，风气自开，技能自成，才不可胜用矣。”

当然，这里的课程安排，仍然是先诵国学、辅以西学，虽然仍旧是“中学为体，西学为用”，但是在“西学为用”中，已经非常重视引进西方的新知识、新技能，比以往传统的书院大有进步了。从出路上看，虽然还是参照“科第”的资格，但也是适应当时社会思想惯性的一种办法。

这样大幅度的教育改革，“自京师以及各省、府、州、县皆设学堂”，规格宏大，需要大量的经费，大量的师资，怎么办？“今国家正值患贫，何处筹此巨款？”对此，李端棻也有调查研究，并根据当前的现实，提出切实可行的对策。

他说：“臣查各省及府、州、县率有书院，岁调生徒入院肄业，聘师讲授，意美法良。惟奉行既久，积习日深，多课帖括，难育异才。”原来各地都办有书院，但是已经大大地落后现实需要，亟需改革。“今可令每省每县各改其一院，增广功课，变通章程，以为学堂。”这样就首先解决了办学场地的问题。关于经费，则“书院旧有公款，其有不足，始拨官款补之。因旧增广，则事顺而易行；就近分筹，则需少而易集”。考虑得很实际，安排得也比较周到，切实可行。另一方面，还要保证重点。“惟京师为首善之区，不宜因陋就简，示天下以朴，似当酌助帑藏以崇体制，每岁得十余万，规模已可大成。中国之大，岂以此十余万为贫富哉？”一定要下些本钱，认真办好京师大学堂。

从京师到各省、府、州、县，要办这么多的学堂，从哪里去找这么多师资？这也只能从现实出发，逐步解决。李端棻说："臣以为事属创始，学者当起于浅近，教者亦无取精深。今宜令中外大吏各举才任教习之士，悉以名闻，或就地聘延，或考试选补。海内之大，必有可以充其任者。"这里的办法是从现实出发，循序渐进充分运用现有资源，积极努力，逐步解决问题。

设立学堂，非常重要。但是，仅仅设立学堂还不够。"然课其记诵而不廓其见闻，非所以造异才也。就学者有日进之功，其不能就学者无讲习之助，非所以广风气也。"因此，还需要有相辅相成的一些措施，"今推而广之，厥有与学校之益相须而成者，盖数端焉"。于是，他提出以下五项措施（即所谓的"五纬"）：

"一曰设藏书楼也。……自京师及十八行省省会，咸设大书楼，调殿板及各官书局所刻书籍，暨同文馆制造局所译西书，按部分送各省以实之。妥定章程，许人入楼观书，由地方公择好学解事之人经理其事。如此，则向之无书可读者，皆得以自勉于学，无为弃才矣。"

"二曰创仪器院也。格致实学，咸藉试验。无远视之镜，不足言天学；无测绘之仪，不足言地学；不多见矿质，不足言矿学；不习睹气机，不足言工程之学；其余诸学，率皆类似。"首先，简洁精到地指出新学的特点，指出仪器的重要。然后提出："今请于所立诸学堂咸别设一院，购置仪器，令诸学徒皆就试习……而学徒所成，视昔日纸上空谈，相去远矣。"

"三曰开译书局也。……近年以来，制造局、同文馆等处译出、刻成已百余种，可谓知所务也。然所译之书，详于求艺而略于政事，于彼中治国之本末，时局之变迁，言之未尽。至于学校、农政、商务、铁路、邮政诸事，今日所亟应讲求者，一切章程条理，彼国咸有专书详言之。今此等书，悉无译本。又泰西格致新学，制造新法，月异岁殊，后来居上。今所已译出者，率十年以前之书，且书亦甚少，未能尽其所长。"针对上述情况，"今请于京师设大译书馆，广集西书之言政治者、论时局者、言学校农商工矿者及新法新学近年所增者，分类译出，不厌详博，随时刻布，廉值发售，则可以增益见闻，开发才智矣。"这里，他强调的是既要全面翻译西方的各类书籍，又要与时俱进，关注西方的新成果，并即时传布开来。

"四曰广立报社也。知今而不知古则为俗士，知古而不知今则为腐儒。欲博古者莫若读书，欲通今者莫若读报，二者相须相成，缺一不可。"他认为当时非常需要既博古又通今的人才，因此既要鼓励努力读书，也要倡导积极阅报。"今请于京师及各省会，并通商口岸、繁盛镇埠，咸立大报馆，择购西报之尤善者分而译之。译成，除恭缮进呈御览并咨送京外大小衙门外，即广印廉售，布之海内。其各省政俗土宜，亦由各馆派人查验，随时报闻，则识时之俊日多，干国之才日出矣。"当时对新闻和信息的重要性有这样的认识，更表明了他与时俱进的思想。

"五曰选派游历也。学徒既受业数年，考试及格者，当选高才以充游历。游历之道有二：一游各国，肄业于彼之学校，纵览乎彼之工厂，精益求精以期大成；一游历各省，察验矿质，钩核商务，测绘舆地，查阅物宜。皆限以年期，厚给薪俸，随时著书，归呈有司，察其切实有用者，为之刊布，优加奖励。"当然，有奖也要有罚。"其游惰而无状者，官则立予降黜，士则夺其出身。”

李端棻对于这“一经五纬”的改革方案满怀信心。他说：“夫既有官书局、大学堂以为之经，复有此五者以为纬，则中人以上者，比可自励于学，而奇才异能之士，其所成就益远且大。十年之后，贤俊盈廷，不可胜用矣。以修内政，何政不举？以雪旧耻，何耻不除？上以恢列圣之远猷，下以慑强邻之狡启，道未有急于是者。”

这封《请推广学校折》是紧密结合当时的实际，经过认真的调查研究和深思熟虑后做出的有关教育改革的一个顶层设计，考虑周到，切中时弊，集中体现了当时维新派的主张，可操作性很强。1896 年 6 月 12 日上奏后，8 月 11 日，光绪帝谕内阁：“李端棻请推广学校以励人才一折，着该衙门议奏。”不久，总理各国事务衙门就上奏：“兴学诚自强本计，请由各省督抚酌拟办法，或就原有书院，量加程课；或另建书院，肄习专门。……致所请京师大学堂，系为扩充官书局起见，请饬下该管大臣，察度情形筹办。”[①]基本上都赞同李端棻的意见。

如此一来，经由总理衙门议奏认同，光绪皇帝批准的《请推广学校折》的意见，便上升为国家意志，成为维新变法进行教育改革的纲领性文件。不久以后，这份奏折经《时务报》刊登而广为流传，成为全国各地兴办新式学堂和其他相关文教事业的根据。

五、传播新学，至死不渝——李端棻晚年讲学、办学、助学事迹

戊戌变法失败后，李端棻也以“滥保匪人”被革职，遣戍新疆。是年秋天，李端棻被押解离京，赋诗曰：“怕呼中秋月有声，要从菜市哭忠贞。幸予被遣为迁客，匹马秋风出帝城。”后来，到了甘州（今甘肃张掖），因病留下治疗。

1901 年，李端棻以年老多病，赦回贵阳。1902 年，贵州巡抚聘李端棻主持贵州经世学堂讲习。李端棻仍然努力传播西方新学，为了推广新的学习内容，写了《普通学说》一书，帮助大家学习西方新学。其中说道：“为学之最初一步，普通学是也。西人谓之文学、质学。质学，东人又谓之科学，凡人类应有之智识悉具于是。学校用者谓之教科书，程度之高低，则随学校之大小而异。不明普通学不能学专门，欲求专门之大成，则普通学之程度亦须随之提高。”[②]最后还开列了普通学的一些书目，其中有算术、几何、代数、地理、历史、地质、理化、生理、博物、政治、经济、法制、伦理、教育等。[③]

李端棻在主讲经世学堂时，第一次月课就让学生写论说文，出题为“卢梭论”，并且把自己所藏的《新民丛刊》上的卢梭传记给大家传写抄阅。第二次月课，又出题为“培根论”，又把所藏《新民丛刊》中有关培根的传记给大家传写抄阅。在讲学中，李

① 《戊戌政变》（二）神州国光出版社 1953 年版，第 4 页。

② 转引自钟家鼎：《李端棻评传——兼论维新官僚在戊戌变法中的地位与作用》，海南出版社 2004 年版，第 338 页。

③ 转引自钟家鼎：《李端棻评传——兼论维新官僚在戊戌变法中的地位与作用》，海南出版社 2004 年版，第 345-346 页。

端菜还介绍一些西方的学术思想，如孟德斯鸠的三权分立论、达尔文的进化论、赫胥黎的天演论等。

李端棻积极传播新学的言行，受到顽固派分子的强烈反对。当时，贵阳街头出现了一些诽谤李端棻的竹枝词，例如：康梁遗党至今多，请尔常将颈子摩。死到临头终不悔，敢将孔孟比卢梭。又如：居心只想做奸臣，故把康梁分外清。此君曾被康梁误，复把康梁再误人。[①]但是，时代潮流浩浩荡荡，清政府在内忧外患的沉重压迫下也只得继续开展新政，包括改革官制、兵制、学制，奖励工商等诸多方面。

1902年，贵州巡抚邓华熙奏请将贵山书院改为贵州大学堂，并下令各府设中学堂，各县设小学堂。于是，贵州掀起了规模宏大的办学热潮。李端棻也在其中发挥了重要的倡导作用。

同年，李端棻与于德楷、乐嘉藻等人创立了贵州第一所公立师范学堂——贵阳公立师范学堂（1935年更名为贵州省立贵阳师范学校，1957年更名为贵阳市师范学校，2009年并入贵阳学院）。

1906年，李端棻与任可澄等创办贵州省第一所公立中学——贵州通省公立中学堂（1950年与贵阳中学等几所中学合并成为贵阳一中）。同年，李端棻与唐尔镛、任可澄、华之鸿等人发起成立贵州教育总会筹备会，对近代贵州教育的发展有重要的推动作用。

据2004年出版的《贵州教育史》记载："从1897年改革学古书院开始，到1911年辛亥革命在贵州取得胜利，据不完全统计，全省共办起各类学校1700多所（《贵州省志·教育志》据民国《贵州通志》的统计为683所，近年搜集到的资料，已超过700所），其中小学堂658所，中学堂14所，师范学堂及师范传习所19所，高等学堂6所，实业学堂12所。此外还有军事性质的军警学堂5所。"[②]

清末贵州的地方教育得以如此蓬勃发展，当记一笔李端棻的首倡之功。

直到去世前，李端棻仍然心系当地教育。1907年，他虽已年逾古稀、步履艰难，但仍由人搀扶巡视贵阳的一些学堂，并竭力捐资助学。他去世前数月，还给流亡在日本的梁启超写信说："吾年虽逾七十，志气尚如少年，天未死我者，犹将从诸君子之后，有所尽于国家矣。"现在读来，这份赤子之心，依然令人感动。

1907年11月17日（丁未年十月十二日），李端棻逝世，享年75岁。

---

① 转引自钟家鼎：《李端棻评传——兼论维新官僚在戊戌变法中的地位与作用》，海南出版社2004年版，第351页。

② 孔令中主编：《贵州教育史》，贵州教育出版社2004年版，第157页。

教育改革视角下的李端棻《请推广学校折》分析

敖以深*

戊戌变法时期，李端棻以其特有的政治地位为变法措施的施行做出了许多贡献。其中之一就是奏《请推广学校折》，对国家的教育问题进行了全面的分析，并提出了一系列教育改革的建议。因此，对李端棻的《请推广学校折》及其教育改革思想进行研究，无论是对深入了解维新教育，抑或是对当前我国的教育改革，都具有重要的历史意义和现实借鉴价值。但遗憾的是，目前学界极少有人对此进行专题研究。有鉴于此，本文拟从近代教育改革的视角，以《请推广学校折》为研究材料，对李端棻的教育改革思想进行系统探析。

一、《请推广学校折》蕴含的教育改革思想

1896 年 6 月 12 日，即光绪二十二年五月初二日，李端棻向光绪帝上《请推广学校折》。该折深刻地分析了当时中国社会的客观现实，系统地表述了李端棻的教育改革思想。具体内容分析如下：

（一）重视选拔举荐人才

选拔举荐人才是李端棻教育改革思想的立足点。在李端棻看来，只有兴学育才，才是救亡图强的根本。《请推广学校折》开篇就说："人才之多寡，系国势之强弱也。"① 强调有用人才对于国家强弱的重要性，希望统治者实施变法以图国家自强，在全国范围内寻求通达内外能周时用的人才。"巨厦非一本所能支，横流非独柱所能砥，天下之大，事变之亟，必求多士，始济艰难。"②他认为求才困难的主要因素是国家创办的学校数量不足，招收的学生数量有限，于治天下之才万不足一。甲午战争以后，面对光绪帝降诏求贤而"应者寥寥"的局面，李端棻深感忧虑，发出了"夫以中国民众数万

---

* 作者简介：敖以深，男，贵州理工学院马克思主义学院教授，历史学博士，主要研究方向为大后方抗战史、贵州地方史等。

① 李端棻：《请推广学校折》，汤志钧、陈祖恩编：《中国近代教育史资料汇编・戊戌时期教育》，上海教育出版社 1993 年版，第 116 页。

② 李端棻：《请推广学校折》，汤志钧、陈祖恩编：《中国近代教育史资料汇编・戊戌时期教育》，上海教育出版社 1993 年版，第 117 页。

万，其为士者十数万，而人才乏绝至于如是。非天之不生才也，教之之道未尽也”[①]的哀叹。

李端棻不仅呼吁要重视培养人才，而且还以实际行动尽量举荐人才。戊戌变法期间，他积极向光绪皇帝举荐人才。据统计，从甲午战争失败后到百日维新，“经他向光绪皇帝保荐的维新派重要人物达 16 人之多，其中有康有为、梁启超、谭嗣同、严修、唐才常、熊希龄等。光绪皇帝之重用康有为、谭嗣同等人，李端棻极力保荐之功实不可没。”[②]

（二）主张大力推广学校

推广学校是李端棻教育改革思想的最重要组成部分。李端棻认为，人才的形成需要学校的教育和培养，具备一定规模和数量的学校是人才形成的有效培养路径，学校数量太少是造成当时人才匮乏的一个重要原因。为使国家多出奇才异能之士，他主张“自京师以及各省、府、州、县皆设学堂。府、州、县学，选民间俊秀子弟年十二至二十者入学”。[③]在当时经费困难的情况下，“可令每省每县各改一院，增广功课，变通章程，以为学堂书院。旧有公款，其有不足，始拨官款补之。”[④]

他还指出，学校教育是人才培养的重要途径，但不是唯一途径，仅靠学校教育还不能满足国家对人才培养的需要。为此，他主张设藏书楼，创仪器院，开译书局，广立报馆，选派游历，凡与学校有益相须而成者，亦须推广讲求。只有整合各方资源，通过多种形式加大人才培养力度，才能够形成人才辈出的局面。

（三）呼吁改革传统科举制度

中国传统科举制度在封建社会人才培养选拔中发挥了重要作用，但这一制度发展到清末，其弊端日益暴露，受到越来越多的有识之士的质疑。鸦片战争以后，随着西方教育理念的传播，改革传统科举制度的呼吁声更加高涨。李端棻吸收了经世致用的观点，主张吸收西方教育之长，改革传统的科举制度。

据记载，他出典广东乡试时，给考生的考题共有四道：1.“子所雅言诗书执礼”至“子不语怪力乱神”；2.“来百工则财用足”；3.“离娄之明，公输子之巧”；4. 诗“荔实周天两岁星”，得“星”字。[⑤]可以看出，这些考题与一般帖括考辨有所不同，隐含“经世致用”之意，具有策论的性质。在《请推广学校折》中，他主张改革学习课程及学

---

① 李端棻：《请推广学校折》，汤志钧、陈祖恩编：《中国近代教育史资料汇编·戊戌时期教育》，上海教育出版社 1993 年版，第 116 页。

② 熊宗仁：《甲午战争与贵州知识分子的觉醒》，《贵州文史丛刊》1994 年第 5 期，第 2 页。

③ 李端棻：《请推广学校折》，汤志钧、陈祖恩编：《中国近代教育史资料汇编·戊戌时期教育》，上海教育出版社 1993 年版，第 117 页。

④ 李端棻：《请推广学校折》，汤志钧、陈祖恩编：《中国近代教育史资料汇编·戊戌时期教育》，上海教育出版社 1993 年版，第 118 页。

⑤ 秋阳：《李端棻传》，贵州民族出版社 2000 年版，第 36 页。

习内容，认为省、府、州、县学堂所学课程，除中国典籍外，应开设各国语言文字、天文、与地、算学、格致、制造、农桑、兵矿、时事、交涉等科目，既重视中国的传统文化，又重视西方近代自然科学、社会科学各科。其实质是“中学为体、西学为用”思想在教育领域的具体体现。

二、李端棻奏《请推广学校折》原因分析

《请推广学校折》集中体现了李端棻的教育改革思想。李端棻奏《请推广学校折》并非偶然，它在很大程度上是对当时中国社会现实和发展趋势的反映，同时与教育救国思潮的发展，以及他自身对封建制度特别是传统科举制度弊端的深刻认识紧密联系。

（一）近代中国社会转型演变中对教育的思考

从鸦片战争开始，西方列强对我国的侵略逐步加剧，特别是《马关条约》的签订，更加刺激了帝国主义列强掠夺瓜分我国领土的野心，给我国社会造成了严重的灾难。在《马关条约》换约后不久，光绪帝就发布了一道上谕，决心痛除积弊，以收自强之效，并降诏求“通达中外能周时用之士”。鉴于民族危机的日益激化和光绪帝“将兴庶政，以图自强”，受甲午战争失败的刺激，“身任刑部侍郎的李端棻以自己的特殊地位，公开主张维新变法”。[①]请推广学校，以励人才而资御侮。

（二）新兴教育救国思潮的进一步发展

在近代中国如何振兴的思考和探索中，人们逐步认识到教育的重要作用。甲午战败，举国震惊，为挽救危局，各派势力纷纷将目光转向教育。维新派代表人物严复、梁启超、康有为等纷纷发表文章，阐述兴办近代教育对救亡图强的重要意义；洋务派官员胡燏芬、刘坤一、张之洞等人也认为“西方之强，强以学校”，主张“兴学育才”[②]，通过加大人才的培养力度来实现国家自强。在清朝政府官员中，部分有识之士已经认识到人才培养的重要性，如陶模就在《培养人才疏》中强调，国家的强弱与人才有密切关系，请求国家多培养人才，勉图补救。

在各种各样的教育救国主张中，对李端棻教育改革思想影响最大的是梁启超。众所周知，李端棻与梁启超之间是姻亲关系，“他们二人不仅思想相通，而且在维新变法运动中配合默契”，“梁启超在京师时，常至李府聚首，二人娓娓谈西学，侃侃论新政”。[③]甚至有人认为：“李端棻是与梁启超‘共谋’兴学的重要人物，‘请推广学校’之举亦有梁启超的参与。”[④]由此可见，李端棻和梁启超之间的相互影响是不可避免的。

---

① 熊宗仁：《甲午战争与贵州知识分子的觉醒》，《贵州文史丛刊》1994年第5期，第2页。
② 吴雁南等：《中国近代社会思潮》（第一卷），湖南教育出版社1998年版，760页。
③ 熊宗仁：《甲午战争与贵州知识分子的觉醒》，《贵州文史丛刊》1994年第5期，第2页。
④ 秋阳：《李端棻传》，贵州民族出版社2000年版，第36页。

（三）对传统科举制度弊端的深刻认识

李端棻通过科举入仕，曾出督云南学政，累擢内阁大学士，四为乡试考官，一为会试副总裁。特殊的社会经历使他深知科举制度专注考试、忽视教育的弊害。李端棻指出，在传统科举制度下，"俊慧子弟，率从事帖括以取富贵，及既得科第，遂与学绝，终为弃材。"[①]对于京师同文馆等洋务学堂，李端棻认为它们只单纯学习西方的语言文化，"于治国之道，富强之原，一切要书，多未肄及"，加之"学业不分斋院，生徒不重专门"，诸馆"未备图器，未遣游历"等因素，仍然未能达到教育改革的目的。[②]此外，李端棻还认为传统教育的教学内容已经不能够适应社会发展需求，存在理论与实际严重脱离现象，不能致精，终成空谈，无以致用，导致国家长期培养不出真正的有用之才，造成了人才匮乏的局面。

三、李端棻《请推广学校折》的历史影响

由于李端棻奏的《请推广学校折》所体现的教育改革思想基本上符合当时中国的客观实际，因而得到了统治者的重视，部分条款内容在戊戌变法时期付诸实施，特别是京师大学堂的建立等，对近代中国教育的发展产生了较大影响，反映了近代中国教育发展的必然趋势，所以在中国教育发展史上占有重要的地位。

（一）《请推广学校折》为戊戌变法中教育改革的重要依据

李端棻奏《请推广学校折》，内容具体，主张清晰，观点明确，对教育现象的分析切中时弊，所提改革建议具有可操作性，引起了总理衙门官员和光绪皇帝的高度重视。戊戌变法时期，《请推广学校折》推广学校的主张及其所包含的教育理念部分得以实施，该折也几乎成为当时教育改革的主要依据。

1896年，李端棻奏《请推广学校折》后不久，该折便刊登在上海《时务报》第七期上，流传甚广，引起了社会的广泛关注和赞同。该折经光绪皇帝批阅后，命总理衙门议奏，总理衙门大体采纳了李端棻的主张，认为"兴学诚自强本计，请由各省督抚酌拟办法，或就原有书院量加程课，或另建书院肄习专门。果使业有可观，三年后由督抚奏明再行议定章程，请旨考试采用。其藏书楼、仪器院、译书馆三节，均可于新立学堂中兼举并行。选派游历一节，与臣衙门奏派同文馆学生出洋章程大意略同……至所请京师建大学堂，系为扩充官书局起见，请饬下该管大臣，察度情形筹办"。[③]在此之后，梁启超所拟定的《京师大学堂章程》以及孙家鼐所拟各条陈，其内容都与李

① 李端棻：《请推广学校折》，汤志钧、陈祖恩编：《中国近代教育史资料汇编·戊戌时期教育》，上海教育出版社1993年版，第117页。

② 李端棻：《请推广学校折》，汤志钧、陈祖恩编：《中国近代教育史资料汇编·戊戌时期教育》，上海教育出版社1993年版，第117页。

③ 迟云飞：《清史编年》第十二卷，中国人民大学出版社2000年版，第10-11页。

端棻的教育改革思想基本一致。戊戌变法时期，在光绪帝发布的"诏定国是"诏书中，明确规定："京师大学堂为各行省之倡，尤应首先举。"还下令"将各府、厅、州、县现有之大小书院，一律改为兼习中学西学之学校"。在光绪帝最后一道新政上谕中，还决定拨出巨额经费作为开办京师大学堂的经费。光绪帝颁布的这一系列教育改革措施，虽是维新人士共同努力的结果，但基本上与《请推广学校折》内容相一致，从中我们不难看出它深深地打上了李端棻教育改革思想的烙印。

（二）李端棻教育改革思想的深远影响和参考价值

李端棻因为奏《请推广学校折》而备受人们关注，京师大学堂的建立以及随后的系列教育改革举措的实施，推动了近代中国教育的发展，奠定了我国近代教育的体制，不仅在我国教育发展史上占有重要地位，而且对当前我国的教育改革仍具有一定的参考价值。

李端棻在奏折中明确提出将各省各县书院改为学堂，形成国家、省、地方多层次办学的局面。府州县学、省学、京师大学堂均以三年为期，大学、省学分专业，"分章讲习"。戊戌变法时，光绪帝下诏改书院为学堂，省会设高等学堂，府厅设中学堂，州县设小学堂。这样，在全国形成了大学、中学、小学的教育体制。这种初步构想，特别是呼吁建立京师大学堂，主张选举贡监生入学深造，对近代中国教育的转型发展和高等学校的格局产生了重要影响。

也有学者指出："先生折中的议论，不惟切中时弊，对当时墨守成规因循守旧的陋习，不啻振聋发聩。且其所请具体办法，实事求是简便易行，既为变法革新及时培养了人才，推动了维新事业的发展，并初步奠定了我国近代教育的规模和体制。故此举不但是维新变法的一大成就，也是我国教育事业发展史上的一大转折。"①

戊戌变法后不久，李端棻回到贵州，在贵阳积极创办新式学校，大力传播新式教育理念，对推动贵州地方教育发展做了重大贡献。

当前，我国教育体制改革正面临着培养创新人才和普及基础教育等重大问题，深入研究李端棻的教育改革思想，吸取其精华，对当前我国的教育改革事业具有很高的借鉴价值。

① 转引自钟家鼎等：《论李端棻在戊戌变法中的地位与作用》，《贵州文史丛刊》1997 年第 5 期，第 40 页。

对李端棻规训后学的学术性考证

余文武[*][**]

作为身在旧体制内却站出来挑战旧体制的李端棻，被梁启超称为是“二品以上言新政者一人而已”的晚清重臣。他曾替康有为代奏《上清帝第五书》，曾是康有为和梁启超等改革派进入晚清中枢的密荐者，曾上呈《请推广学校折》和《变法维新条陈当务之急折》两个重要奏折，曾在戊戌变法的紧要关头取代守旧派大臣出任礼部尚书，曾在归隐后创建中国近代史上最早的师范学堂之一——贵阳公立师范学堂①，曾与张之洞、陈宝琛、张佩纶等同列“松筠十君子”……可是，李端棻为何做出以上离经叛道之举，从京师清流一跃而成维新派干将？就此，多学科学者均在潜研精思其间的道理。不过，他慧眼擢拔梁启超又反受其广譬曲谕的多方开导，他跟出使东洋的黎庶昌与出使西洋的张荫桓相视莫逆，他在数十年的若干学政任上奖掖后进挖掘人才，以及蛰居贵阳与乡贤毕力同心而共赴事功的殊勋异绩，是作者见猎心喜的学术旨趣所在。

“规训”一词出自法国哲学家、社会思想家福柯，具有纪律、惩戒、训练、学科等多重含义，也是教育学研究的概念之一。在本文中引作学术训练，特指先知先觉率马以骥、同志同僚能者居先的姿态，以及对于后学政治上的引领与学问上的提点之意；后学即学问居于人后之后进学者。本文假定李端棻自入仕起即日就月将，精进不休，以一个精明强干的开明政治家形象示人，拥有旷达不羁的胸襟、高明过人的思想与才德兼备的品格，在多地的学政任上对莘莘学子三熏三沐，而后重任在肩仍勉力对同道同僚发蒙解惑，再而借助学堂讲堂力行金玉良言的教化，其道德文章与嘉言懿行足以成为当朝当世的楷模。作者将审读事关李端棻规训后学与知识生产的材料，作李端棻研究文献的“文籍先生”，规避之前盲信的单文孤证，考证李端棻规训后学、诱掖后进、开办新学与著书立说的史实，采获其导德齐礼之有案可稽的凿凿证据，为李端棻研究领域开出信而有征的学术意见。

一、积学待时与宦海交游

李端棻六岁时失怙，其母独自承担阿保之劳。随后，跟随其叔父李朝仪研习四书

---

* 作者简介：余文武，1970年生，贵州湄潭人，贵阳学院校学术委员会副主任、教育研究所所长、教授，博士，贵州师范大学硕士研究生导师、广西民族大学硕士研究生导师，近期主要进行教育学学科规训和李端棻研究。

** 基金项目：“贵州省教育科学规划重大课题”项目（项目编号：2017ZD011）。

① 刘学洙：《李端棻：一部改革者的大书》，《当代贵州》2006年第1期，第61页。

五经，在积微成著的铺垫之后，随即向其舅父何亮清领受科举之教。因此才有梁启超的“京兆公（李朝仪）以圣贤之教率其家……公终其生立身事君，大事凛然不可犯，一如京兆公”[①]一说，亦表明李氏家族的先人的确有言传身教的道德示范。李端棻晚岁亲自讲与其表弟何麟书，称“吾一生为人之道，得之吾叔；为学之道，得之吾舅”[②]，此亦可作为其领受家教的确凿证据。为细察其积学待时的史实，有必要在此悉数呈现李端棻于艰辛幼年时目不窥园的笃信好学之表现。道光二十九年（1849 年），时年 17 岁的李端棻进入其舅父何亮清执教的贵山书院，跟随这位日后的翰林院编修学习帖括词章（应试的道德文章规范）。何亮清对执弟子礼的外甥颇为器重，曾赞叹朝经暮史的李端棻：“苾园忠孝之忱根于性生，异日必能为国家尽瘁。”[③] 何亮清出仕四川之后，李端棻再赴京投其叔父李朝仪门下，李朝仪视李端棻为己出，以一喷一醒的推动督促，使李端棻对经史子集博识多通，其学业进展亦呈竿头日上之势。

咸丰三年（1853 年），年方弱冠的李端棻即补博士弟子员（秀才），并于咸丰十一年（1861 年）顺天乡试中举，同治二年（1863 年）会试连捷成进士，选庶吉士后入翰林院任编修。由是，在以道学吏治闻名于世的李朝仪和奉行经世思想的何亮清的双重“熏影”之下，在大学士倭仁、尚书罗敦衍等理学家的器重之中，李端棻的学问日益精进，志向也愈发远大，期许着一个“君圣臣贤”的政治舞台。

除了短时间担任刑部侍郎、工部侍郎、仓场总督之外，李端棻的宦海生涯主要与科举密切相关，值得晚清教育史研究者倾耳注目。同治六年（1867 年）典试山西，九年（1870 年）分校顺天试，十一年（1872 年）出督云南学政。光绪四年（1878 年）丁忧期满入京，迁监察御史。因叔父李朝仪擢升顺天府尹，李端棻按例回避，重返翰林院，擢升内阁学士。光绪十五年（1889 年）以内阁学士典试广东，十七年（1891 年）典四川乡试，十八年（1892 年）任会试副总裁，二十年（1894 年）复典山东乡试，二十四年（1898 年）授礼部尚书。[④] 这期间与朝野人物在政治上此唱彼和，在交谊上诗酒唱酬的人际交往优势，为其荡平宦海风波提供了基础性的条件。此亦是我们管窥其获致同侪学问规训的路径。

与出使过外国的同僚交往，为李端棻提供了览闻辩见的通道。有如遵义沙滩人黎庶昌曾在光绪初期受命出任西欧四国参赞，历时六年之久，期间游历欧洲十国。李端棻在与其会晤时询问西洋情形，又阅读其手稿《西洋杂志》，两人声气相求。又如与“近代中国走向世界第一人”的黄遵宪的交往。黄遵宪早年随首任驻日公使何如璋出使日本，复任驻美国旧金山领事，之后又任参赞随法、英、比、意四国公使薛福成出使英国，再赴新加坡任总领事。李端棻与之会晤于北京，伺机了解国外的森罗万象。[⑤]日后随新出史料，还可以再度证实李端棻受欧风美雨沐浴的铁案。

---

① 梁启超：《饮冰室合集》（第 4 卷），云南教育出版社 2001 年版，第 2147 页。

② 许先德：《贵阳五家诗钞》，贵州教育出版社 1995 年版，第 2 页。

③ 许先德：《贵阳五家诗钞》，贵州教育出版社 1995 年版，第 2 页。

④ 张建新：《李端棻与中国近代教育改革》，《贵州民族学院学报（哲学社会科学版）》2007 年第 1 期，第 166 页。

⑤ 李端棻：《普通学说》，贵阳武庙铅字活版所 1903 年版，第 1 页。

与出仕的黔籍官员交往，使李端棻领受了前辈的风化教诲。李端棻进京入翰林院任编修之时，其叔父李朝仪颇得朝廷重用，先后在顺德府、广平府、大名府等地出任知府，忙着行兵布阵、防御捻军[1]。其叔父只身赴敌军帐内说服叛将的胆识，对曾寄居李朝仪家中的李端棻，在立身处世上予以了耳濡目染的影响。李端棻丁忧守孝期满返京途中，特地绕道成都拜望在四川任总督的乡贤丁宝桢，领受耳提面命之教。丁宝桢因智杀总管太监安德海而名满天下，在治理黄河、海防建设、革新盐政等方面颇有伟绩丰功，李端棻视其为轨物范世的榜样。[2]

从同治二年（1863 年）入翰林院到光绪二十四年（1898 年）遭免官流放，李端棻从政 35 年之久。在朝纲不振、国势衰微的情形之下，他于少年时代磨砺以须，心慕手追叔父李朝仪的道德人生，在寒窗苦读中藏器待时；于青年时代砥节砺行，精诚团结诸多朝野志向高远的同道，以期为江河日下的旧中国尽一份学子之力。此外，还可以继续挖掘李端棻与近代名人的交游故事，从中探察他们为询谋谘度而焦思苦虑的史实，以及他们在政治上的桴鼓相应之势。譬如，他与贵州学正严修的过从，支持其开设经济特科，以达到“培养天下人才来治天下事”的目的；与同榜考中进士又一同供职于翰林院的张之洞，抨击朝政、坚持甲午海战的主战立场；联袂翁同龢，识拔梁启超，荐举康有为，等等，均是值得我们重视的史料。

“宦海交游”可列为窥察李端棻规训同僚的视角。李端棻宦海沉浮 35 年，与政客文人有着良好的交谊。清流派干将张之洞、陈宝琛、张佩纶、宝廷、邓承修、黄体芳、张楷、邓庆麟、邵积诚等，与李端棻合称“松筠十君子”，他们在济世匡时中砥节砺行。之后，李端棻名列帝党集团，与翁同龢、孙家鼐、志锐、文廷式、汪鸣銮、长麟、张謇等因高情远致而道同志合。此外，他还与廖寿恒、张荫桓、谭继洵、陈宝箴、黄遵宪、丁宝桢、黎庶昌等相知有素而惺惺惜相惜。[3]

此交代意在说明其交谊圈子为其在位从政奠定了坚实的人脉根基，并得以呈现其学问规训的对象与范围：每有奏折呈递朝廷，总有同僚八方呼应，成为其思想观点的奥援。同僚与之论学有抵牾之时，又常被其精密详备的观点立场所折服：一则李端棻有扎实的学问功底与精深的考证功夫；二则李端棻之陈述能彰显问题意识，能指陈晚清颓废不振、病痛百出的时弊，能一语中的地指明甲午海战之后晚清政治的破局之策；三则李端棻有通权达变的襟怀，并非一味地“尊古抑今”，而是强有力地“申故扬今”。规训本身不限于师长对于弟子，还有道德知识的“掌控者”对于“后知后觉”的知识规训。李端棻对于同僚的规训，于今看来，形式上别具一格，内容上确切不移。

---

① 李良格、李良筑：《贵阳李氏家谱（第三稿）》，北京大学校史馆藏，第 50-51 页。

② 黄江玲、黄万机：《李端棻思想演化历程探寻》，《贵阳市委党校学报》2011 年第 4 期，第 53 页。

③ 钟家鼎：《李端棻评传——兼论维新官僚在戊戌变法中的地位与作用》，海南出版社 2004 年，第 14 页。

二、规训后学与诱掖后进

若以规训理论来审察李端棻的实教从学，难以尽喻其口讲指画的学科规训，亦未见其事关专才孵育的专门理论析出，因为晚清时局给这样一位政治家的重任是辅佐朝廷、力挽困局。李端棻年富力强之时在“金口木舌”的教化事业上的用功，尚需诗新出史料来佐证。本文探察李端棻规训后学与诱掖后进的真相，是从其参与的里程碑式的大事件中管窥其创造化育的思想脉络。

（一）呈递奏折

《请推广学校折》的全名是《时事多艰，需才孔亟，请推广学校，以励人才而资御侮折》，是一份影响中国近代社会教育体制的重大纲领。它力主变革陈旧的教育体制，提出新式学堂创建的具体措施。这份奏折的写就，是李端棻“念人才之多寡，系国势之强弱”的危机意识使然。其建言内容不仅涉及变革学校教育的建议，还大胆建倡设藏书楼、开译书局、广立报馆、选派游历等重大举措，以此发展晚清困厄中的社会教育。如果说《请推广学校折》是一份启蒙朝野思想界的宣言书，那具体的被启蒙对象都是谁？作者认为朝廷的执掌者（皇帝）和权力的掌控者（重臣），民间儒士乡绅和地方各级官员，以及现代学校教育的拥趸均在其列。

其中，又以设藏书楼的事宜最具格局与眼光。李端棻先提出陆续译出西学，又制定发挥图书价值的利用规程，譬如由印书局将西学书籍分送各省，使天下学子“得以自勉于学，无为弃才矣”。其次，李端棻在开设书局的问题上颇具前瞻性意识。他感叹先前的西学译著“详于艺术而略于政事”，为达到助益治国、审察时局的政治目的，郑重建议在京师设立大译书馆，分类译出最利于“增益见闻广开才智”的西学经典。至于广立报馆则更见李端棻规训世人的思想。他声言报纸对于开启民智、传播资讯的重要性，即“在上者能措办庶务而无壅弊，在下者能通达政体以待上之用”，从而达到“识时之俊日多，干国之才日出”[①] 的政治目的。

（二）选贤使能[②]

李端棻在学官位上二十余年，曾先后担任云南学政，主持山西乡试，分校顺天大试，以内阁学士身份主持广东乡试，主持四川乡试，任会试副总裁等，其主考对象就是四面八方的莘莘学子，有不教之教的训育便利；他荐举的名士名流，亦颇得其不言之教的道德濡化。李端棻在戊戌变法前，就曾向光绪帝力荐康有为，维新派遭受弹劾

---

① 中国史学会编：《戊戌变法》，神州国光出版社 1953 年版，第二册，第 296 页。

② 史继忠先生称，他曾经查阅到清人胡思敬撰写的《戊戌履霜录》，书中有《内外荐举表》，开列了各大臣保举的名单，内有仓场侍郎李端棻保举的 15 员：直隶的严修，江苏的耿保贤、崔朝庆、宋梦槐，安徽的程先申，湖南的熊希龄、唐才常、戴修鲤，广东的曾习经、徐勤、欧矩甲、韩文举，浙江的夏曾佑、汤寿潜，“满洲”的寿富。史继忠：《李端棻举才》，《贵州文史天地》1998 年第 4 期，第 48 页。

之际，他又举荐黄遵宪、康有为、谭嗣同入值懋勤殿，可见其称贤荐能的气度；在礼部尚书的任上，他向朝廷保举严修、耿保贤、崔朝庆、宋梦槐、程先申、熊希龄、唐才常、戴修鲤、曾习经、徐勤、欧矩甲、韩文举、夏曾佑、汤寿潜、寿富等维新派人士十六人，亦足见其爱才惜才的胸怀。

他举荐的人中，严修在贵州学政任上，明令开设经世致用的课程，增加英文、算学、格致（物理与化学）等课程，赢得“经世学堂”的名号，后来严修自美国考察归来还创办了天津南开大学；唐才常在戊戌变法期间，在湖南创办算学馆、南学会、群萌学会、《湘学报》和《湘报》，组织“自立军”，还在武昌发动“勤王讨贼”；熊希龄在时务学堂任提调，延聘梁启超为中学总教习、李维格为西学总教习，与谭嗣同在长沙创设延年会，认为兴学之本在师范，联合湘绅倡议整理湖南全省的书院；夏曾佑与梁启超、谭嗣同过从甚密，在天津与严复创办《国闻报》，宣传西学、鼓动变法、援引西方学说，形成“民智决定论”的文化史观。 以上四个人物，均为艰危时世之伤心蒿目的仁人志士，其人其事当是李端棻规训后学而生发效用的重要凭据。

（三）学堂讲课

退居贵阳之后，李端棻参与学堂创建、学堂主讲、课程教学，用近代先进的学科知识训练学子，开启了贵州文教振兴的先河。李端棻刚回贵阳便欣然受聘于贵筑经世学堂。出于对他高山景行的仰慕，贵州书香世家子弟聚集在其周围，朝夕领受他的桃李之教。其中，最突出的六位青年才俊是姚华、唐尔镛、王仲旭、任可澄、何麟书和桂伯铸，他们是光绪二十九年（1903 年）癸卯科贵州乡试的前六名，日后在贵州近代均有不俗的事功。[①] 有学者称李端棻经受“欧风美雨”的洗涤，熟谙西方教育制度与教育典籍，譬如卢梭的《爱弥儿》、孟德斯鸠的《论法的精神》、达尔文的《物种起源》、培根的《论事物的本性》、亚当·斯密的《国富论》、包尔生的《伦理学》等名著，他都曾熟读，[②] 此外，从李端棻晚年在贵筑经世学堂主讲西学的内容，与他 1903 年撰成《普通学说》，可以推断他所具备的西学功底足以推动西学知识的散布。明证就是李端棻曾专题主讲“卢梭论”“培根论”，并大力宣介孟德斯鸠的三权分立论。

（四）兴办教育

李端棻参与兴办教育至少有两个维度的表现：一是《剑桥中国晚清史》指出的通过奏折来提出教育改良意见，即经由改革课程来改造传统的书院以达到办成新学堂的

---

① 何克勤：《真情绵绵无绝期——记何亮清、何麟书父子与李端棻》，《贵阳文史》2010 年第 5 期，第 34 页。

② 何克勤称，65 岁高龄的李端棻在戊戌变法之后被流放新疆，在流放的三年他对自己参与、策划与推动的戊戌变法做了深刻的反思，在此期间深刻地学习欧洲民主思想启蒙家卢梭、培根等人的著作，完成了从一个“失败的封建上层改良主义者”到一个“民主先驱”的思想变革。参见何克勤《真情绵绵无绝期——记何亮清、何麟书父子与李端棻》，《贵阳文史》2010 年第 5 期，第 33 页。

目的，这是他思想层面参与兴办教育的例证；二是在学官任上和避居贵阳之后的身体力行，受聘经世学堂山长，参与乡绅儒士的办学活动，并积极撰写《政治思想》《国家思想》以唤醒世人[①]，这是他实践层面参与兴办教育的例证。之后，李端棻在贵州鼓动有志之士办教育，使华之鸿、任可澄、唐尔镛、于德凯和何麟书等参与兴办新式学堂，成为李端棻思想“最快与最彻底的接受者和实施者”（何克勤语）。数年间，几百所各类学校在贵州有如雨后春笋般出现，深刻地影响贵州各类教育的历史进程。譬如，贵州陆军小学培养的学生，在辛亥革命的历史大潮中，打响了贵州巡抚衙门的第一枪；贵州通省公立学堂更是延揽人才，成为因材施教的教育重镇[②]，并促成近代教育体制在贵州的落地生根。他支持学子参加康有为、梁启超的维新变法运动，促进了贵州知识阶层的觉醒，为清末贵州教育改革的兴起，储备了先锋式的人才。

李端棻的教育主张演变为教育实践，在贵州的具体表现就是：改书院、推广学校、改良经世学堂、发展官书局、选派游历。其中，选派游历有力地表明了李端棻借此来规训学子的孵育思想，他认为设置同文馆、实学馆、广方言馆、水师武备学堂、自强学堂等，有其规训人才的局限性，那就是受到书斋的拘囿，于是一针见血地指出其弊端在于“未遣游历”，故在避居贵阳之后亲自促成1905年春夏78名学子出国深造，又在秋冬促成73名学子赴日留学。这些学子中的绝大多数日后归来，成为振兴贵州教育发展的中坚力量。

三、知识规训与思想启蒙

著名教育学家瞿葆奎撰文称，学者陈鸿祥所著《王国维全传》一书中“王国维1904年曾任教的江苏师范学堂是全国最早的管办师范”有误[③]，因为李端棻在1902年创办的贵阳公立师范学堂，以及张之洞在1902年创办的湖北武昌师范学堂、陈宝琛在1903年创办的福建全闽师范学堂、张謇1903年创办的通州师范学堂（南通）、袁世凯1903年创办的直隶保定师范学堂等才是中国晚清最早的一批“官办师范学堂”，均在端方1904年创建的江苏师范学堂（苏州）之前。

陈述这段学案的意义在于，声明李端棻创办的贵阳公立师范学堂具有中国近现代教育上的先驱价值，它不但有践行《请推广学校折》之教育主张的地方回应动作，而且有对近代学校教育中的学制规定、教习聘请、生员资格、学习内容、专业分科、毕业待遇及经费来源等具体问题的落地生根。在李端棻的切实领导之下，创办群体勾勒了一个官办师范学堂的体制轮廓，并推行近代学校教育的规训制度，以期实现李端棻

① 在李端棻的诗歌中有“国家公产非私产，政策群谋胜独谋”“同胞若识平权义，高枕无忧乐自由”“君不堪尊名不卑，千年压制少人知”等，表明其政治思想和国家思想中有受西方政治学说启迪之后的品格跃升，表现为对清王朝家天下和帝王专权的否定。

② 何克勤：《真情绵绵无绝期——记何亮清、何麟书父子与李端棻》，《贵阳文史》2010年第5期，第34-35页。

③ 瞿葆奎：《两个第一：王国维译编的〈教育学〉——编辑后记》，《教育学报》2008年第4期，第4版。

提出的“十年之后，贤俊盈庭，不可胜用”的教育目标。

贵阳公立师范学堂乃私人集资筹建，校牌却以“公立”示人，学堂宗旨宣称：“以忠君爱国为本源，教授中学以上诸学课。”开设的课程有：“日文、化学、博物、万国历史、中国历史、万国地理、中国地理、地文学（兼天文学）、生理学、算术、代数、几何、法制学大要、国家学大要、国际公法大要、教育学、图画学、体操学。”考试评点方法为：“学生在学期间，实行学期试验、学业试验、卒业试验三种。成绩以‘评点’方式核定，每科以二十点为得点。其得点各科平均不达三分之一者，为不及格。”学生守则为：“要求学生充其固有之良知良能以为学，而又必忠信、笃敬、持重、廉耻，与同学互相砥砺。如有：一、品行不正，才学浅劣，前途无中学教习之望者；二、徒知放议时事，怠于讲习者；三、屡犯堂规，悛悔无望者。经教习与总理副办会同商议，命其退学。”[①] 从上述章程的具体内容可见办学者在作育新人上的良苦用心。我虽不同意秋阳判定贵阳公立师范学堂相当于大专层次的办学水平，但其开展知识生产与培养新人的学科规训制度，实是有案可稽的近代学校规训制度典范。

彼时因八股文废除而代之以论说文，又实质性地参与规训后学的月课，足见李端棻的开明思想。又如他第一次月课即以“卢梭论”为题，第二次月考又以“培根论”为题，第三次月考再以“朋友相处，常常自己的不是，方能感化他人的不是说”为题，颇可表明开通黔中风气、提携后进的教育意图。至于阐发的民权自由思想则更是其规训后学的实质内容。[②] 再如，他在学堂对于卢梭《民约论》中的“天赋人权说”与自由平等思想的散布，在私宅对于孟德斯鸠的三权分立论、达尔文的进化论和赫胥黎的“天演论”的宣讲，着实影响了一批青年才俊。

李端棻一生虽无等身著作，但有值得教育学者关注的高文大册，譬如传世的《苾园诗存》和《普通学说》，均被认为是研究李端棻的珍贵史料。《苾园诗存》由其表弟何麟书辑录成书，所录诗歌虽多为其晚年对家国寒心销志的寄怀之作，但亦可见他从帝党官僚转向维新派并勉力规训后学的心理历程。譬如，在《应经世学堂聘》中，他借山长之位陈述自己离经辨志的教育抱负：“帖括词章误此生，敢膺重币领群英。时贤心折谈何易，山长头衔恐是名。糟粕陈编奚补救，萌芽新政要推行。暮年乍拥皋比位，起点如何定课程。”[③] 再如《学术思想》中，他感喟维新变法给教育以时至运来的转机，指正“虚空”之学误国误民，推出炼石补天的金石之计：“早知素习尽虚空，志积维新日有功。目的胡为犹惝恍，心思毋乃欠昭融。素王学术无今古，黄种灵明胜白棕。宗旨看真须取法，何妨时势造英雄。”[④]

《普通学说》是李端棻规训思想最集约的表达，其刊印初衷在于帮助无条件入学的寒门子弟自学新学基础。关于这个 6400 字的单行小册子的编纂缘由与意图，李端棻做了如下陈述：“还乡以来，瞬将二载，睹吾乡人士未尝不思为学，而或蔽或偏，莫能自拔。不揣固陋，竭其所知，以与为学诸君共求进取之途，著之于编，以共众览。”“自

① 秋阳：《李端棻传》，贵州民族出版社 2000 年版，第 154-155 页。
② 秋阳：《李端棻传》，贵州民族出版社 2000 年版，第 156-157 页。
③ 许先德编：《贵阳五家诗钞》，贵州教育出版社 1995 年版，第 7 页。
④ 先德编：《贵阳五家诗钞》，贵州教育出版社 1995 年版，第 7 页。

严范孙编修督学以来，人始知学，至于今日，空疏如故。不喜西学者固无论矣，即号知西学者亦只从数种报章少开知识。即而扣之，不特专门之学未之有也，即寻常之普通知识亦未之前闻，甚至本国地理、历史，不论新学、旧学悉应通晓者，亦多相对茫然。”[①] 即李端棻欲借为学的基础——“普通学”（社会科学与自然科学的基础知识）以规训黔中学子。该书分为三个部分。第一部分讲图书的途径与目的：救时和穷理；第二部分讲普通学说的分科：理化生、政法经、史地、博物与伦理；第三部分讲彼时中国教育改革的阶段与区分，激励黔中学子奋力直追东南士大夫的兴学盛况。全书犹如匕首投枪，击中黔中教育的要害，同时亦显示出李端棻接受东洋、西洋之现代科学的自我规训格局，在国势衰微之时借力规训后学以大展经纶的政治谋略。

作为帝党官僚的李端棻与时俱进，渐变成为资产阶级的维新官僚，从其一生致力教育与政治之双向径路的救国强国的政治诉求中，足见其美人香草般的赤子之心。他不仅奥援维新变法的志士仁人，而且规训有志于学的四海学子；为学为文均有高明远见，为官任上则行不苟合，作育人才更是桃李满天。李端棻不仅是反哺故土的黔中乡贤，更是扶危定倾的华夏榜样。

李端棻乃科举出身，深知科举取士的弊端，故其改变时局的动因和举措乃其自身体会良多的“困厄感”使然。他深知不可再延续坐而论道般的僵化培育模式，而需抢占孵育“通达中外能周时用之士”的教育制高点。他一生的教育实践表明，其规训自身与规训他人的自觉自识意识都很强烈。

① 李端棻：《普通学说》，城北官书发行所 1903 年版，第 1 页。

简论李端棻的报业思想

莫子刚*

一、李端棻生平简介

李端棻，晚清著名教育家和政治思想家。祖籍湖南衡阳（今湖南衡阳），1833年（道光十三年）9月生于贵阳，6岁时丧父，直到16岁得其舅父何亮清之助，才完成学业，结束了极不稳定、贫困艰苦的少年生活时代。后投奔其在通州（今北京通县）做官的叔父李朝仪，1862年（同治元年）参加顺天乡试中举，次年又中进士，被任命为翰林院编修。不久被任命为山西乡试主考官。1872年（同治十一年），出任云南学政。1878年（光绪四年），应诏入京，次年升任监察御史。不久，因其叔父擢升顺天府尹，按清规需要回避之故，又重回翰林院担任大学士。1889年（光绪十五年）后，李端棻先后出任广东、四川、山东等地乡试主考官及全国会试副总裁。1892年（光绪十八年），李端棻升迁刑部侍郎，后又出任工部侍郎，不久又出任仓场总督。在京期间，他痛感封建专制之弊和清廷之腐败，积极倡导、支持和参与戊戌变法运动。1896年（光绪二十二年），他向光绪皇帝上了《请推广学校折》，请求开办新式学堂，制定律例，改革教育制度，为国培养新式人才。变法失败后，李端棻被发配新疆，直至1901年（光绪二十七年），因年老多病被赦回贵州。之后，他发挥余热，继续倡导新式教育，宣传民主民权思想，先后与贵阳当地开明进步官绅一起创办贵阳师范学堂、贵阳一中等诸多名校。1907年11月17日（光绪三十三年十月十二日），病逝于贵阳，享年75岁。

纵观李端棻的一生，大致可以分为以下四个阶段：第一阶段，1872年以前，先是贫困凄苦，为了生活而奔波，后是奋力攻读，为了功名而拼搏，最后才得以进入翰林院而渐入佳境；第二阶段，从1872年至1878年，担任云南学政期间，坚持“秉公评判、量才录用”，为国选才育才；第三阶段从1879年至1899年，20年的在京时期，工作上尽职尽责，力主变法维新和发展新式学校教育，并向光绪帝递交《请推广学校折》和《变法维新条陈当务之急折》；第四阶段，自1900年至1907年，这一时期是李端棻仕途走向衰落，对变法失败进行反思和大力发展新式学校教育的时期，尤其是他回贵阳后，一方面身体力行，大办教育，缔造新民，一方面积极宣传西方民主政治思想。

* 作者简介：莫子刚，1963年生，男，湖南邵阳人，贵州民族大学商学院教授，博士，硕士生导师，主要研究方向为经济学史、中国近现代史。

李端棻一生清廉正直，忧国忧民，他不仅是首倡戊戌变法运动的旗手和领袖人物，也是自鸦片战争以来少有的以天下为己任，奋力探寻救国救民之路的先杰之一。

二、李端棻的报业思想简析

在李端棻的《请推广学校折》中，有关报业的内容虽不算多，但我们仍然可以从这一有名的奏章及其后来的教学生涯中，捕捉到他至少这样一些新闻报业观点：

第一，他认为，报刊是人们扩充视野、获取知识的利器。“欲博古者，莫若读书；欲通今者，莫若读报。二者相须而成，缺一不可。”设馆办报，可以使“上至君后，下至妇孺，皆足不出户而天下事了然。”[①]在半殖民地半封建社会的中国，出现了传统邸报、京报与近代新式报刊并存的奇特景象。然而，传统中国的邸报、京报所载之内容只是一些枯燥干巴的皇帝谕旨、宫廷信息、官员升降动态和臣僚奏章。近代新式报刊则内容非常丰富，有着海量的国内外政治经济消息及广博的自然与社会科学文化知识，是当时的知识分子和社会大众了解国家和世界大势的最主要途径。由此可见，李端棻对近代新式报刊的地位作用、内容特点、功能性质是极其了解的。

第二，他认为，报业之发达与否直接关系到一个国家民族的强弱盛衰。他指出，西方各强国的一个重要现象和特征就是新式报刊的兴旺发达，这些国家往往“报馆至数百家，每馆每日出报多至数万张”，广泛刊登“时局政要、商务、兵机、新艺、奇技”，“五湖所有事故，靡所不言”。[②]报业的发达则是由于各级政府和社会各个阶层对报业的高度重视与迫切需求，读报之人“上至君后，下自妇孺”。报业之发达之所以能使国家民族强盛，是因为新式报刊能使这些国家上下连气，举国同心。他们在借助报刊明了天下事的同时，沟通信息，化解心怨，消除矛盾冲突，培养爱国情操，团结协作，最大限度地解决好国事和社会矛盾。“在上者，能措办庶务而无壅散，在下者能通达政体以待上之用。”[③]

第三，他主张广设报馆，培养高水平的主笔人才。他指出，偌大中国，除上海、汉口、广州、香港等处有10余处报馆外，“其他处几无可见”，这是中国未能致富致强的重要原因。因此，中国要想也像西方国家一样发达富强，首先应该广设报馆，在“京师及各省会并通商口岸及繁盛镇埠，咸立大报馆”[④]，其他一些地方设立小报馆。他指出，设立报馆的最大用处就是可以帮助学生“足不出户，而于天下之事了然也”，有助于培养国家有用的“识时之才”。他认为，当时中国的各报馆主笔人才除严重缺乏外，还“大多不学无术，见识浅陋，发表的文章言论不值一读”，故而要想办好报馆，当务之急就是要提高报人的素质，大量培养懂国情、通业务、知识广博、有远见、有能力的主笔人才。针对当时中国社会闭塞落后、民众懵然无知的情况，李端棻主张主笔人

---

① 《李侍郎端棻请推广学校折》，《时务报》，第6册，1896年9月27日刊。
② 《李侍郎端棻请推广学校折》，《时务报》，第6册，1896年9月27日刊。
③ 《李侍郎端棻请推广学校折》，《时务报》，第6册，1896年9月27日刊。
④ 《李侍郎端棻请推广学校折》，《时务报》，第6册，1896年9月27日刊。

员还应肩负沟通中外、沟通上下的职业使命，尤其必须兼通中西文字，具备较为出色的语言翻译能力，能够从各种西方报刊中选择那些“尤为善者”，译成中文，送给皇帝及大小衙门官僚阅览，并“广印廉售，布之海内”[①]，使国家各级官员和普通民众都能尽量了解世界大势和国际情况。

第四，他把报纸做为开发心智、改造国民、培养人才的有力工具与良好平台。李端棻要求国内各地报纸应尽可能地刊登“国内外情事”，尤其是各省自己的“政俗土宜”，尽量探讨最近社会的热点与焦点问题。让民众“耳闻目染”，充分了解自己身边所发生的一切。“熏陶既久”，浓郁的读书读报氛围得以生成，人们的视野得以开阔，心智得到普遍开发，大量的新型人才得以培养，儒士去俗脱腐，“识时之俊”“干国之才”必将喷涌而出[②]。如此，只要有中等智力以上者，就可以“自励于学”，而“奇才异能之士，其所成就，益远且大”，“自十年之后，贤俊盈廷，不可胜用矣。以修内政，何政不举？以雪旧耻，何耻不除？”[③]

第五，他积极赞同利用报端对西方民主自由等进步观念加以宣传。李端棻虽然没有亲自创办过报纸，但对梁启超等人的办报活动却一直积极支持。1898 年 12 月戊戌政变后，梁启超出逃至日本横滨，用李端棻资助的 200 两黄金创办了改良派在海外的第一份机关报——《清议报》。1902 年 2 月，梁启超又在横滨创办了著名的以“开民智”“造新民”为宗旨的《新民丛报》，大力介绍各种西方先进学说，宣传民主自由、进取自强等观念。而李端棻“匹马秋风出帝城”回到了偏远的贵阳后，与梁启超心犀相通、遥相呼应。他根据当地要想开思想风气、必先办好学校教育的实际情况，与他人一起，短短数年内创办了上百所学堂[④]。他在学堂里要求尽量设立报馆，有效传播各类有用信息。他珍藏了大量的《新民丛报》，利用课堂讲台对其中所刊的西方学说和自由民主思想予以大力宣讲，尤其是对卢梭的启蒙思想、孟德斯鸠的三权分立学说、达尔文的进化论、赫胥黎的天演论、亚当·斯密的政治经济学等。他时常要求学生传阅抄录《新民丛报》的文章言论，并依据上面的内容考查学生。他曾在阅读梁启超有关“新民论”的论述后，十分兴奋地写信表示，自己虽年已逾七十，但“志气尚如少年”，倘若老天假以时日，愿意步梁启超等人之后，“有所尽力于国家”。可以想见，李端棻几乎和梁启超一样，在戊戌变法以前，只是把报纸看作政府的耳目喉舌，看作替皇帝“宣德达情”的工具；变法之后，则把报纸看成是独立于政府，传播民主民权思想、富国强民观念的利器。

三、李端棻报业思想简评

相较于同时代的维新志士，李端棻的报业思想与他们有许多共同点：都深知报纸

①《李侍郎端棻请推广学校折》，《时务报》，第 6 册，1896 年 9 月 27 日刊。

②《李侍郎端棻请推广学校折》，《时务报》，第 6 册，1896 年 9 月 27 日刊。

③ 转引自钟家鼎：《李端棻与〈请推广学校折〉》，《教育文化论坛》2011 年第 4 期，第 64 页。

④ 刘玮：《中国教育改革先驱——李端棻》，《兰台世界》2014 年第 13 期，第 143 页。

是沟通上下的工具（李端棻、王韬、梁启超、郑观应、严复等）；都认为报纸能够博古通今，能够广泛传播知识，开启民智（李端棻、郑观应、梁启超等）；都主张应多设报馆，并指出设立报馆的好处与作用（李端棻、王韬、陈炽、陈衍等）；都重视报馆主笔的遴选（李端棻、陈炽、王韬等）。此外，李端棻的报业思想也有自己的特点：他把报业的发达与否看成是一个国家富强的标志与途径，把报馆报纸作为开发民智、改造国民、发展教育、培养人才的工具手段。这些远见卓识无疑颇为难得，并被康有为、梁启超等人所继承和发扬光大。康、梁都曾这样说过："报馆愈多者，民愈智，其国愈富且强。"[①]康有为在"公车上书"里谈到报馆的好处是"清议时存，等于乡校；见闻日辟，可通时务……足以开拓心思，启发聪明"[②]。梁启超的《新民丛报》更是不遗余力地倡导"开民智""造新民"、引舆论，把改造国民，培养公民意识、民族国家意识作为该报的职责使命。

甲午中日战争后，为了救亡图存，李端棻、康有为、梁启超等维新志士掀起了维新变法运动。他们把办报作为宣传自己主张的主要方式方法，从而在中国近代史上出现了第一个国人办报的高潮。据记载，"从 1815 年第一张近代中文报纸问世到甲午战争爆发，中国出版的报刊总计七十余种，平均一年不到一种，其中外报约占三分之二。而从 1895 年《马关条约》签订到 1898 年戊戌变法流产，短短 3 年里新办报刊总计 120 种，平均一年 40 种，其中国人自办的报刊约占五分之四。"[③]而这些报纸中 70%以上或是维新派人士所办，或同他们有关系。[④]他们的共同努力打破了外国人对新式报刊的垄断操纵，使国人日益意识到报纸在捍卫国家主权、推动社会进步、开风气、育人才等方面的巨大威力。应该说，在这当中，李端棻有着不可磨灭的重要贡献和作用。他的《请推广学校折》出台后，虽然只是昙花一现，没能推行多久。但它毕竟是当时总理衙门议准实施的，无疑开了中国近代各项事业之先。折中所奏请之各项事宜，在接下来不久的时间段里都纷纷得以落实：近代教育发展了，京师大学堂创立了，中国最早的图书馆诞生了，出洋留学的高潮也到来了。而该折颁布后，如前所述，各地报馆报纸更是像雨后春笋地出现了。

当然，和梁启超相比，李端棻的报业思想是零琐而不系统的，如他对到底如何办报没有做深入的阐述。然而，我们不能苛求先人。从其一生所致力的事业和所倡导的理念来看，他毕竟只是一个教育改革家和政治思想家，而非报业家、新闻人。他对中国近代报业的发展仅有倡导之功。正如有的学者所指出的那样："戊戌变法时期的报刊不是单纯的新闻媒体，不是为办报而办报，为新闻而新闻，而是同维新派的社会政治目标相联系的重要环节。"[⑤]在那个时代，维新派往往把组织学会、创办学校、发行报刊作为他们宣传和推动变法的三大手段，报纸也就成为他们宣传自己党派的平台和斗争的工具，而李端棻则是这三大手段最早的倡导者和发明者之一。戊戌变法失败后，

---

① 方汉奇：《中国近代报刊史》（上册），山西教育出版社 1981 年，第 95 页。
② 转引自李彬：《中国新闻社会史》，清华大学出版社 2009 年版，第 77 页。
③ 李彬：《中国新闻社会史》，清华大学出版社 2009 年版，第 76 页。
④ 丁淦林主编：《中国新闻事业史》，高等教育出版社 2002 年版，第 60 页。
⑤ 李彬：《中国新闻社会史》，清华大学出版社 2009 年版，第 75 页。

他胸襟更宽，目光更远，他认为更适合自己、更值得自己去做的是发展教育。因此，他专心致力于教育，在贵阳办了无数学校，成为该时期最杰出、成绩最斐然的教育家。而梁启超则因被迫流亡国外，发挥自己的文才，潜心办报，成为创办近代报业之佼佼者和报业思想的集大成者。他们两人相辅相成，相得益彰，仍然在很大程度上共同努力践行维新志士的初衷。无论是办教育还是办报纸，其出发点和目的都是一致的，即都是为了传播民主民权思想，进而使国富民强。

李端棻《普通学说》课程思想析论

戴岳*

课程是教育和教学的核心，课程论作为一个正式的研究领域在我国虽然只有简短的历史，但是有关这一领域的论述却源远流长。审视中国近代教育，李端棻不但最早提出并设计了改革中国封建教育的方案，而且在其后期亲身的教育实践中也萌生出课程意识，在其讲稿《普通学说》中闪烁着关于课程的智慧。

“百日维新”失败后，李端棻以“保荐罪人”的罪名被革职发往新疆，直至 1901 年因年老多病，被赦回原籍贵阳。回归故里，李端棻并没有遵从封建王朝历来“大臣废退，当闭门思过”的不成文规定，放弃自己力求变法维新、强国富民的主张，反而意气不减当年。1902 年，李端棻受贵州巡抚邓华熙邀请主持贵州经世学堂。面对家乡的落后、闭塞，对于如何讲学，选择什么作为讲学的内容，李端棻有着深入的思考。据其诗《应经世学堂聘》记载：“糟粕陈编奚补救，萌芽新政要推行。暮年乍拥皋比位，起点如何定课程。”表明李端棻已经萌生课程意识，具有了课程设置的思考。李端棻在经世学堂任主讲时所著的讲稿《普通学说》，对课程目的、课程内容发表了重要的见解，体现在其教学内容和教育实践中的课程设置思路也相当清晰。《普通学说》不但介绍了大量的新学科目，拓宽了贵州士人的眼界，而且也为贵州近代教育的课程研究提供了丰富资源，对当前我国教育的改革与发展也具有一定的借鉴意义。

一、课程目的

《普通学说》中说：“睹吾乡人士未尝不思为学，而或蔽或偏，莫能自拔。竭其所知，与为学诸君共求进取之途，著之于编，以求众览。”[①]李端棻指出，家乡人士并非不想学习新知和了解外面的世界，但是由于贵州地处偏陋，无法获得良好的增加见闻的条件和途径，所以他愿意竭其所知帮助学子共求进取之途。当时的贵州教育极为落后，李端棻忧心人才的严重匮乏。《普通学说》中蒲藏锋的题字，即有“泌园李尚书之新作也。时李公主精世学堂讲席，感时势之方艰，望人才之有用。黔处僻邑，人民知识之程度最低，学者多不知普通为何，遑论其他乎？”[②]尽管当时官方教育制度也较前

* 作者简介：戴岳，男，贵阳学院教授，博士，主要从事教育科学原理的教学与研究。

① 李端棻：《普通学说》，武庙铅字活版所光绪二十九年（1903 年）铅印本，第 1 页。

② 李端棻：《普通学说》，武庙铅字活版所光绪二十九年（1903 年）铅印本，第 1 页。

有了变化，“然国计艰难，普及之教育未能遽成，则学校所收容或有限。”[①]面对时局的巨变，为了让地处僻邑的贵州跟上形势的变化，李端棻决心以传播西方民主思想和科学知识、开通民智为己任。《普通学说》清楚地表明了李端棻的课程目的，“乃作是说以示之的”，“竭其所知，与为学诸君共求进取之途”，“兹之所言，不过与校外诸君于自修自习之时，代辟蹊径”[②]。李端棻希望通过《普通学说》普及教育，帮助那些想学而又缺乏条件的家乡人士自修自习，为贵州大量培养更多的掌握新知的“时用”人才。

《普通学说》提出的课程目的，是李端棻教育思想的体现和发展。重视人才培养，强调新教育的普及，一直是李端棻关注的重要问题。他始终把变法、人才、教育三者作为一个整体来加以考虑，从时局变化的现实提出改革封建教育，培养人才以济世用。光绪二十二年（1896 年），在编著《普通学说》的七年前，李端棻作为刑部左侍郎给清廷上奏的《请推广学校折》中，即陈述了人才在国家中的重要性，“窃臣闻国于天地，必有与立，言人才之多寡，系国家之强弱也”[③]。面对民族的生死存亡，他明确地提出：“时事多艰，需才孔亟，请推广学校，以励人才而资御侮。”[④]将培养人才的意义提到强国御侮的位置。对培养经世致用人才的强调，既是李端棻受到维新派思想的影响，也是他在甲午战争中国战败后对洋务运动反思的结果。

鸦片战争之后，泰西列强的坚船利炮轻而易举地就击碎了清王朝自认为“天下第一”的幻觉，强虏入侵，给中华民族带来奇耻大辱与无尽的灾难。为了强国富民，洋务派在 19 世纪 60 到 90 年代开始了一场引进西方军事装备、机器生产和科学技术以维护封建统治的“自强”“求富”运动。然而，30 多年的洋务运动并没有使中国富强起来。甲午战争中国的再次惨败，让“天朝帝国”濒临崩溃。一批从沉重、屈辱、悲愤中觉醒的中华民族的仁人志士，开始向西方寻求救亡图存的“药方”，力主变法维新。通过对普鲁士战胜法国及日本等列强战胜中国的反思和比较，以康有为、梁启超为首的维新人士认为，西方国家和日本之所以强盛主要在于发展教育，洋务运动失败及中国落后挨打的根本原因在于缺乏人才，在于旧教育体制的落后。作为支持维新运动的中坚力量，李端棻也深深地感到，国家的兴盛主要在于人才，而人才之兴又在于推行新教育。他曾慨叹：“以中国民众数万万，其为士者十数万，而人才乏绝至于如是。”[⑤]这种现象，李端棻认为是教育制度的弊端造成的：“非天之不生才也，教之之道未尽也。”他批评之前的洋务教育尽管搞了二十年，京城设立了同文馆，各省设立了实学馆、广方言馆、水师武备学堂、自强学堂，都是中外学术结合在一起讲授、学习，但是各馆设立以来，国家却没有得到一个有奇才异能的人。究其原因，是当时的教育制度在教学内容、教授知识、教学方法、科举取士制度等方面存在着严重缺陷。可以说，洋务教育旨在造就少数的专用人才，而无意建立普及教育的近代化国民教育体制，因而完全不能适应当时国家对人才的需求。正是在这种情形下，李端棻认为“育人之法，匪

① 李端棻：《普通学说》，武庙铅字活版所光绪二十九年（1903 年）铅印本，第 1 页。
② 李端棻：《普通学说》，武庙铅字活版所光绪二十九年（1903 年）铅印本，第 1 页。
③ 李端棻：《普通学说》，武庙铅字活版所光绪二十九年（1903 年）铅印本，第 62 页。
④ 陈学恂：《中国近代教育文选》，人民教育出版社 1984 年版，第 62 页。
⑤ 陈学恂：《中国近代教育文选》，人民教育出版社 1984 年版，第 62 页。

限于一途；作人之法，当遍于率土”[①]，提出了系统的教育改革理论，主张“自京师以及各省、府、州、县，皆设学堂”，按府州县学、省学、京师大学三级学堂分别选地方俊秀子弟，包括诸生员、举人、贡生、监生等符合年龄者入学。

《普通学说》所反映的观点、所表现的思想感情与《请推广学校折》所提出的思想认识和教育主张是一致的。尽管李端棻在《请推广学校折》中勾画出一个完整的封建教育改革方案，对中国近代教育体制的形成起到了重要的奠基作用，但在当时他的建议并没有得到清政府的大力支持，除了京师大学堂外其余都不了了之。不过李端棻并没有悲观失望，即便“百日维新”失败后因“滥行保荐”罪名被革职，以及后来以年老多病被赦回黔，他也未叹老嗟悲，对改革的初衷仍然未改，依然继续力倡西学，坚持推行新式教育。贵州地瘠民贫，百废待兴，李端棻将发展教育事业和选派留学生作为开启民智、振兴实业的手段。他认为必须通过民智开发与物力开发并举，才能改变贵州的落后面貌。1902 年，贵州巡抚邓华熙聘请李端棻主持贵州新经世学堂讲席，李端棻开始亲身参与新式教育实践活动，得以将自己的教育主张落实。尽管此时李端棻的身份已不同于过去，但是他依然坚持为国家培养时用人才的主张，指出“今日人才患其无，尤患其少”[②]，特别是贵州地处僻邑，人们对新学缺乏认识，虽“自严范孙编修督学以来，人始知学”，但是“于今日空疏如故”，所以他提出“今之为学者，当求实际，不可流于空论”，要求“号称士子者固应人人自奋于学界之中，以求供当时之用”[③]。

李端棻认为，人心的希望具有很大的意义，如果没有了希望，今日的中国就会如同百年以前，但是“所希望所构成者皆东南士大夫之力，我野人士无与者焉，是可大忧也。使就人之所希望所构成者，而我黔人士不惟无与，又不能因之以自致于学，则尤可忧也”，他感叹“所希望所构成者”都是东南一代的人士，而贵州人士却并未参与，甚至不能因之而自学。他认为这是非常惭愧的事情：“同为一国之人而相去如此，有志之士自居何等？”正因为如此，他编著了这本《普通学说》，希望“与诸君勉力赴之”，为贵州培养有用的新式人才。

可以说，《普通学说》是对《请推广学校折》教育目的的延续，不同的是李端棻在《请推广学校折》中只是提出一种教育改革的主张，而在编著《普通学说》时已经亲身参与到教育实践中。上书《请推广学校折》时李端棻是作为维新官僚，站在了整个国家的全局上，而编著《普通学说》时李端棻已经告老还乡，针对的只是贵州一隅。《请推广学校折》中勾画出一个宏观的教育改革方案，而《普通学说》则落实到具体教学的课程中，但在强调教育的普及、重视人才培养的思想上，两者却是一以贯之的。

二、课程内容

李端棻以“普通学”作为育人的基础，让学生接受人类的各种知识，因此《普通

① 陈学恂：《中国近代教育文选》，人民教育出版社 1984 年版，第 62 页。
② 李端棻：《普通学说》，武庙铅字活版所光绪二十九年（1903 年）铅印本，第 2 页。
③ 李端棻：《普通学说》，武庙铅字活版所光绪二十九年（1903 年）铅印本，第 2 页。

学说》中关于课程的内容便是以课程目的为依据。出于教育普及的需要，李端棻认为学习应从基础知识开始。他指出：“为学之最初一步，普通学是也。西人谓之文学、质学。质学，东人又谓之科学，凡人类应有之智识悉具于是。”他强调学习普通学的重要性，“不明普通学，不能学专门，欲求专门之大成，则普通学之程度亦须随之而高”①，强调坚实、丰富的基础知识对求学的重要性。为进一步阐明自己的观点，他对认为应该掌握的“普通学”逐一进行了介绍、分析和阐述，并概括说：“普通学之最不可少者，曰算术，曰几何，曰代数，曰中国地理，曰中国历史，曰外国地理，曰外国历史，曰地文，曰地质，曰理化，曰生理，曰博物，曰政治，曰法制，曰经济，曰伦理，凡十六科，如上所列。”②

从《普通学说》所列的课程内容来看，包括了西方的自然科学和社会科学，相比此前的洋务教育，此时李端棻对“新学”内容的认识，已大大超出洋务派。

在甲午战争之前，洋务派也积极创办各类洋务学堂，清政府在鸦片战争遭受的惨败，让洋务派亲身感受到了外国侵略者军事力量上的优势，从而认识到有必要向西方学习。但在洋务派的眼里，西方的“长技”只是造船、驾舶和造火器、奇器之类的实用技术，洋务派把中国的自强寄希望于学习外国利器。如李鸿章即认为：“中国欲自强，则莫如学习外国利器。欲学习外国利器，则莫如觅制器之器。”③在中央主持洋务的恭亲王奕䜣也认为：“查治国之道，在乎自强，而审时度势，则自强以练兵为要，练兵又以制器为先。”④他们都把关注点集中到制造武器的机器上。但是，只要涉及机器生产，那么机器生产连带的科学技术就必然成为洋务派首先遇到的一个无法回避的问题。洋务派后来建立一系列的近代化军事工业，所遇到的技术问题就是明证。为了培养自己的技术人员，洋务派创立了一些学堂。但是，这些学堂主要是以技术学校为主，其中军事技术学校就占了多半。洋务派认为，西方学术的长处主要在于算学、格致、天文、军事技术、制械技术等方面，而中国传统的伦理哲学、经史诸学才是最完美的。因此，几乎所有的洋务学堂都将中国传统的伦理学说以及经史诸学置于课程的首位，而西学的课程则基本限于语言学习以及自然科技的范畴。对洋务运动所办的学堂，李端棻在《请推广学校折》中已经进行了批评：“诸馆皆徒习西语西文，而于治国之道，富强之原，一切要书，多未肄及……其余诸馆，学业不分斋院，生徒不重专门……今之诸馆，未备图器，未遣游历，则日求之于故纸堆中，终成空谈，无自致用。”⑤从学习内容、学科设置、教学方法上对洋务运动时期在人才培养方面的诸多不足进行了分析。据此，李端棻认为造成中国人才乏绝的原因，是教育方法的未尽如人意。这些看法很有见地，说明李端棻已经充分地认识到洋务派在教育上存在的问题。在《普通学说》课程的设置中，李端棻倡导加强自然科学——数学、物理、化学、自然地理等普通知识，正是因为他清楚地认识到科学技术在西方国家的强盛中所起的重要作用。而且他还强调政治

① 李端棻：《普通学说》，武庙铅字活版所光绪二十九年（1903年）铅印本，第2页。
② 李端棻：《普通学说》，武庙铅字活版所光绪二十九年（1903年）铅印本，第2页。
③ 李端棻：《普通学说》，武庙铅字活版所光绪二十九年（1903年）铅印本，第262页。
④ 李端棻：《普通学说》，武庙铅字活版所光绪二十九年（1903年）铅印本，第1页。
⑤ 陈学恂：《中国近代教育文选》，人民教育出版社1984年版，第63页。

的重要性："西学以来，先有普通学后有政治，与吾人自习应有之次序亦正同。"[①]他也认识到基础学科与专门学科及实业的区别。他指出："此外如哲学、宗教、心理、国家社会，或未普及于学校。至如农工与商，又为实业之学，其本亦在博物、理化、经济之中。自此之外，悉为专门之学，实业与专门皆普通学成后之一步。"比起洋务派，李端棻对西学的理解显然更加全面深刻。

李端棻在普通学中所列的课程，较之梁启超在《京师大学堂章程》中所列课程也有较大的进步。京师大学堂的课程设置，按章程规定分为两类：溥通学和专门学。前者为每个学生必修，后者为学生学完溥通学之后，选修其中的一两门。"西国学堂所读之书皆分两类：一曰溥通学，二曰专门学。溥通学者，凡学生皆当通习者也。专门学者，每人各占一门者也。今略依泰西、日本通行学校功课之种类，参以中学，列表如下：经学第一，理学第二，中外掌故学第三，诸子学第四，初级算学第五，初级格致学第六，初级政治学第七，初级地理学第八，文学第九，体操学第十，以上皆溥通学。"[②]溥通学是所有学生必修的内容，其中包含了 10 门课程。可以看出在这 10 门课程中，属于"中学"的占了很大一部分比例，这是"中学为体"的课程思想在京师大学堂课程设置的具体表现，反映了京师大学堂"中学为体，西学为用"的立学宗旨。

李端棻在《请推广学校折》中提议京师以及各省、府、州、县皆设学堂，对各类学堂的选拔对象、入学年龄、入学条件、课程内容做了规定：对于府州县学，选拔对象是年龄十二至二十的民间俊秀弟子，也允许有诸生以上功名的人入学，学习课程是"诵'四书'、《通鉴》、小学等书，而辅之以各国语言文字及算学、天文、地理之粗浅者，万国古代近事之简明者，格致理之平易者"[③]；对于省学，是选诸生中二十五岁以下的人入学，也允许有举人以上功名的人入学，学习课程是"诵经史子及国朝掌故诸书，而辅之以天文、舆地、算学、格致、制造、农商、兵矿、时事、交涉等学"[④]；对于京师大学堂，是选举人、贡生、监生中三十以下的人入学，也允许那些京官中愿意学习的人入学，学习课程"一如省学，惟益加专精，各执一门，不迁其业"[⑤]。可见李端棻已经认识到要根据学生的不同年龄、学业水平来安排不同的课程内容，但也可以看出当时向西方学习的程度是有限度的，即便李端棻倡导学习西方的自然科学技术，也仍然主张以学习经史子及国朝掌故诸书为主，而以西学为辅。

从《京师大学堂章程》可以看出，尽管课程设置已经接受了近代西方大学的课程设置模式，但仍然没有摆脱以经史子集为中心的封建传统课程。到了《普通学说》，李端棻则剔除了梁启超"参以中学"而罗列的"经学第一，理学第二，中外掌故学第三，诸子学第四"等内容，成为一个更为彻底的西方普通学课程表。

尽管删掉了经学、诸子学等内容，但《普通学说》的课程内容也并非全盘西化，对于学习本国的地理、历史，李端棻也极其重视，他认为这些知识应"为本国人特别

① 李端棻：《普通学说》，武庙铅字活版所光绪二十九年（1903 年）铅印本，第 5 页。
② 李端棻：《普通学说》，武庙铅字活版所光绪二十九年（1903 年）铅印本，第 128 页。
③ 陈学恂：《中国近代教育文选》，人民教育出版社 1984 年版，第 64 页。
④ 陈学恂：《中国近代教育文选》，人民教育出版社 1984 年版，第 63 页。
⑤ 陈学恂：《中国近代教育文选》，人民教育出版社 1984 年版，第 63 页。

应有之智识，较切于人类普通应有之智识也”[①]。他说：“我国读书人往往有并此不知者，是可叹也。”并用孩童的例子来说明了解我国地理、历史的重要性。“今有十龄外学童异性之人，见之问其居址何处不能答，问其宅之大小不能答，问其家有何人、具何物、执何业而皆不能答。若是者，人必以愚騃视之。读书人而不说本国之地理与历史，何以异此？”《普通学说》不仅阐明了学习本国地理、历史的重要性，而且批评了当时封建教育对此的轻视，指出其产生的后果。李端棻认为当时国人没有强烈的国家观念和爱国意识，其原因并非是国人不爱国，而是他们不知道我国有可爱之处。“爱国之心甚薄，非不爱也，不知我国有可爱者在也。”他认为本国地理、历史是爱国之晴的种子，主张通过学习这些知识来培养国人的爱国之情。学习本国地理、历史，让国人了解到我国的地理位置、气候条件、富饶的物产、几千年的文明史、广袤土地和众多人口，感受到我国的可爱之处，可以激发国人的爱国之情，从而“以爱家之心爱国，则国盛矣”[②]。反之，“然使不知之则遂淡焉、漠焉，不知此国为何人之国，亦似无与于我也者。”如果国人不知道我国的地理、历史，就会对国家缺乏感情，所以应该让国人都了解本国地理、历史，这是教育的职责。

由此可见，《普通学说》的课程内容虽然主要是介绍西方的自然科学和社会政治，但李端棻便没有忽视对中国历史、地理的学习，他抛弃的是封建教育中迂腐、落后的部分，其对西学的倡导，实质是强国、救国的爱国情怀的反映。

三、课程用书

作为课程内容的重要载体，课程用书是学校教育的物质基础，是实现课程目的与培养目标的重要保证。课程用书的主要形式是教科书，教科书是教师完成教学任务、学生获取系统知识的主要工具。教科书是教育制度的反映，并随着教育制度的变革而发生变化。教育改革目标的实现不仅需要转变教育观念，教科书的改革更是其关键所在。

晚清时期，人们开始认识到教科书的作用，教科书对于教育就好像“锄犁之于耕，炮械之于战；无锄犁不可言耕，无炮械不可言战，无教科书不可言教”。兴学之要“全以教科书为胜败”，没有新式教科书，就无法进行新式教育。京师大学堂的管学大臣张百熙认为，新学制只是新教育的外壳，课程才是其灵魂，教科书实与学堂相辅而行。“学堂又以编辑课本为第一要事。现各处学堂皆待国家编定，方有教法。”[③]当时的贵州地处僻邑，人们对新学缺乏认识，还没有教科书的概念。因此，在《普通学说》中，李端棻介绍了教科书及其特点和作用：“学校用者谓之教科书，程度之高低，则随学校之大小而异……何等学堂应用何等教科有一定之程，故其书特便教授。”[④]

不同于我国封建教育中的教科书主要包括大量启蒙读物和以儒家经典为核心的科

① 李端棻：《普通学说》，武庙铅字活版所光绪二十九年（1903 年）铅印本，第 2 页。
② 李端棻：《普通学说》，武庙铅字活版所光绪二十九年（1903 年）铅印本，第 3 页。
③ 李端棻：《普通学说》，武庙铅字活版所光绪二十九年（1903 年）铅印本，第 835 页。
④ 李端棻：《普通学说》，武庙铅字活版所光绪二十九年（1903 年）铅印本，第 2 页。

考用书，近代新式教科书是在向西方学习的过程中为满足新式学校培养新式人才的需求，从国外引进的。晚清新政后，各省纷纷设立新式学堂，遇到的最大难题是缺乏合适的教科书，“为教习者，亦未深通新学之理、教授之法，以及功课书则粗笨不和。”一方面，关于“中学”的经史子集浩繁庞杂，在内容与编写体例方面很难适应近代教育教学的需要；另一方面，有关“西学”“西艺”的自然科学课程都没有现成的中文教科书，即李端棻所谓“农、工、商、兵之学，中国专书不尽适用，或且无之”[①]。“当今直省督抚，亦纷纷渐知立学堂矣，然学堂以何物教之，尚未计及也。”[②]为保证教科书的质量，李端棻很重视教科书的翻译，他认为，兴学育才，“首在译书”。“唯有译书之一法，最为便捷。”“若不借资外国，其学虚立，不能成就。”“今日方议采西法，而不能翻译各国书籍，是犹无米之炊。”[③]但是，当时对西学课程内容的选择具有很大的随意性，谈西学往往是东抄西录，断章取义。李端棻认为，洋务学堂之所以未能培养出适用的人才，就是由于没有编译出合适的教科书。《请推广学校折》中指出，洋务时期所编译的教科书“详于术艺而略于政事，于彼中治国之本末，时局之变迁，言之未尽。至于学校、农政、商务、铁路、邮政诸事，今日所亟宜讲求者，一切章程条理，彼国咸有专书，详载言之。今此等书，悉无译本。又泰西格致新学，制造新法，月异岁殊，后来居上。今所已译出者，率十年以前之书，且数亦甚少，未能尽其所长”[④]。为此李端棻提出，应在“京师设大译书馆，广集西书之言政治者，论时局者，言学校农商工矿者，及新法新学近年所增者，分类译出”。

相比过去学习西学主要是通过翻译西方的书籍，李端棻在《普通学说》中更强调引进日本的教科书，使用日文翻译的西学之书：“西学之书，前此多由西文译出，而由英文来者尤夥。甲午以后，始有译东文之说，其极盛亦只在此一二年间也。”他认为，对于普通学的学习，“若为寻常致用及寻常教习之学，则日本之中学教科书亦已足用”。究其原因，李端棻解释道，“西人之书以理解胜，大致浑朴类我国三代两汉时。东人则抉择最精当，体例极严整，读之较省脑力而所得亦较多。不知由东文来者，果有胜于由西文来者耶？抑东人与我同文，其修辞之学较便于我国人之领受也？”[⑤]他认为日文与中文相近，日文翻译的西学之书，抉择精当，体例严整，读起来更省脑力而且收获较多。这说明李端棻对国情和日本的历史状况是很了解的。中国与日本社会性质相近，“同文”“同种”，风俗相似，文字易懂，有利学习，他的这个建议是符合当时实际的。

《普通学说》不仅重视对西学的翻译，更强调对中国历史、地理所用之书的编撰。李端棻认为本国的地理、历史知识“应较他学为稍深，乃能足用，以此为本国人特别应有之智识，较切于人类普通应有之智识也”[⑥]。但是，当时国内所用地理、历史之书

---

① 李端棻：《普通学说》，武庙铅字活版所光绪二十九年（1903 年）铅印本，第 193 页。

② 李端棻：《普通学说》，武庙铅字活版所光绪二十九年（1903 年）铅印本，第 698 页。

③ 璩鑫圭、唐良炎主编：《中国近代教育史资料汇编：学制演变》，上海教育出版社 2007 年版，第 11-33 页。

④ 陈学恂：《中国近代教育文选》，人民教育出版社 1984 年版，第 64 页。

⑤ 李端棻：《普通学说》，武庙铅字活版所光绪二十九年（1903 年）铅印本，第 4 页。

⑥ 李端棻：《普通学说》，武庙铅字活版所光绪二十九年（1903 年）铅印本，第 3 页。

太过于陈旧，反而不如外国代纂的书。“本国地理、历史所用之书，自应以本国人所纂述者为最相宜。然今日而为是学则旧时之书，反不若外人代纂之书，此无容为讳也。”他认为，其原因在于我国交通不发达，编纂者的视野、境界不开阔：“以前之史学家尚未有交通之智识，其所著书犹执其一偏之见，以剪裁天下之事，读之可以记事绩，而不足穷理趣。”他慨叹学者读旧书十年所得的收获，还不及日本人撰写的一卷中国历史书籍：“今日之为是学者读旧书十年，其所得不过数千年之所云云，及读一卷东人代纂之书，顿觉天地易色，接于目触于脑者，悉非向日之所有，而又非本来之所无。”

李端棻不仅批评了当时历史教科书编写上的弊端，更指出了地理教科书编写上存在的严重不足——由于缺乏先进的测绘技术和丰富的地理知识，我国地图的绘本极其落后，造成“沿海溯江，西人之所测固已远胜旧图矣，故外人之所已知者，中人则尚未知之”，只能使中国在发展上处处吃亏，其结果是我国“办海军、开航路，亦须求本国之图于外人，而士子之为学更无论矣”。李端棻非常痛心我国落后的测绘技术在处理实际边疆事务时造成的极大损失：“边疆偶有划界之役，其图样例须由外人绘出，膏腴险要任其割取，而执事懵然莫能与争，尤属痛心之事。”①

李端棻把中国地理、历史书籍的编纂与民族利益和国家荣辱联系起来，这是前所未有的观点。作为传统知识分子，李端棻继承了士大夫忧国忧民和以天下为己任的担当意识，所以尽管到了垂暮之年，志气仍然尚如少年。他同家乡人士“共求进取之途”，并“与诸君勉力赴之”，坚持推行新式教育，亲自主讲新思想、新知识，开启了贵州近代的新式学风。

① 李端棻：《普通学说》，武庙铅字活版所光绪二十九年（1903年）铅印本，第4页。

李端棻的课程论思想及其影响探析

阮朝辉*

"课程论作为一门独立的学科，首先出现在美国，1918 年芝加哥大学的博比特(John Franklin Bobbitt) 教授出版的《课程》(*The Curriculum*) 一书，是世界教育史上专论课程的第一部专著……我国对课程论的研究始于 70 年代。"①如果从现代意义课程论的视角来看，李端棻的《请推广学校折》(1896 年) 和《普通学说》(1903 年) 等论述已经具有现代课程论的雏形，这比博比特的《课程》分别早了 22 年和 15 年，比"现代课程理论的圣经"——拉尔夫·泰勒（Ralph Tyler）的《课程与教学的基本原理》(1949 年) 分别早了 53 年和 46 年，而且李端棻在 1902 年受聘主讲贵州经世学堂后，即在其《应经世学堂聘》一诗中说"暮年乍拥皋比位，起点如何定课程"②，也就是说，"如何定课程"已经是李端棻探索教育救国的重要内容。

李端棻（1833—1907），字苾园，贵州贵筑（今贵州贵阳）人。因积极参与维新变法，向光绪皇帝上书《请推广学校折》被采纳而成了京师大学堂（今北京大学前身）的重要缔造者。1902 年，集资创办贵阳公立师范学堂，并任副堂办（副校长），同时在贵阳公立师范学堂和贵州经世学堂主讲自编的《普通学说》等。李端棻的教育活动不仅揭开了贵州近代教育事业的帷幕，而且开创了我国近代中西结合课程体系建设的先河，其课程论思想对后世教育产生了深远的影响。

一、李端棻的课程价值取向

按"泰勒原理"，课程设计或课程开发，必定是在一定价值取向或目标取向基础上的建构，即进行课程开发，首先必须确立教育目标（purpose）、培养什么人等。李端棻所处的晚清时期，是经历了两次鸦片战争后的国贫民弱和革新变法思想非常活跃的时期。李端棻在其《请推广学校折》中认为，虽然"二十年来，都中设同文馆，各省立实学馆、广方言馆、水师武备学堂、自强学堂"，但这些"馆""堂"的课程实施存在

---

* 作者简介：阮朝辉，男，贵阳学院教授，硕士生导师，主要研究方向为课堂教学论、科技哲学。

① 顾明远：《教育大辞典》，上海教育出版社 1998 年版，第 898 页。

② 许先德、龙尚学主编：《贵阳五家诗钞·苾园诗存》，贵州教育出版社 1995 年版，第 7 页。

严重的问题，如“一切要书，多未肄及……学业不分斋院，生徒不重专门……今之诸馆，未备图器，未遣游历，则日求之于故纸堆中，终成空谈，无自致用……俊慧子弟，率从事帖括以取富贵，及既得科第，遂与绝学，终为弃材……功课不精，成就无几”等五个“教之之道未尽”的弊病，这使“治天下之才，万不足一”。对此，李端棻鲜明地提出了“人才之多寡，系国家之强弱”的口号，把推广学校和培养大批“济难瑰玮之才”作为课程建构的价值取向。7年之后，李端棻在其《普通学说》中更加清晰地提出“课程教科定制”的两大目标：“一救时者，学成即以致用也；一穷理者，毕生优游于一学之中……危急存亡之秋，救时之学断不可缓，须占最多之数，始能足一国之用。”在李端棻任副堂办的贵阳公立师范学堂章程中明确表示“学生以修身、勤学、忠君、爱国为本源，以知行合一为宗旨”[①]，这既是该学堂的办学宗旨，也是该学堂课程建构的价值取向。

李端棻的培养大批“济难瑰玮之才”和“救时穷理”的课程建构价值取向，既是历史的必然要求，也源自我国自古已然的“经世致用”教育价值取向。培养大批“济难瑰玮之才”的课程价值取向不仅在《京师大学堂章程》（1898年）、《钦定学堂章程》（1902年）、《奏定学堂章程》（1904年）及京师大学堂的课程设计、人才培养中得到了很好的贯彻落实，而且在李端棻亲自参与组办的贵州通省公立中学堂（1906年）和贵阳公立师范学堂（1902年）中得到了深入的展现，更在其躬身教学实践中得到了全方位的体现。从李端棻辞世至今，我国各级各类学校的课程建设价值取向无不有其痕迹。

二、李端棻的课程内容

“泰勒原理”认为，课程设计或开发，在确立清晰有效的课程价值目标之后，应精准建构“选择什么教育经验最有可能达到目标”，即必须建构有效的“课程内容”，选择“内容”（content）。

在“泰勒原理”诞生的半个世纪之前，李端棻在其《请推广学校折》中就提出，要培养大批量的“济难瑰玮之才”，就必须以“‘四书’、《通鉴》、小学、经、史、子、国朝掌故”等课程为主，“而辅之以各国语言文字、算术、万国古史近事、天文、舆地、算学、格致、制造、农、商、兵、矿、时事、交涉”等课程；以“官书局大学堂以为之经，五者（藏书楼、仪器院、译书局、报馆、游历）以为之纬”来组织课程内容。之后，李端棻在其《普通学说》中不仅系统阐述了要选择“算术、几何、代数、中国地理、中国历史、外国地理、外国历史、地文、地质、理化、生理、博物、政治、法制、经济、伦理，凡十六科”作为课程内容，并建议各级学校还需开设“哲学、宗教、心理、国家社会”等课程，而且进一步阐明了为什么要选用这些人类先进经验作为课程的重要依据。李端棻认为“习算而不进求他学，是识字而不读书”，“本国地理、历

---

① 查及望：《贵阳第一所师范学堂章程及学科》，《贵阳志资料研究》1991年第1期，第29-32页。

史，爱国心之种子也”，“理化一科，得其公例，即所未经见、未经闻者，可执其例以推测之，临奇变、遇新理而无所惑”，“习政治者当以得其公理为主”，“伦理为普通学重要之一部，国家前途之安危系焉”……在贵阳师范学堂的《每年每七日学课时刻配当表》中，列出的课程为东文（日文）、化学、博物（动植矿）、万国历史、中国历史、万国地理、中国地理、地文学（兼天文）、生理学（即全体）、算术、代数、几何、法制学大要、国家学大要、国际公法大要、教育学、图画学、体操学、课外讲演等，“所开课程，第一年三科，第二年九科，第三年和第四年均为十一科”[①]。由此可见，李端棻是我国近代史上把人类先进经验进行分科别类阐述其课程价值的第一人，尤其是把地理历史课程的修习界定成“爱国心之种子”，把伦理学界定为“国家前途之安危系焉”等论断，不仅为当时的学校建设及课程内容选择等奠定了“教育与政治”有机结合的标准，时至今日也是我国课程内容选择的原则和基础的源头。

横向来看，李端棻在其《请推广学校折》和《普通学说》中所选择、设计的课程内容，与“1902 年，英国政府颁布的巴尔福（Balfour）教育法（规定）文法学校除了继续重视古典语学科外，还开设法语、数学、几何、三角、力学、簿记、测量、航海、地理、自然哲学、天文学、地球仪的使用及体育、音乐等课程”，[②]有诸多相似之处，也与世界近现代列强诸国的学校教育的课程内容选择基本一致。

三、李端棻的课程组织

“泰勒原理”的课程建设的第三条原理是“怎样有效组织教育经验”，即“组织”（organization）。“泰勒原理”组织经验有两种形式：一是“纵向组织”，即按照不同时间、不同学段结合经验修习的逻辑关系等组织课程内容；二是“横向组织”，即按照不同经验与学习者的关系等进行课程内容组织。

李端棻在其《推广学校折》中明确提出按照“府州县学、省学、京师大学堂”三级组织课程及设置三年学制的建议。各级学校课程各有不同：“府州县学……学中课程，诵‘四书’、《通鉴》、小学等书，而辅之以各国语言文字及算学、天文、地理之粗浅者，万国古史、近事之简明者，格致理之平易者，以三年为期。省学……学中课程，诵经史子及国朝掌故诸书，而辅之以天文、舆地、算学、格致、制造、农商、兵、矿、时事、交涉等学，以三年为期。京师大学……学中课程一如省学，惟益加专精，各执一门，不迁其业，以三年为期。其省学、大学所课，门目繁多，可仿宋胡瑗经义治事之例，分斋讲习，等其荣途，一归科第，予以出身，一如常官。”不仅如此，李端棻还在《请推广学校折》中提出，除了按照上述分学校、分层级组织课程内容外，还建议通过“藏书楼”（图书馆）、“仪器院”“译书局”“报馆”“游历”等五条路径扩充学习者的学习内容。李端棻推崇“创仪器院”，并强调“格致实学，咸藉试验。无远视之镜，不足

---

① 查及玺：《贵阳第一所师范学堂章程及学科》，《贵阳志资料研究》1991 年第 1 期，第 29-32 页。

② 戴本博：《外国教育史》，人民教育出版社 1990 年版，第 9-13 页。

言天学；无测绘之仪，不足言地学；不多见矿质，不足言矿学；不习睹汽机，不足言工程之学。其余诸学，率皆类是”。这充分显示了李端棻对科学技术课程设计及其组织已经大大超越了他所处的时代和国界，也完全突破了我国古典的“帖括词章”的传统课程组织范式。同时，李端棻建议“选派游历”：“学徒既受学数年，考试及格者，当选高才以充游历。游历之道有二：一游历各国，肄业与彼之学校，纵览乎彼之工厂，精益求精，以期大成；一游历各省，察验矿质，钩核商务，测绘舆地，查阅物宜。”李端棻建议要加大留学人员的外派力度，充分显示了其理论联系实际、学用结合、“学必待游历而后证实”的课程建设理念。

李端棻在其《普通学说》的“附普通学需用各书”中，对其建议的算术、几何、代数、中国地理、中国史、世界地理、世界史、地文、地质、理化、生理、博物、政治、法制、经济、伦理、教育等 17 类课程及其构成体系做了进一步的说明，如“世界地理：世界地理、普通万国暗射图、万国地志、东洋历史地图、东亚三国地志、世界读史地图、世界大地图、地球仪、地球图”，这几乎就是我国当代高校地理学本科专业的主干课程或必修课程设置内容；又如“经济：经济学大意、欧洲财政史、经济教科书、中国商务志、理财学教科书、万国商务志、原富、财政四纲”，这与我国当代财经专业本专科及中等专业教育的主干课程设置基本相符。

横向来看，李端棻在《请推广学校折》中提出的“既有官书局、大学堂以为之经，复有此五者（藏书楼、仪器院、译书局、报馆、游历）以为之纬”的课程设置体系建议，尤其是强调“五者为纬”（横向课程或课外体验课程），在同期列强各国的课程体系中也不多见，因为“19 世纪 80 年代开始，德国和美国等许多国家的教育家和心理学家，开始采用实验的方法……世界现代教育科学运动开始兴起和逐渐发展”①，“直到十九世纪末，美国部分高等院校才开始重视实验室建设，实验室成为科学课程的一种教学方法”②。

四、李端棻的课程评价

“泰勒原理”的第四条“永恒的分析范畴”是“如何确定课程目标得以实现”，即“评价”（evaluation）。

李端棻在《请推广学校折》中明确提出“业必待测验而后致精，学必待游历而后证实”的课程评价理念，同时提出学业评价结果应用的标准是“等其荣途，一归科第，予以出身，一如常官”，这虽然未完全超拔于我国古代的“学而优则仕”的“选官”评价范式，但是李端棻还提出“游历”课程的评价标准是“学徒既受学数年，考试及格者，当选高才以充游历……皆限以年期，厚给薪俸，随时著书归呈有司，察其切实有用者，为之刊布，优加奖励。其游惰而无状者，官则立予降黜，士则夺其出身”，这种

---

① 戴本博：《外国教育史》，人民教育出版社 1990 年，第 29 页。

② [美]亚瑟·M. 科恩、卡丽·B. 基斯克著，梁燕玲译：《美国高等教育的历程》，教育科学出版社 2012 年版，第 53 页。

以“考试”和“游学”（社会实践）的效果作为课程实施效果与学业检测相结合的评价范式，对我国当时及后世的课程评价产生了持续的影响。李端棻在贵州通省公立中学、贵阳公立师范学堂、贵州经世学堂推行的考试制度是：通过考试选拔入学生员，在读生员则实施“考课”，即“每月分期面试，年终统校核实，旌别给予奖赏，以示鼓励”①。

李端棻在《普通学说》中，对其所设计的“十六科”（附录中为 17 科）课程中的部分具体课程的评价做了界定，课程的难易程度的标准是“学校用者谓之教科书，程度之高低，则随学校之大小而异……何等学堂应用何等教科有一定之程”。针对各门课程的评价标准，李端棻依次表述为“算术为普通学之一……习算将以为他学”；“本国地理、历史，爱国心之种子……所用之书，自应以本国人所纂述者为最相宜”，应包含交通智识、边疆划界、江河流域、矿产、铁路以及“代兴叠盛者数千年”的历史等；“外国地理、外国历史……大抵宜先查本书之图而后阅志，再查较详之图以次求密”；“理化一科，于三科（理化、生理、博物）中为尤重，不明理化，不能明两科（生理、博物）……习理化者当以得其公例为主，习政治者当以得其公理为主”；“伦理为普通学重要之一部，国家前途之安危系焉……至检束身心，岂有易于孔孟之学”。李端棻在其《普通学说》中还比较精准地概括了晚清教育和课程变迁的“三级”：“自庚申津沽之役……练兵、制造、工艺、格致、富国策诸书始入我国，是为第一级……甲午战后，彼时希望惟在兴学，是为第二级……望师范之速成，希望教科书之早订，实行政治者则希望此类书渐臻完密，以养成政治之才于优游自习之中，是为第三级。有一级之希望，始得格致制造诸学；有二级之希望，始得教育政治诸学。由此推之，则三级之希望其终能如愿以偿，意中事也。”

“在《贵阳公立师范学堂章程学课合刻》中，《学规》列了九条，第一条重申‘本学堂以忠君爱国为本源，教授中学以上诸学课，以能充中学堂教习为主’，第二条是罗列所授课目，第三条规定试验（测试、考试、评价）次数分‘学期试验、学年试验、卒业试验’三种。第六条规定试验的成绩评定，当时称为‘评点’，以得点情况定成绩优劣，规定：‘试验评点，每科以二十点为得点，其得点各科若平均不达三分之一者，为不及格。’”②

由此看来，李端棻所推行的是一种中西结合的课程评价方式：既有中国科举考试的“评点法”，也有西方的量化计算法；既有西方课程评价的目标达成考核方式，也有中国传统“测试合格，一归科第，予以出身，一如常官”的学而优则仕的考核方式；既有“月考”“学期考”“学年考”“卒业（结业）考”，还有“游学”“游业”调研报告评价等。评价结果既反作用于课程及其实施，也是学员入仕的依据。这种课程及其实施评价范式，既与西方近现代高等教育评价非常相近，也延续了我国科举取士的学业考核模式。李端棻推行的这种近现代课程及其实施的特定评价范式，可以说在我国从取消科举考试前一直延续到了二十世纪末——在此期间，我国一直都主要实行国家定课

① 刘毅翔：《贵州经世学堂名实考》，《贵州文史丛刊》1996 年第 1 期，第 28-30 页。

② 查及望：《贵阳第一所师范学堂章程及学科》，《贵阳志资料研究》1991 年第 1 期，第 29-32 页。

程、统一招生考试、公费培养人才、根据学业统一分配就业的模式。

五、李端棻的课程实施

李端棻在贵阳公立师范学堂和贵州经世学堂主讲其自编的《普通学说》，并不是以本为本讲授教材，而是以主讲课程为主，辅之以时政、哲学、教育学等课程。“每月课士一次，名曰‘考课’……第一次月课，李（端棻）出题为‘卢梭论’，应考诸生不知卢梭是哪个朝代人……李（端棻）即出所藏梁启超主编的《新民丛报》，上载有卢梭传记，给大家传写抄阅……后来李氏又召集诸生在他私宅客厅中讲学，介绍一些新的学术思想，如孟德斯鸠的三权鼎立论、达尔文的进化论、赫胥黎的天演论等……第二次月课，李出题为‘培根论’，又将所藏《新民丛报》中有关培根传记给大家抄写……第三次月课，李出题是‘朋友相处，常觉自己的不是，方能感化他人的不是说’。”①李端棻的课程实施充分展现了其培养“济难瑰玮之才”的目标追求，也彰显了其对“帖括词章误此生”的传统课程实施的改革行动。李端棻的这种课程实施行动，在我国当代的高等教育（含专科、本科、研究生教育）中还广泛实施着——教师讲完理论，布置课后作业或练习，基本上都是要求学生结合时代或科学技术前沿，跳出教材之外去做研究或实训。

综上所述，李端棻的课程论的思想体系是：以培养“济难瑰玮之才”和“救时穷理”的大批人才为课程建构价值取向，选择前沿读物（图书、报纸、时事等）、实验室建设、图书馆建设为课程内容；按“中体西用”、三级体系、分科分层教学原则组织课程内容；实施量化考试与“点评”考试、游学和游历报告检验、业优入仕等相结合的评价方式。

虽然李端棻一直追求的“如何定课程”并不像半个世纪后的“泰勒原理”那样体系完整、逻辑严密、内容广博，但是李端棻的课程论思想及其内容对《京师大学堂章程》《钦定学堂章程》《奏定学堂章程》等的内容以及贵州近代教育有直接且重要的影响。有人认为上述“章程”“是完全模仿日本学制而定制的”②，殊不知，时任贵州学政严修在其《蟫香馆使黔日记》中就有“（光绪二十二年，即 1896 年）八月二十二日……昨晚钞李苾园奏请推广学校折稿三千字”“八月二十五日……拟书院章程”等记载。这充分说明，当时新兴的新式学堂制定章程的蓝本就是李端棻的《请推广学校折》，并非“完全模仿日本学制”。因此，李端棻被人誉为“中国近代教育之父”并不为过③。从课程论的视角来说，李端棻还应是“中国近现代课程论的奠基人和创立者”。

① 钟家鼎：《李端棻评传——兼论维新官僚在戊戌变法中的地位与作用》，海南出版社 2004 年版，第 351-352 页。

② 严修：《蟫香馆使黔日记》，民国二十四年（1935 年）影印，第八册。

③ 龙炘成：《北京大学奠基人李端棻》，《文史天地》2008 年第 4 期，第 9-13 页。

李端棻上《请推广学校折》遇到的执行难

梁茂林*

《请推广学校折》于1896年8月11日，经光绪皇帝批准后，派管学大臣孙家鼐负责筹办。经过数月的筹划，1896年9月，孙家鼐上《议复开办京师大学堂折》。光绪皇帝览折后表示赞同，但恭亲王奕䜣、刚毅等官员以经费困难为由，主张缓办，使京师大学堂的筹办工作被搁置下来。为此，外国传教士李佳白、狄考文、林乐知等人也先后向清政府递交了关于开办京师大学堂的书面建议。1898年2月，御史王鹏运上《需才孔亟，请饬速设京师大学堂折》。光绪皇帝谕令："京师大学堂，迭经臣工奏请，准其建立，现在亟须开办。其详细章程，著军机大臣会同总理各国事务衙门王大臣妥议具奏。"然而，京师大学堂的开办仍然受到部分大臣的阻挠。

1898年6月8日，徐致靖上《请明定国是疏》中指出："今自中日议和以来，朝旨命开学堂，而京师至今尚无片瓦，外省所设亦复寥寥，闽粤督抚且置之不理矣。"6月11日，光绪皇帝颁布《定国是诏》，要求将京师大学堂的开办作为变法的首件大事来办。对于京师大学堂的开办，慈禧太后也表示同意，并亲自"御书某某官应准入学"。梁启超指出："大学堂之诏，三年前既下之矣，至是乃决行之。" 6月26日，光绪皇帝降旨内阁，对有关部门承办新政不力严加申斥："兹当整饬庶务之际，部院各衙门承办事件，首戒因循。前因京师大学堂为各行省之倡，特降谕旨，令军机大臣总理各国事务王大臣会同议奏，即著迅速复奏，毋再迟延。其各部院衙门，于奉旨交议事件，务当督饬司员，克期议复。倘再仍前玩愒，并不依限复奏，定即从严惩处不贷。"在这道严旨的敦迫下，守旧大臣被迫进行京师大学堂的开办事宜。7月3日，总理衙门上《遵筹开办京师大学堂折》，并附呈由梁启超草拟的《京师大学堂章程》。

同日，光绪皇帝谕令："军机大臣会同总理各国事务衙门王大臣奏遵旨筹办京师大学堂并拟详细章程缮单呈览一折。京师大学堂为各行省之倡，必须规模宏远，始足以隆视听而育英才。现据该王大臣详拟章程，参用泰西学规，纲举目张，尚属周备，即著照所拟办理。派孙家鼐管理大学堂事务，办理各员由该大臣慎选奏派。至总教习综司功课，尤须选择学赅中外之士，奏请简派；其分教习各员亦一体精选，中西并用。所需兴办经费及常年用款，著户部分别筹拨。所有原设官书局及新设之译书局均著并入大学堂，由管学大臣督率办理。此次设立大学堂为广育人才、讲求时务起见，该大臣务当督饬教习等，按照奏定课程，认真训迪，日起有功，用副朝廷振兴实学至意。"

---

* 作者简介：梁茂林，男，贵州省文史馆研究员，主要从事贵州历史文化研究。

孙家鼐上任后，与康有为和梁启超有很多不同意见。关于上述过程，《康有为自编年谱》有载：

自四月杪大学堂议起，枢垣托吾为草章程，吾时召见无暇，命卓如草稿，酌英、美、日之制为之，甚周密，而以大权归之教习。总署覆奏学堂事，大臣属之章京，章京张元济来请吾撰，吾为定四款：一曰预筹巨款，二曰即拨官舍，三曰精选教习，四曰选刻学书。选刻学书者，将中国应读之书，自经史子集及西学，选其精要，辑为一书，俾易诵读，用力省而成功普，不至若畴昔废力于无用之学，以至久无成功也。又所请各分教习，皆由总教习专之，以一事权。时派大学士孙家鼐管学，孙家鼐素知吾，来面请吾为总教习，并请次亮为总办，又来劝驾。时大学肄业，有部曹翰林、道府州县等官，习气甚深，自度才德年位，恐不足以率之，度教无成，徒增谤议，故面辞之。

时孙尚未睹卓如章程也。时李合肥、枢臣廖仲山、陈次亮皆劝孙中堂请吾为总教习。及见章程，大怒，以教权皆属总教习，而管学大臣无权。又见李合肥、廖仲山、陈次亮皆推毂，疑我为请托，欲为总教习专权，又欲专选书之权，以行孔子改制之学也，于是大怒而相攻。我遂命卓如告孙，誓不沾大学一差，以白其志。时参保国会之余，孙灏诬攻之后，参保国会之潘庆澜又孙之亲戚也，又有谣诼于孙之前者，孙于是大有惑志。始孙颇言变法，与编修蒯光典言曰："今朝士忠肝热胆，而心通时务者，惟康某一人耳。若皇上责我变法，我惟举康某人，我则安能？"其相待若此。至是相攻，谓吾《孔子素王考》乃自为教王、民主，于二十九日上折劾《孔子改制考》，并谓康某才气可用，以为宜如汉文之待贾生，老其才，折其气，而后大用之。

为了保卫变法成果，7 月 24 日，李端棻上《变法维新条陈当务之急折》，提出了御门誓群臣、开懋勤殿议制度、改定六部则例、派朝士归办学校四件大事。自 7 月 3 日京师大学堂的举办有实质性的进展后，康有为于 7 月 10 日上《请改各省书院为中学堂，乡邑淫祠为小学堂，令小民六岁皆入学折》。同日，光绪皇帝发布上谕：

前经降旨开办京师大学堂，入堂肄业者由中学、小学以次而升，必有成效可睹。惟各省中学、小学尚未一律开办，总计各直省省会及府厅州县无不各有书院，著各该督抚督饬地方官各将所属书院处所、经费数目限两个月详覆具奏，即将各省府厅州县现有之大小书院一律改为兼习中学、西学之学校。至于学校阶级，自应以省会之大书院为高等学，郡城之书院为中等学，州县之书院为小学，皆颁给京师大学堂章程，令其仿照办理。其地方自行捐办之义学、社学等，亦令一律中西兼习，以广造就。至各书院需用经费，如上海电报局、招商局及广东闱姓捐，颇有溢款，此外陋规滥费当亦不少，著该督抚尽数提作各学堂经费。各省绅民如能捐建学堂，或广为劝募，准各督抚按照筹捐数目，酌量奏请给奖。其有独立措捐巨款者，朕必予以破格之赏。所有中学、小学应读之书，仍遵前谕，由官设局编译中外西书，颁发遵行。至如民间祠庙，其有不在祀典者，即著由地方官晓谕民间，一律改为学堂，以节糜费而隆教育。似此实力振兴，庶几风气遍开，人无不学，学无不实，用副朝廷爱养成材至意。将此通谕知之。

和京师大学堂的举办一样，各地书院、淫祠等处改成中小学堂后，李端棻等朝臣推广学校的呈请，成为难以阻挡的历史潮流。被派往各地的维新派回籍后，积极宣传维新思想，开办新学堂，对推行新教育起到了难以估量的作用。

附：请推广学校折

奏为时事多艰，需才孔亟，请推广学校，以励人才而资御侮，恭折仰祈圣鉴事。

窃臣闻国于天地，必有与言立，人才之多寡，系国家之强弱也。去岁军事既定，皇上顺穷变通久之议，将新庶政以图自强；恐办理无人，百废莫举，特降明诏，求通达中外能周时用之士，所在咸宁表荐，以备擢用。纶綍一下，海内想望，以为豪杰云集，富强立致。然数月以来，应者寥寥，即有一二，或仅束身自好之辈，罕有济难瑰玮之才，于侧席盛怀，未能尽副。夫以中国民众数万万，其为士者十数万，而人才乏绝至于如是，非天之不生才也，教之之道未善也。

夫二十年来，都中设同文馆，各省立实学馆、广方言馆、水师武备学、自强学堂，皆合中外学术相与讲习，所在而有。而臣顾谓教之之道未尽，何也?诸馆皆徒习西语西文，而于治国之道，富强之原，一切要书，多未肄及，其未尽一也。格致制造诸学，非终身执业，聚众讲求，不能致精。今除湖北学堂外，其余诸馆，学业不分斋院，生徒不重专门，其未尽二也。诸学或非试验测绘不能精，或非游历察勘不能确。今之诸馆，未备图器，未遣游历，则日求之故纸堆中，终成空谈，无自致用，其未尽三也。利禄之路，不出斯途。俊慧子弟，率从事帖括以取富贵，及既得科第，遂与学绝，终为弃材。今诸馆所教，率自成童以下，苟逾弱冠，即已通籍；虽或向学，欲从末由，其未尽四也。巨厦非一木所能支，横流非独柱所能砥，天下之大，事变之亟，必求多士，始济艰难。今十八行省只有数馆，每馆生徒只有数十。士之欲学者或以地僻而不能达，或以额外而不能容。即使在馆学徒，一人有一人之用，尚于治天下之才，万不足一。况于功课不精，成就无几，其未尽五也。

此诸馆所以设立二十余年，而国家不一收奇才异能之用者，惟此之故。曰：然则岩穴之间，好学之士，岂无能自绩学以待驱策者？曰：格致、制造、农、商、兵、矿诸学，非若考据词章帖括之可以闭户獭祭而得也。书必待翻译而后得读，一人之学，能翻群籍乎？业必待测验而后致精，一人之力，能购群器乎？学必待游历而后征实，一人之身，能履群地乎？此所以虽有一二倜傥有志之士，或学焉而不能成，或成矣而不能大也。

乃者钦奉明诏，设官书局于都畿，领以大臣，以重其事。伏读之下，仰见圣神措虑，洞悉本原。臣于局中一切章程，虽未具悉，然知必有良法美意，以宣达圣意，阐扬风化者也。他日奇才异能，由斯而出，不可胜数也。

惟育才之法，匪限于一途；作人之风，当遍于率土。臣请推广此意，自京师以及各省、府、州、县，皆设学堂。府、州、县学，选民间俊秀子弟，年十二至二十者入学，其诸生以上欲学者听之；学中课程，诵“四书”、《通鉴》、小学等书，而辅之以各国语言文字及算学、天文、地理之粗浅者，万国古史近事之简明者，格致理之平易者，以三年为期。省学，选诸生年二十五以下者入学，其举人以上欲学者听之；学中课程，诵经史子及国朝掌故诸书，而辅之以天文、舆地、算学、格致、制造、农、商、兵、矿、时事、交涉等学，以三年为期。京师大学，选举贡监年三十以下者入学，其京官愿学者听之；学中课程一如省学，惟益加专精，各执一门，不迁其业，以三年为期。其省学、大学所课，门目繁多，可仿宋胡瑗经义、治事之例，分斋讲习，等其荣途，一归科第，予以出身，一如常官。如此，则人争濯磨，士知向往，风气自开，技能自成，才不可胜用矣。

或疑似此兴作，所费必多，今国家正值患贫，何处筹此巨款？臣查各省及府、州、县，率有书院，岁调生徒入院肄业，聘师简授，意美法良。惟奉行既久，积习日深，多课帖括，难育异才。今可令每省每县各改其一院，增广功课，变通章程，以为学堂。书院旧有公款，其有不足，始拨官款补之。因旧增广，则事顺而易行；就近分筹，则需少而易集。惟京师为首善之区，不宜因陋就简，示天下以朴，似当酌动帑藏，以崇体制。每岁得十余万，规模已可大成。中国之大，岂以此十余万为贫富哉？

或有疑所立学堂既多，所需教习亦众，窃恐乏人堪任此职。臣以为事属创始，学者当起于浅近，教者亦无取精深。今宜令中外大吏各举才任教习之士，悉以名闻，或就地聘延，或考试选补，海内之大，必有可以充其任者。

学堂既立，远之得三代庠序之意，近之采西人厂院之长，兴贤教能之道，思过半矣。然课其记诵而不廓其见闻，非所以造异才也。就学者有日进之功，其不能就学者无讲习之助，非所以广风气也。今推而广之，厥有与学校之益相须而成者，盖数端焉。

一曰设藏书楼。好学之士，半属寒畯，购书既苦无力，借书又难其人，坐此固陋寡闻无所成就者不知凡几。高宗纯皇帝知其然也。特于江南设文宗、文汇、文澜三阁，备度秘籍，恣人借观。嘉庆间，大学院（士）阮元推广此意，在焦山灵隐起立书藏，津逮后学。自此以往，江浙文风，甲于天下，作人之盛，成效可睹也。泰西诸国，颇得此法，都会之地，皆有藏书，其尤富者，至千万卷，许人入观。成学之众，亦由于此。今请依乾隆故事，更加增广。自京师及十八行省会，咸设大书楼，调殿板及各官书局所刻书籍，暨同文馆、制造局所译西书，按部分送各省以实之。其或有切用之书，为民间刻本官局所无者，开列清单，访书价值，徐行购补。其西学书陆续译出者，译局随时咨送。妥定章程，许人入楼观书，由地方公择好学解事之人经理其事。

如此则向之无书可读者，皆得以自勉于学，无为弃才矣。古今中外有用之书，官书局有刻本者居十之七八，每局酌提部数，分送各省，其费至省，其事至顺。一奉明诏，事即立办，而饷遗学者，增益人才，其益盖非浅鲜也。

二曰创仪器院也。格致实学，咸藉试验。无远视之镜，不足言天学；无测绘之仪，不足言地学；不多见矿质，不足言矿学；不习睹汽机，不足言工程之学。其余诸学，率皆类是。然此等新器，所费不赀，家即素封，亦难备购，学何从进，业焉能成？今请于所立诸学堂，咸别设一院，购藏仪器，令诸学徒皆就试习，则实事求是，自易专精。各器择要而购，每省拨万金以上，已可粗备，此后陆续添置，渐成大观，则其费尚易措筹，而学徒所成，视昔日纸上空谈，相去远矣。

三曰开译书局也。兵法曰：知己知彼，百战百胜。今与西人交涉，而不能尽知其情伪，此见弱之道也。欲求知彼，首在译书。近年以来，制造局、同文馆等处译出刻成已百余种，可谓知所务也。然所译之书，详于术艺而略于政事，于彼中治国之本末，时局之变迁，言之未尽。至于学校、农政、商务、铁路、邮政诸事，今日所亟宜讲求者，一切章程条理，彼国咸有专书详言之。今此等书，悉无译本。又泰西格致新学、制造新法，月异岁殊，后来居上。今所已译出者，率十年以前之书，且书亦甚少，未能尽其所长。今请于京师设大译书馆，广集西书之言政治者，论时局者，言学校农、商、工、矿、者，及新法、新学近年所增者，分类译出，不厌详博，随时刻布，廉值发售，则可以增益见闻，开广才智矣。

四曰广立报馆也。知今而不知古则为俗士，知古而不知今则为腐儒。欲博古者莫若读书，欲通今者莫若阅报，二者相须而成，缺一不可。泰西每国报馆，多至数百所，每馆每日出报，多至数百万张，凡时局、政要、商务、兵机、新艺、奇技、五洲所有事故，靡所不言。阅报之人，上自君后，下自妇孺，皆足不出户，而于天下事了然也。故在上者能措办庶务而无壅蔽，在下能通达政体以待上之用，富强之源，厥由于是。今中国邸钞之外，其报馆仅有上海、汉口、广州、香港十余所，主笔之人不学无术，所言率皆浅陋，不足省览。总署海关，近译西报，然所择甚少，又未经印行，外间未由得见。今请于京师及各省会，并通商口岸繁盛镇埠，又立大报馆，择购西报之尤善者分而译之。译成，除恭缮进呈御览并咨送京外大小衙门外，即广印廉售，布之海内。其各省政俗土宜，亦由各馆派人查验，随时报闻，则识时之俊日多，干国之才日出矣。

五曰选派游历也。学徒既受学数年，考试及格者，当选高才以充游历。游历之道有二：一游历各国，肄业于彼之学校，纵览乎彼之工厂，精益求精，以期大成；一游历各省，察验矿质，钩核商务，测绘舆地，查阅物宜。皆限以年期，厚给薪俸，随时著书归呈有司，察其切实有用者，为之刊布，优加奖励。其游惰而无状者，官则立予降黜，士则夺其出身。数年之后，则輶轩绝域之士，斐然成章，郡国利病之书，备哉粲烂矣。或疑近年两次所派游历学生未收大效。不知前者所派游历，乃职官而非学童，在中国既未经讲求，至外洋亦未尝受学，故事涉空衍，寡有所成。其所派学生又血气未定，读中国书太少，遽游历绝域，易染洋风，虽薄有技能，亦不适于用。今若由学堂选充，两弊俱免，其所成就，必非前此之所能例也。

夫既有官书局、大学堂以为之经，复有此五者以为之纬，则中人以上者，皆可自励于学，而奇才异能之士，其所成就益远且大。十年以后，贤俊盈廷，不可胜用矣。以修内政，何政不举？以雪旧耻，何耻不除？上以恢列圣之远猷，下以慑强邻之狡启，道未有急于是者。若仰蒙采择，乞饬下中外大臣妥议章程，遵旨施行。臣一得之见，是否有当，伏乞皇上圣鉴训示。谨奏。

（中国史学会编《戊戌变法（二）》，上海人民出版社 1957 年版，292-297 页）

李端棻教育思想研究

吴佳　唐思源*

李端棻，贵州贵筑（今贵阳）人。同治十一年（1872 年）任云南学政。光绪五年（1879 年），担任内阁学士。1892 年，迁刑部侍郎。后曾四次成为乡试考官。1889 年出任广东乡试主考官，发现梁启超是一位非常有学识、思想和抱负的人，对其十分欣赏，并加以提拔。李端棻在 1896 年向光绪递呈了《请推广学校折》，意在请旨设立京师大学堂。戊戌变法失败后，“戊戌六君子”中多人被斩杀，李端棻也被革职发配到新疆。1901 年被赦免后，他回到贵州，致力于教育办学，在贵阳创办贵州省公立中学堂。除了熟读传统经典以外，他还不断地学习其他国家的教育经验，总结其教训，向近代的教育改革提供了比较系统的思路。

一、李端棻教育思想产生的背景

甲午战争以后，民族危机严重，矛盾十分尖锐，资产阶级中的维新派和地主阶级中支持改革的人开始思索如何才能改变这样的局面，他们都认为维新变法是解决这个问题最好的办法。但是要想变法，人才是最基本的，如何能够培养出人才，而且是有新思想、不迂腐的人才，是当时的一个巨大问题。想要培养出新式人才，当时存在的禁锢人们思想、内容不适合实际的八股考试是必须废除的，兴办新式学校势在必行。《马关条约》的签订给当时的所有人都敲响了警钟，官僚阶级的一些人也从迷梦中惊醒，要求变法的呼声也越来越高，也就有了随后的“公车上书”。

光绪帝看到了人才不足带来的巨大问题，也希望扭转这一局面。李端棻作为一个通过苦读四书五经，凭借科考文章考中进士的人，在入仕以后又颇受重用，将当时科举考试中的弊端看得十分清楚。他知道当时的人才选拔方式与当时的社会需要严重不符，同时他的思想并不封建，也不仇视西学，他在《请推广学校折》说：“臣闻国于天地，必有与立，言人才之多寡，系国势之强弱也。罕有济难瑰玮之才，非天之不生才也，教之之道未尽也。”[①]废除科举考试，兴办新式学校的思想在他的脑海中逐渐形成。

---

* 作者简介：吴佳，女，山西大同人，贵州财经大学马克思主义学院 2016 级硕士，主要从事道德教育理论研究。唐思源，女，重庆人，贵州财经大学马克思主义学院 2016 级硕士，主要从事青年思想政治教育理论与实践研究。

① 秋阳《李端棻传》，贵州民族出版社 2000 年版。

在梁启超的影响与引荐下，李端棻与谭嗣同、康有为等人志气相投，过从甚密。在与他们的接触中，李端棻对国外的形势与发展状况有了更多的了解。他虽没有亲身在国外体验和考察过，但通过与对西方制度有详细了解的人和曾出国考察的官员接触，对西方的制度也有所了解。

二、李端棻教育思想的主要内容

李端棻将洋务期间创办的新式学堂的问题进行了总结和梳理，指出了以下几点问题：一是教学内容没有联系实际；二是各个专业没有进行细致划分，学生的学习没有针对性和专业性；三是学堂里没有配备相应的仪器和设备，不能给学生提供观摩实习，也没有外出游历，只能纸上谈兵，缺乏实际操作经验；四是学生的年纪太小，身体和心理素质无法跟上要求；五是新学堂的数量太少，培养的学生人数并不能满足现实社会的需要。

针对以上问题，李端棻所奏《请推广学校折》中提出了一套完整的办学方法及其具体的推行措施。

第一，在各个府州选拔人才，年龄的限制在 12 岁至 20 岁。只要符合这个年龄的，都可以在学堂听课。省一级的学生为入学年龄在 25 岁以下的诸生，如果是举人以上也可以自行听课。京师大学的入学资格为三十岁以下的贡监生，同时在京官员也可参与学习。李端棻还主张将优秀学生送往国外或者国内其他地方继续深造游历，要求他们将学习所获随时记录成书，以便择优广泛传播，让他人能吸取其经验。

第二，在课程设置上，李端棻提出各个府州和县里的学堂，都要求通晓"四书"，并且以各国语言文字、算学、天文、地理、世界历史、物理、化学的课程作为辅助知识。省学则要求诵读经史子部以及国朝掌故的书，同时辅之以天文、舆地、兵、矿、时事、交涉等书。这样就打破了"四书五经"在教学课程中的垄断，拓展了学生们的眼界和知识面。

第三，李端棻认为兴办学校所需要的各方面投资都相当巨大，因此他提议每个省份和每个县改革一所旧式书院，并且制定新的章程，增设功课。如果经费不足，可以用政府拨款。但是，京师大学堂是全国性的教育示范代表，不能够因陋就简，因此可动用国库，"每岁得十余万，规模已可大成"。这也表明了李端棻在改革教育中的坚定信念。教育改革并不是口头上说一下，必须要大力投入资金支持，才能更好地实施。

第四，在教师的聘用和配备上，李端棻提出由当地推选、聘请的方式，采用多种手段来挖掘合适的人才。这与今天的人才选拔考试有着惊人的相似之处。同时，李端棻还上奏请旨希望各学堂能够特派绅士督办，并管理学堂一切事宜，以专责成，而收实效。

第五，在推广学校兴办教育的同时，李端棻认为开设译书局也是同等重要的大事。因为国人缺乏对新知识的认识，而翻译西书，不仅有利于开拓国人视野，广泛学习别国经验方法，更有利于近代教育的发展。利用国家的力量来推广西方的文化知识，不仅为好学之士提供了学习西方文化的机会，也有利于了解国内外的新形势。

第六，李端棻将配套设施建设纳入学校推广的重要环节。首先，他提出设置藏书楼，这样便可以解决学生无书可读的问题。同时将翻译的西方书籍送至各省，从而使一些读不起书的人也能够学到不一样的知识，拓宽眼界。其次，李端棻提出要创立仪器院，在学堂中设置仪器院并购藏仪器，从而使学生能够不局限于纸上谈兵而能够实事求是地有所研究，有所收获。最后，李端棻指出要设立报馆，使国人能够知道更多的消息，开阔视野。

三、教育思想的影响与启示

维新变法提出了很多超越当时时代特征的改革要求，如改革传统的科举，废除八股文，倡导西学，开办京师大学堂，等等。这些措施不仅超越了当时的时代背景，体现出前所未有的创新性，更对中国的教育发展产生了极其深远的影响。然而，戊戌变法的失败使得这一切的改革措施随之搁浅，李端棻虽然逃离被残害的命运，但也已到了风烛残年的年纪，随后被发配到新疆。1901 年，李端棻被赦免回到祖籍贵阳后，继续传播启蒙思想，发展新学。

从李端棻的教育思想中我们不难看出，他能够立足于社会现实、时代发展背景，切实地将理论知识与实际情况相结合，这为现在的教育思想提供了借鉴的蓝本。李端棻所提倡的办学纲领和方式详细深刻，从而受到光绪帝的认可和重视，因此降旨开办京师大学堂，并要求所有的书院不仅要学习中国文化，也要兼习西方文化。在随后的两年里，教育改革之风席卷全国，李端棻的教育思想也在全国掀起了教育改革的新高潮。与此同时，朝廷中也开始了关于科举废置的讨论，这一讨论在一定程度上支持和配合了兴学政策的落实。可以说，李端棻的教育改革思想为清朝后期的教育改革奠定了基础。

（一）李端棻的教育改革思想推动了近代中国社会教育的发展进程

首先，李端棻提出了设置藏书楼的主张。这一主张一经提出就得到了光绪帝以及部分比较开明的官员和爱国人士的支持。在古代社会，即使有藏书楼也是处于封闭的状态，并不会对外开放，而新式的藏书楼摒弃了原先封闭守旧的特点，开始向社会公众开放，因此承担了更加广泛的教育功能。其次，李端棻提出大量设置报馆的建议。这一项建议虽然没有得到官方的准许，但他的思想却是符合社会潮流的，只是当时的政府还未能看到增设报馆的益处而已。尽管这样，各地依然有很多的报馆相继开办，并大量发行报刊。在这些报纸中，其中最为出名的便是以宣传维新变法为主题的《时务报》和《国闻报》。最后，李端棻提出设置译书局的构想。这一构想极具前瞻性，它在一定程度上为近代出版机构的发展提供了契机。它们翻译出版的书籍不仅拓宽了国人对世界文化知识的了解渠道，也开广阔了国人的视野，并且以这种特殊的方式改良了社会风气。

（二）李端棻的教育改革思想有利于近代中华民族文化素质的提高

李端棻倡导的一系列教育改革措施，虽然未能挽救民族于危亡之中，但却改变了教育、教育以及获取知识相对狭隘的弊端，从而为我国更好地培养有知识、高素养的近代知识分子群体奠定了基础。因此，李端棻倡导的社会教育不仅使学堂的学生获益匪浅，更加提高了整个华夏民族的文化素质。数千年来，封建专制的思想已经在国人头脑中根深蒂固，使得国人都成了顺民，对新的思想均有排斥和抗拒的心理。然而，自从李端棻倡导社会教育以来，近代中国人逐渐开始接受新的思想，从封建王权思想中逐渐脱离出来，开始有了公民意识。尽管李端棻的社会教育思想体系还不完善，但是它在一定程度上使得新式的教育体制逐渐被民众所接受，从而也有利于中华民族整体文化素质的提升，并为后世的社会教育发展奠定了良好的基础，提供了宝贵的经验。

李端棻的教育思想在当时的时代背景下是极具创新精神的。他能看到时代的弊端、教育的弊端，重视人才的教育和培养，这些先进的思想每一条都对当今的教育发展有着激励和启示的作用。习总书记在十九大的报告中提出改革开放的大门永远不会关上，就是指对外来事物的包容和接纳。与此同时，这对教育也提出了不小的挑战。在接受外来思想观念的时候，广大学子还要学会分辨是非，实事求是，不要被一些别有用心的思想所影响。因此，我们当今的教育应该更多地吸取前人的智慧，在继承中进行创新研究，从而使教育事业更好地发挥育人的作用。

李端棻与中国近代教育史上的“贵州声音”

张羽琼*

清末教育改革，是中国教育史上影响深远的重要事件。1840 年爆发的中英鸦片战争，西方资本主义列强用炮火轰开了大清王朝闭关自守的国门，封闭的农业中国被西方列强强行纳入弱肉强食的近代资本主义世界体系。在两种文明的尖锐冲突下，关乎中国未来的人才培养模式出现了巨大的危机。在中西文化激烈碰撞，改革思潮纵横激荡的历史时期，中国传统教育怎么改？中国教育该向何处去？成为举国上下关注的焦点。在中华民族面临“数千年来未有之强敌”和“数千年来未有之变局” 的时代背景下，李端棻挺身而出，引领时代潮流，倡导教育改革，为中国传统教育摆脱危机、重获新生，做出了不可磨灭的历史贡献。在李端棻的影响下，贵州教育界心忧国是，奋起直追，率先改革传统书院，在中国近代教育发展史上留下弥足珍贵的“贵州声音”。在李端棻逝世 110 周年之际，本文谨据有关资料，对李端棻与中国近代教育史上的“贵州声音”等问题略做探讨，以唤起人们对历史经验的更多关注。

一、李端棻：中国新式教育的首倡者

李端棻（1833—1907），字苾园，贵州贵筑县（今贵州贵阳市）人。同治二年（1863 年）进士，选庶吉士，授编修。后为御史，以敢言著称于时，为大学士倭仁、尚书罗敦衍所器重。十一年（1872 年），督云南学政。后任广东、四川、山东乡试主考，全国会试副总裁，刑部左侍郎、仓场总督、礼部尚书等职。戊戌政变后，被充军新疆，后赦归故里。在中国社会急剧转型的时代，作为晚清重臣的李端棻，打破因循守旧，积极学习新知，引领改革潮流，特别是其推动中国近代教育改革的理论和实践，对中国近代教育发展产生了深远影响。

李端棻一生为官，治行方正，激浊扬清，善于识拔真才。据《清史稿》记载：“（同治）十年，出督云南学政。值回寇乱后，荒服道亘，前使者试未遍，端棻始一一按临，文化渐振。”①在云南时，李端棻体恤地方经济凋敝，躬先节俭，彻杜需求，悉心考选，公平取士。当时“滇乱甫戢，民生凋悴，端棻校士之暇，辄为疆吏筹教养诸大政，多

* 作者简介：张羽琼，1956 年生，女，贵州遵义人，茅台学院教授，主要研究方向为中国文化史、地方教育史。

①《清史稿·李端棻传》，上海古籍出版社 1995 年版，第 1451 页。

所赞画。有骄将以重贿为弟子干进，端棻正色斥之，风烈振厉。总督岑毓英敬礼有加，欲荐仕滇蕃，共靖滇宇，端棻辞焉。”[①]并根据云贵两省“士多寒峻”的情况，与总督刘岳昭、巡抚岑毓英联名奏请，要求对黔滇两省举人会试，“例给火牌，驰驿至京”（即举人进京会试，沿途可以凭火牌免费食宿）。嗣后黔滇优贡、拔贡赴京朝考，得给火牌驰驿，实自端棻建议始。此外，李端棻对中国近代教育发展的最大贡献，在于引领时代潮流，推广新式教育。

甲午战争的失败，使中国面临空前的民族危机，强邻环峙，国势衰微，刺激着中国民族精神的高涨。越来越多的国人透过惊心动魄的民族危机，意识到更深层次的教育危机。朝野内外普遍认为兴学育才是救亡图存、变法自强的当务之急。梁启超在《变法通议》提出：“变法之本，在育人才；人才之兴，在开学校。”但当时的维新派人微言轻，其主张既不能达于朝廷，又无法影响社会。在关键时刻，李端棻挺身而出，以居庙堂之高的显赫地位，公开支持教育改革。光绪二十二年五月初二日（1896 年 6 月 12 日），李端棻向光绪帝上的《奏请推广学校折》，率先提出“请推广学校，以励人才而资御侮”的教育改革方案，云：

> 自京师以及各省、府、州、县，皆设学堂。府、州、县学选民间俊秀子弟，年十二至二十者入学，其诸生以上欲学者听之。学中课程，诵“四书”、《通鉴》、小学等书，而辅之以各国语言文字及算学、天文、地理之粗浅者，万国古史近事之简明者，格致理之平易者，以三年为期。省学选诸生年二十五以下者入学，其举人以上欲学者听之。学中课程，诵经史子及国朝掌故诸书，而辅之以天文、算学、格致、制造、农、商、兵、矿、时事、交涉等学，以三年为期。京师大学选举贡监年三十以下者入学，其京官愿学者听之。学中课程一如省学，惟益加专精，各执一门，不迁其业，以三年为期。[②]

李端棻首先列举了旧式教育的种种弊端，以及当时形势对新式人才的迫切要求，认为人才之多寡，系国家之强弱，建议“自京师以及各省、府、州、县，皆设学堂”，讲授中西有用之学；并初步提出大学、中学应互相衔接和划分专业；为了配合新式教育的开展，政府还要做好设藏书楼、创仪器院、开译书局、广立报馆、选派游历等五件大事。认为“夫既有官书局、大学堂以为之经，复有此五者以为之纬，则中人以上，皆可自励于学，而奇才异能之士，其所成就，益远且大。十年以后，贤俊盈廷，不可胜用矣。以修内政，何政不举？以雪旧耻，何耻不除？上以恢列圣之远猷，下以慑强邻之狡启，道未有急于是者。”[③]

在传统教育已培养不出适应新形势需要的人才，创办学堂又因经费困难不能遂愿的窘境下，李端棻建议整顿变通书院，或将书院直接改为学堂，以节省经费。李端棻建议：“可令每省每县各改一（书）院，增广功课，变通章程，以为学堂书院。旧有公

---

① 凌惕安：《清代贵州名贤像传（第一集）》，商务印书馆 1946 年版，第四卷，第 2 页。
② 舒新城：《中国近代教育史资料》，北京：人民教育出版社 1980 年版。
③ 舒新城：《中国近代教育史资料》，北京：人民教育出版社 1980 年版，第 143-145 页。

款，其有不足，始拨官款补之。因旧增广，则事顺而易行；就近分筹，则需少而易集。”当时全国各省及府、州、县都设有书院，多者十数所，少者一二所，并且各有经费。书院改学堂正好能利用书院原有教育资金，完成中国传统教育模式的转换。在清末急需进行教育改革，国家教育经费又十分匮乏的情况下，李端棻的《奏请推广学校折》的确是各种教育改革议案中最具操作性的改革方案。是时风气未开，李端棻敢于抨击旧教育之要害，第一次全面系统地提出改革传统教育、建立近代学制的具体方案，表现了中国优秀知识分子的责任担当和远见卓识。

李端棻在奏折还提出，仅靠学校教育还不能满足社会需要，“其不能就学者无讲习之助，非所以推广风气也。”为此，他主张“与学校有益，相须而成者”亦须推广讲求，诸如设藏书楼、创仪器院、开译书局、广立报馆、选派游学等，几乎将西方近代的文化教育模式照搬过来。光绪批阅后，命总理衙门议奏。总署大体采纳了李氏主张，惟未提“广开报馆”。光绪于二十二年五月初二日谕批：“从之。”下发各省督抚。该折不久刊登在上海《时务报》第七册上，流传甚广，几乎成为官绅大力兴办新式文化事业的依据和护身符。例如，张之洞在《饬行全省官销时务报札》中说：“本月准总理衙门咨行，议准刑部侍郎李条陈折内，亦有选译西报一条，奉旨允准。可见报馆有益大局，实非浅鲜。”广西书局桂平梧盐法道向某与候补道谢某出示的推广学堂“晓喻”曰：“总理各国事务衙门议覆刑部左侍郎李端棻《奏请推广学校以励人才》一折，内称如内地各府县可由督抚酌拟办法，……兹本道公同酌议，拟仿广东学海堂办法，于古经书院添设数学一门……”足见其影响力之广。

尤其值得一提的是，在李端棻的教育改革方案中，并非一味否定中国传统教育的精髓。例如，对北宋胡瑗的分斋教学制度，李端棻就将其作为一种理想的教学制度重新提出。建议京师以及各省、府、州、县，皆设学堂，其“省学大学所课，门目繁多，可仿北宋胡瑗经义、治事之例，分斋讲习”。李端棻的“育才之法，匪限于一途”的多元教育思想，至今仍有强烈的借鉴意义。

李端棻的教育改革方案吹响了摧毁传统教育的冲锋号。后来的历史证明，李端棻的教育改革方案不仅成为百日维新时期教育改革的主要内容，而且实际上也是“新政”时期清政府改革传统教育的指南。因而后人评价说，“其请自京师及省、府、州、县，皆设学堂，则后来停罢科举，专注学堂之办法也。其请府、州、县选民间俊秀子弟，年十二至二十者入学，则后来各府、州、县两等学堂之办法也。其请省学选诸生二十五岁以下者入学，则今日各省中学堂之办法也。其请立京师大学堂，选举贡、监年三十以下者入学，其京官愿学者听之，则后来大学堂、仕学馆、分科大学、法科、财政等学堂之办法也。其请分斋讲习，等其荣途，一归科第，予以出身，亦如省官，则后来学部考试京外各学堂暨出洋留学毕业生与举贡、殿试以进士出身，除授翰林部属等官之办法也。其请设藏书楼，则后来开设图书馆之办法也。”可以说，李端棻上《请推广学校折》的又一个重要意义，就在于促成了康有为、梁启超变法之根本在兴学育才上的实现，将维新派改革传统教育的思想上升成为国家意志。李端棻所提出的教育改革纲领，为中国近代教育体制的形成奠定了制度层面的基础。其倡办的京师大学堂创办于 1898 年 5 月，为今北京大学的前身，是中国近代最早的大学，是戊戌维新留下的最重要的改革成果。因此后世认为，李端棻是当之无愧的中国近代教育之父。

戊戌变法时期，李端棻又上《变法维新条陈当务之急折》，向光绪帝密荐康有为、谭嗣同、严修等 18 人，并积极参与维新变法，屡上奏折，提出许多改革时弊的方案。百日维新中，李端棻被光绪帝任命为礼部尚书，主持全国的教育改革。又内定为懋勤殿首席参政，与康有为、梁启超、徐致靖等一起议定新法，成为维新派的中坚。正如梁启超所言："二品以上大臣言新政者，一人而已。"

二、李端棻：贵州近代教育的领跑人

在清末中国传统教育向近代学堂转变的历史进程中，贵州也和全国一样，经历了传统教育改革的历史性探索到近代教育启动的过程。而贵州教育改革得以顺利启动，除了政府层面的制度安排外，教育改革家的倡导和推动也是一个重要因素。在这些教育改革家中，李端棻首当其冲，功勋卓著。

戊戌政变失败，李端棻被慈禧太后以"滥保匪人罪"贬戍新疆，后赦归故里。李端棻虽遭受重大打击，却始终坚持改革传统教育之志，回到贵阳以后，利用一切机会，宣传和实践自己的教育改革思想。当时，由于贵州信息闭塞，教育界知识陈旧，学校诸生只知孔孟程朱，对卢梭、培根之学说闻所未闻。李端棻耐心讲解，循循开导，并拿出自己收藏的梁启超主编的《新民丛报》中载有卢梭、培根传记的部分让学生传阅抄写。教学之余，又将学生召集到私宅，进一步介绍西方民主思想。李端棻的讲学，打破了贵州知识界长期闭塞落后的局面，使得贵州学界耳目一新，言西学维新者日渐增多。据李端棻教过的学生殷亮轩追忆说："(李氏)介绍一些新的学术思想，如孟德斯鸠的三权鼎立论、达尔文的进化论、赫胥黎的天演论等。"

李端棻在经世学堂宣传新思想，曾受到顽固势力攻击。殷亮轩说当时在街头就发现了诽谤李氏诗三首，其中一首说："康梁遗党至今多，请尔常将颈子摩。死到临头终不悔，敢将孔孟比卢梭。"[①]然而，面对威胁打击，李端棻泰然处之，继续宣传自己的改革主张和维新思想。

李端棻认为时势多艰，需才孔亟，"兴学育才，尤在得师"。贵州要摆脱贫困落后，必须从改革传统教育着手，而要发展新式教育，当务之急是尽快发展新式教育。

1902 年，李端棻发起创办贵阳公立师范学堂(校址在贵阳城南的雪涯洞丁文诚公祠和昭忠祠，今贵阳二十七中附近)。贵阳公立师范学堂的创办，为贵州近代教育培养了第一批人才，也为贵州传统教育的改革探索了一条新的道路。为了推进贵州近代教育事业的发展，1905 年，李端棻又与贵州名流唐尔镛、任可澄、华之鸿等提请贵州巡抚林绍年，将贵阳府中学堂从北书院迁到雪涯洞，改办为贵阳中学堂，并新建校舍，改革课程设置，扩大招生范围。次年，学校改名贵州通省公立中学堂(即今贵阳一中)，是为当时全省规模最大的中学。李端棻除了尽力捐资办学之外，还不顾年迈体衰，常常到贵阳各学校巡视办学情况。

---

① 中国史学会编：《戊戌变法》(二)，神州国光社 1953 年版。

当时，由于《辛丑条约》的签订，外国列强除了在政治上进一步控制清政府以外，还在经济上加紧掠夺通商、路矿利权。贵州虽僻远，但矿产资源丰富，其铁路和矿产资源，为列强垂涎。李端棻认为利益不可假人，民膏不可外溢。1905 年，他与部分爱国人士发起组织贵州路矿总公司，立案招股，吸收地方资本，以防止外国侵略者侵吞利权。“首倡自办以杜隐忧。”梁启超评价他：“其为民请命之心，历数十载如一日。”于此可见一斑。在李端棻的影响下，贵州教育界关心国家大事，忧国忧民者日渐增多，变法改良的思潮在社会上蔓延开来。新文化、新思想的传播，不仅为贵州传统教育的近代化奠定了基础，而且也为贵州辛亥革命的爆发准备了社会条件。

1907 年 10 月，李端棻病逝。临终前，他曾致书梁启超：“昔人称有三岁而翁，有百岁而童。吾年逾七十，志气尚如少年。天未死我者，犹将从诸君子后有所尽于国家矣！”足见其希望改革教育和救亡图存的激情与斗志。

三、书院改学堂：中国近代教育史上的“贵州声音”

学术界一般认为，清末贵州书院改革始于 1901 年清政府颁布“书院改学校上谕”以后，其实不然。贵州官方推行的书院改革开始于戊戌变法前夕，在清政府尚未颁布书院改学堂诏令之前，贵州地方政府已率先完成了对贵阳学古书院的学制改革。也就是说，在清末教育改革运动中，贵州冲在最前面，率先实践李端棻的“书院改学堂”理论，成为中国近代史上书院改学堂的开路先锋。

翻开中国近代教育史，我们发现，贵州虽地处西南一隅，但往往在全国性的重大历史事件中，贵州人都有异常表现。特别是在清末教育改革中，贵州有识之士的忧患意识和创新精神特别强烈，如贵州巡抚林绍年在全国首次派出 151 人出国留学，1898 年 1 月贵州学政严修上《奏请设经济专科折》以及对贵阳学古书院的课程改革和教学模式改革等，均在当时产生了很大影响。其中，最让国人始料未及的，当属戊戌变法前夕贵州教育界对贵阳学古书院的大胆改革。

贵阳学古书院原名正习书院，位于贵阳城南隅，俗称南书院（院址在今贵阳市护国路一带），是省城贵阳三大官办书院之一。书院为嘉庆五年（1800 年）贵州布政使常明所建，嘉庆二十四年（1819 年）粮储道倭臣布增修，“头门三间，门右看司房五间，讲堂三间，堂后尹公祠三间，祠左右斋舍各五间，又西斋舍六间，书办房六间，山长住房十间，厨房二间。”[①]光绪初年，莫庭芝为学古书院山长，建敬业楼 3 楹，购各类图书藏之于内，供师生披览研习。光绪二十年（1894 年）十二月，满怀教育救国理想的严修到贵州担任学政。在有识之士的支持下，严修大刀阔斧地改革学古书院。严修按照“增广功课，变通章程，以为学堂”的原则，对贵阳学古书院的课程设置进行大胆改革，并考选全省高才 40 名，分斋肄习。光绪二十三年（1897 年）三月三十日，改革后的学古书院正式开学，比黄遵宪、谭嗣同等人在长沙创办的时务学堂还要早半年。尽管学古书院所收学生资格仍以举贡生监为准，但就研习内容而言，学古书院无疑已属新学书

① [民国]《贵州通志・学校志一》，文通书局 1948 年铅印本。

院范畴，只不过由于管理模式仍袭书院之旧，故而人们认为它仍然是传统意义上的书院。贵阳学古书院因严修的改革而具有了良好的新学基础，因此在清政府尚未下达书院改革诏令之时，贵州巡抚王毓藻就率领贵州教育界，对学古书院的课程设置和书院名称进行了彻底改革。据史载，光绪二十四年五月十五日（1898 年 7 月 3 日），康有为向光绪皇帝上《请饬各省改书院淫祠为学堂折》。次日，清政府就收到贵州巡抚王毓藻的奏呈，表示贵州已对贵阳学古书院进行了从内容到形式的改革，正式创办“贵州经世学堂”。全文如下：

为改设学堂，筹款经理，以广作育，恭折仰祈圣鉴事。窃近年迭奉谕旨，饬各疆臣讲求实务，并设经济特科，广开风气。现在山、陕、鄂、湘、皖、浙等省，各增设学堂，培养人才，力图自强之策。臣维学术之陋，至今日已极，士子不研究根底，习尚虚浮，沿谬承讹，寡闻浅见，凡郡国之利病，工商之通滞，舆地之险要，兵将之韬略，海内外之情状，茫然无有所知，无怪乎天下皆以儒为诟病。穷则变，变则通，此时诚宜汲汲已。

查贵州省城向设三书院，曰贵山，曰正本，曰学古，素习制艺，未便一概更张。惟学古书院，臣严修时与住院生于词章、帖括之外，讲贯西学，孜孜不倦，士意翕然。臣因势利导，即改为经世学堂，其聘请山长，委监院管理如故。另檄贵阳府知府严隽熙总办，选生监之有文行，不染习气者四十人，肄业其中，每人月给膏火四两。延算学一人教习，择娴习西文西语一人副之。泰西各学派别支分，皆以算学为从入之门，测算精，则各学逐渐而悟；交涉孔烦，西文西语通，则辩论较易。仍饬山长，朝夕教令其阅史书，探掌故，泛览中外时报及泰西各种书籍，以拓其眼界；精求经义及儒先语录，以正其心术；并举经济科内政、外交、理财、经武、格物、考工六事，按条查核，相语讲明而切研之。术业既定，严立课程，务期本末兼赅，陶成令器。中学、西学每月分期面试，年终臣会同学臣统校核实，旌别给予奖赏，以示鼓励。其常年经费及随时购备仪器、图籍等件，即将学古书院即支之二千金全数拨用，别饬善后局筹提二千两，藉资补苴。省外安顺、遵义等十一府属，并分札各该府书院，月课兼试算学及时务各论，以广造就，仰副圣主崇学储材之至意。①

从王毓藻的奏报可见，在光绪皇帝发布书院改制诏书前七天，贵州地方政府就已将贵阳学古书院从名到实均改为兼习“西学”的经世学堂。也就是说，光绪皇帝教育改革谕旨尚未下达之时，贵州地方政府就完成了书院改学堂的实践探索，已经把贵阳学古书院改革成为具有近代学校意义的“经世学堂”。七天后，清政府才颁布《改书院为学校上谕》，下令全国进行书院改革。也就是说，在中央政府尚未下达书院改学堂的命令时，贵州教育界已在王毓藻的带领下率先冲上了清末教育改革的跑道，贵州因此

① 舒新城：《中国近代教育史资料（上）》，人民教育出版社 1980 年版。

成为领中国书院改革风气之先者而被载入史册。“贵州声音”也因此在中国近代教育发展史上占有宝贵的一席之地。

根据王毓藻的奏报，改革后的经世学堂除聘请原有山长、监院外，另委派贵阳府知府严隽熙为总办，设算学1人为正教习，西文西语1人为副教习，首届招生40名，教学内容兼顾中学和西学。为保证办学质量，政府专门划拨常年经费，为学堂购置设备仪器和图书教材。

王毓藻，字鲁芗，湖北黄冈人，于光绪二十三年二月五日（1897年3月7日）由四川布政使调任贵州巡抚。严修在贵州期间，也正是王毓藻抚黔期间。应该说王毓藻对严修的书院改革是高度认同和积极支持的，否则也就不会有把学古书院改办为经世学堂的举措。1899年，王毓藻还效法他省创办了贵州武备学堂，延聘天津人李荫桂、刘玉琦为教习，从而为贵州教育积累了更多的近代办学经验。

此时的经世学堂，基本具备了近代学堂的性质。主要表现为：（一）正式设置了西文西语课和专职教习；（二）对经济科内政、外交、理财、经武、格致、考工六事，制定了“按条查核，相语讲明而切研之”的教学方式；（三）办学经费四千两，生额四十名，每人月给膏伙银四两，已成定制；（四）随时购备仪器、图籍等，进行近代学堂设施建设；（五）有了贵州经世学堂这一具有近代学堂特征的正规校名。清末贵州的书院改革，为中国近代教育制度的建立做了大胆而有益的探索。刘毅翔教授认为，根据光绪皇帝关于学校阶级“自应以省会之大书院为高等学堂”的规定，经世学堂应是贵州地方政府创办最早的一所高等学堂。①

戊戌变法以后，李端棻回到贵阳，受贵州巡抚邓华熙延请主讲经世学堂，积极传播新思想、新文化。李端棻曾赋《应经世学堂聘》诗一首，表达自己的意愿：“帖括词章误此生，敢膺重任领群英。时贤心折谈何易，山长头衔恐是名。糟粕陈编奚补救，萌芽新政要推行。暮年乍拥皋比位，起点何如定太平。”认为戊戌变法虽然失败，但新政一定会继续推行，改革已是大势所趋。“既返故里，主讲席，犹复以奖励后进、开通风气为己任。”李端棻在经世学堂担任主讲期间，按月两开演讲，“阐发民权自由真理，月课以培根、卢梭诸学说命题”，阐述西方民权和自由思想。李端棻在经世学堂宣传新思想，传播新文化，更使清末贵州教育改革蜚声国内。

贵州官方率先改书院为学堂的举动，的确出乎全国教育界、知识界的意料。在外地人看来，贵州向来交通不便，风气闭塞，思想观念落后，政治敏感度较低。然而，就是这样一个边远的西南省份，竟然在书院改学堂这一千年巨变的历史事件中，成为永载史册的开路先锋。对戊戌变法时期贵州书院改革的首创精神和历史地位，学术界均给予了较高的评价。李国钧等主编的《中国教育制度通史》中认为：“可以说，地处西南边陲的贵州在清末书院改学堂中是领风气之先的。”[1]社会发展一向落后的贵州，这一次昂然冲锋在前，对改革传统教育举棋不定的清政府而言，无疑具有一定的推动和促进作用。戊戌变法时期贵州教育界在书院改革中的积极应对，是对国家“时势多艰，需才孔亟”的深刻认识和大胆实践，体现了贵州人在重大改革面前的敏感意识和

---

① 刘毅翔：《百年前的贵州大学堂》，《贵阳文史》2007年第5期。

担当意识。清末教育改革中的这一“贵州声音”，对后世启示良多，值得深入研究。而贵州能够在中国近代史改革大潮中成为时代的弄潮儿，离不开中国近代教育之父——李端棻的精神引领。

110 年过去了，李端棻一心救国救民的浩大情怀和对待事业的忠贞不渝，及其倡导的“教育强国”思想至今仍值得我们认真学习和研究。

从《戊戌十二月朔日寄九弟秦州》看李端棻对百日维新的检讨

赵平略*

> 我本伤心人，迭遭伤心事。垂老遭愈奇，一遭成往事诚已矣，来者略须计。但举一二端，其余皆琐碎。臣罪原当诛，扪心岂容避。所赖圣恩宽，祖宗余荫庇。以此两卜之，或可返南旆。彼时贱归来，合家欢无暨。非能学二疏，知足避荣位。但愿学温公，徒步归洛市。苦事与愿违，异方久羁滞。神明日以衰，精力日以悴。零丁几弱息，行止将谁恃。我命犯孤鸾，一家仅三四。致彼啼饥寒，飘零绝域地。昂昂七尺躯，俯仰真怍愧。更有关怀者，待了向平志。光阴驶若飞，眨眼庚子岁。蜀地远哉遥，婚娶非容易。只此撄我心，思之时陨涕。如何筹两全，特以告群季。言尽意无穷，聊当音书寄。①

这首诗还有一处缺文："垂老遭愈奇，一遭成往事诚已矣，来者略须计。"中间一句应该是脱了两个字，脱的字是什么，还有待新的资料补正。按上下文来看，或缺了"往事"二字，原诗或作"垂老遭愈奇，一遭成往事。往事诚已矣，来者略须计"。因为"往事"二字为重文，记的时候可能用一个简略的重文符号表示，而传抄的人不察，漏掉了第二次出现的"往事"二字。这在古籍中是常见的错误。即便如此，依然不影响我们对全诗大意和整体思想的把握与理解。

1898 年 6 月 11 日至 9 月 21 日，光绪皇帝在李端棻、康有为等维新派人士的支持下，学习西方，进行改革政治、教育制度，发展农业、工业、商业的政治改良运动。9 月 21 日，慈禧太后囚禁光绪皇帝，康有为、梁启超分别逃亡国外，谭嗣同、康广仁等 6 人被杀。李端棻则被发配新疆，因病中途停留在甘州，《戊戌十二月朔日寄九弟秦州》这首诗即写于此地，其时离维新失败仅有两个多月。此诗既有对百日维新的反思，也有对未来生活的担忧。

钟家鼎认为："李端棻在戊戌维新中具有极其重要的政治地位。""李端棻是变法的重要策划者""重要组织者""重要推动者"。"戊戌领袖层中，光绪皇帝是决策者，康有为是倡导者，属于戊戌领袖层中的核心人物。李端棻作为维新官僚的代表，其在变

---

* 作者简介：赵平略，1963 年生，贵阳学院马克思主义学院院长、教授，主要从事阳明学与贵州地方文化研究。

① 许先德、龙尚学主编：《贵阳五家诗钞》，贵州教育出版社 1995 年版，第 3 页。

法中的地位与作用，较之领袖层内的梁启超、谭嗣同等人有过之而无不及，堪为戊戌领袖层中的一位领袖人物。”[①]李端棻在戊戌变法中既然有如此重要的地位，对于维新变法的失败，他是如何看待的呢？

“臣罪原当诛，扪心岂容避。”变法失败，谭嗣同等六君子血溅刑场，李端棻则因为荐举非人，被发配新疆，这在大臣中已经是非常重的处罚了。李端棻的被处罚的罪名是“滥保匪人”，而“滥保匪人”按律仅需降职，他却被发配新疆。单单这两点，就足以让李端棻对这一处罚感到不满了。但在李端棻的诗中，并没有半点怨言。虽然封建社会的官僚们遭受处罚后，往往都会说圣恩浩荡之类的套话，但这是李端棻写给自己兄弟的诗，没有装腔作势说套话的必要。“扪心”一词更是说明这一检讨十分诚恳。

其实，就守旧派官员来说，李端棻之罪不仅是保举非人，由于李端棻积极参加变法维新，他自己就早已经是“匪人”了。但这是守旧派官员的看法，就李端棻等维新派官员们来说，他们支持维新变法，倡导维新变法，无非是为了国家的富强，为了改变国家积贫积弱的面貌。这不仅不是罪，而且是功。不仅不应该“诛”，而且应该奖。此外，李端棻后来回到家乡后，仍然讲卢梭，讲维新，说明李端棻自始至终都没有认为维新变法是一个错误。所以，李端棻所认为的“当诛”之罪断不是因为支持而且参与了维新变法，而只能是对发生维新变法中的具体事情有不认同之处。

有一件事情特别值得注意，即短短的百日维新中，李端棻曾两次请假。对此，一些学者认为是李端棻在耍滑头：“但是当顽固派群起而攻之，维新派处境危急之时，他们之中便有人投降变节，对维新派进行疯狂的反噬，以求洗刷自己的‘过失’，有的则落荒而逃，以求免祸。即使是变法意志比较坚定、与维新派联系比较密切的李端棻，在戊戌七月也连续请假。”[②]

对于李端棻的请假，钟家鼎不认可他是“托病”：“李端棻因病告假，是由光绪皇帝批准休假的。对此，可在清宫档案中查阅光绪皇帝的批示为据。……因而，陈夔龙关于李端棻诈病告假一说是不能成立的……李端棻戊戌七月连续告假是因病而非退缩行为，所谓‘投机官僚’之说缺乏事实根据。”[③]但钟家鼎否认李端棻托病的理由并不充分，告假得到了光绪皇帝的批准，并不能说明李端棻是否真的生病。

冯祖贻则认为，李端棻确实是在戊戌政变前“托病”请假：“不容否认，戊戌维新运动的最后关头，李端棻缺席了，但绝不能因之而横加指责，正如有同志指出，给李端棻扣上‘投机官僚’的帽子是不恰当的。”[④]

笔者同意冯祖贻的观点，李端棻应该是听从了陈夔龙的建议，装病告假。在这一点上，陈夔龙不大有必要捏造一个事实。结合李端棻的《戊戌十二月朔日寄九弟秦州》

---

① 钟家鼎：《李端棻评传——兼论维新官僚在戊戌变法中的地位与作用》，海南出版社 2004 年版，第 310-311 页。

② 孔祥吉：《杨深秀考论》，《晋阳学刊》1983 年第 4 期。

③ 钟家鼎：《李端棻评传——兼论维新官僚在戊戌变法中的地位与作用》，海南出版社 2004 年版，第 276-277 页。

④ 冯祖贻：《李端棻是否在戊戌政变前“托病”请假——兼论陈夔龙〈梦蕉亭杂记〉的可靠性及其他》，《贵州社会科学》2008 年第 3 期。

这首诗，可以看出，李端棻是并不完全认可维新派的行为的。

积极推荐康有为、梁启超等维新人物，积极支持和参与维新变法，是因为不满中国积贫积弱的现实，这在李端棻是真诚的。但李端棻毕竟是清王朝的重臣，在清王朝的官场摸爬滚打了几十年，与康有为等新进士人有着很大的不同。第一，李端棻虽属帝党，但与慈禧太后的关系也不差。慈禧太后很长时间把控着朝政，李端棻能够在慈禧太后掌权的情况下步步高升，说明他与慈禧也保持着良好关系。第二，后人虽说将李端棻归为维新派，但维新派阵营并非一个有着明确纲领的政党或组织，而且维新派与守旧派（或者说顽固派）之间也有着千丝万缕的联系。如陈夔龙虽然属于守旧派，但他与李端棻都是贵阳人，是同乡，他们之间一定有着比较密切的联系。第三，李端棻长期在清王朝的官场，做过很多实际工作，洞悉官场的情形，也知道如何将事情办好，如何取得实际效果。如康有为提出开制度局，遭到了守旧派人士的坚决反对，无法通过。李端棻虽亦同意康有为的主张，但在开制度局的主张遭到反对以后，即改而提出开懋勤殿。制度局是一个全新的名称，也意在建构一个新的政治运行制度，所以反对的人多。懋勤殿则是康熙皇帝时就有的，属于祖宗制度，恢复起来名正言顺。虽然开懋勤殿不能完全起到制度局的作用，但利用懋勤殿，仍然可以做很多维新派想做的维新变法的事情。这样一来，既不留给守旧官僚攻击的口实，又可以起到变法图强的实际作用。作为一个办实事的官员，减少争论，可能是推进工作的最好办法。“作为权力中心的清廷大员同时又是传统与现代相交织的为官士人，李端棻继承了士大夫忧国忧民和以天下为己任的担待意识，他投身维新变法，但又不否定传统，而是在传统资源中寻找智慧，以求新、求变和求实的精神结合晚清社会现实，对中西文化进行比较探索。”①骆利红的这一分析应该是特别符合李端棻实际的。

有此三个原因，李端棻与康有为等新进的维新派有各种不同的主张、分歧，就是很正常的事情了。但是，与维新派的各种不同与分歧，并不足以成为“原当诛”的大罪。那么，李端棻扪心自问的“当诛”之罪是什么呢？

其实，对于李端棻这些封建社会的臣子来说，改变祖宗制度、变法图强也好，坚守祖宗制度、安于现状也好，他们都有一条底线，那就是不能造反。有的皇帝开明，能够接受批评，容得下臣子身上的刺；有的皇帝狭隘，听不得不同意见，容不下有傲骨的臣子。但不管怎样，他们也有一条底线，就是不能造反，造反就是十恶不赦的大罪了。

当光绪皇帝主导的变法遇到阻挠时，康有为他们急了，决定鼓动袁世凯，诛杀荣禄。这一动议虽然没有直接针对慈禧太后，但荣禄是慈禧太后的亲信，且要用武力确保光绪皇帝的地位，也就意味着要用武力胁迫慈禧太后交还权力。而用武力诛杀当朝大臣，胁迫太后，当然就是造反了。这对于李端棻来说，无论是从道义上，还是从感情上，都是不能接受的。他保举康有为、谭嗣同等人，是因为他们能够变法图强，而不是让他们造反。希望改革，希望康有为等人能够有所作为，希望能够突破顽固派对

---

① 骆利红：《“新学”与晚清为官士人的转型——以李端棻为例评析》，《黑龙江史志》2012年第22期。

权力的把持，希望光绪皇帝能够摆脱慈禧太后的控制，能够实现富国强兵，固然都是李端棻所希望的。但当康有为要以极端的手段造反时，就已经越过了李端棻心理承受的下线。大臣保举人任职，首要的就是要保举的人没有反心，也就是要确保被保举者的政治正确，这是保举的前提。如果保举的人不忠于朝廷，甚至造反，当然要追究保举者的责任。正是从这个角度上，李端棻认为自己的罪行是应该被杀的。李端棻的检讨，是对康有为等人围园杀荣禄之事的否定，而不是对维新变法的否定。正因为不否定维新变法，所以李端棻后来回到贵阳办学时，仍然在给学生讲新学，讲西方文化。如果他觉得维新变法该杀，他就不会在保住性命之后，还要讲新学了。

李端棻晚年的诗歌《国家思想》中说："天地区分五大洲，一人岂能制全球。国家公产非私产，政策群谋胜独谋。君为安民方有事，臣因佐治始宣流。同胞若识平权义，高枕无忧乐自由。君不堪尊民不卑，千年压制少人知。"既然认为"国家公产非私产"，则臣子为了国家民族的利益而造反，就是可以理解，也可以认同的。但这应该是李端棻思想进一步发展后的认识。对此，黄江玲分析到：李端棻晚年"高扬'民权''自由''平等'等观念，同时批判国民几千年在皇权专制下积淀的'奴隶性'，进而反对专制制度，否定'君尊民卑'观念，要求推翻君主专制，建立平权国家。其实质就是进行民主革命，这是李端棻思想的一大飞跃"[①]。李端棻的思想应有一个变化发展的过程。但即便是在有了这一飞跃以后，他对臣子的定位仍然是"佐治"，而不是要推翻朝廷。

那么，李端棻事前是否知道康有为等人的密谋呢？钟家鼎认为："康有为等策划的围园杀荣禄等举措，李端棻事前并不知道当为实情。……围园为所谓大逆不道之举，作为自幼受封建正统教育的李端棻来说，尊君权以变法是其基本的政治态度。可以设想，如果当时康梁等人以之商议于李端棻，肯定会遭到反对并可能因而中止这一方案的进行。李端棻未预闻康有为等人策划的这一方案，尚有一种可能。鉴于梁启超和李端棻的特殊关系，康梁等人不忍以此灭门之举牵连一位年近七十的老人，何况此时的李端棻正有病在身。"[②]钟家鼎说的这两种可能都是符合情理的，李端棻事前应该是不知道康有为等人的密谋的。

李端棻之所以不支持康有为等人的密谋，除了不符合封建官员的道义外，还有这一密谋的可行性并不大。袁世凯等人与维新派并无深交，而且后党的势力很大，投靠帝党，要冒很大的风险，以袁世凯的狡猾，他不会为此冒险。康有为等竟至于要将维新的命运托付给并无深交的袁世凯，更足以说明他们的力量不足，甚至没有力量可言。就普通人的考虑来说，也不大会站在康有为这一边的，更何况是从不讲道义的袁世凯。李端棻能够做到尚书，对晚清官场是有深刻了解的。双方力量的悬殊他是清楚的，正因为双方力量的悬殊，当他知道慈禧太后已经不能容忍光绪皇帝的改革新政时，就听从了陈夔龙的建议，装病请假了。如果李端棻知道了康有为等人的密谋，一定会加以阻止，甚至告密。

---

① 黄江玲、黄万机：《李端棻思想演化历程探寻》，《贵阳市委党校学报》2011 年第 2 期。

② 钟家鼎：《李端棻评传——兼论维新官僚在戊戌变法中的地位与作用》，海南出版社 2004 年版，第 266 页。

不认可康有为等人的极端行为，但不认为变法维新的错误，这就是李端棻对维新运动的认识，也是李端棻在《戊戌十二月朔日寄九弟秦州》中所表现出来的立场。

李端棻在《戊戌十二月朔日寄九弟秦州》诗中，还检讨了自己立身处世的失误。“非能学二疏，知足避荣位。”二疏是汉朝的疏广与疏受，疏广博学，汉宣帝时任太子太傅，其侄疏受任太子少傅。在任五年，都称病还乡。被认为是功成身退、保全自己的典型。李端棻对二疏的肯定，也流露出对自己没有及时从官场抽身的后悔，甚至还有对自己参加维新运动的否定。虽然李端棻后来仍然坚持变法图强的思想，但当时被流放到边远地区，卧病异乡，并连累家人，有这样的思想也是可以理解的。

“但愿学温公，徒步归洛市。”温公即司马光，司马光去世后，被追封为温国公。王安石实行新政时，司马光坚决反对，认为祖宗之法不可变。皇帝任命他为枢密副使，司马光坚辞不就，于熙宁三年出知永兴军，次年退居洛阳，编撰《资治通鉴》。把反对新法的司马光作为自己的榜样，应该多少是对自己参与康有为等人的变法维新运动有一些后悔。

李端棻对参与变法维新一度有所后悔，这样说也并不影响李端棻的形象，因为他毕竟是一个受封建正统教育的官员，是一个有家有室有感情的人。当维新派的手段超出了他可接受的范围时，当他的行为带给家人连累时，他的后悔就可以理解了。这与是否“投机”是不沾边的。

从《苾园诗存》看李端棻追求的人格构建

曹正勇*

精神分析学说的创始人弗洛伊德在他的理论里，提出了“本我”“自我”和“超我”的三重人格分析法。他认为，“本我”是原始的、天赋的无意识结构，处于意识的底部，是人的本能的体现，因而是人格中最耐人寻味而又神秘莫测的部分，“快乐”是其遵循的原则。“自我”来源于“本我”，是意识与潜意识之间的桥梁，同时也是“我”与外部联系的桥梁，因而遵循着“现实”原则。而“超我”又来源于“自我”，是理想化了的“自我”，因此处于人格的最顶层，遵循着“理想或道德”原则。弗洛伊德同时强调，三者之间没有明晰的界限，而是相互联系，彼此共存。人，都是此三重人格的统一。之所以表现出个体差异，原因不是违背了三重人格理论，而是在不同的场合，为了不同的需要，人就会选择性地表现出三重人格中的某一种。本文即用弗洛伊德的人格分析理论，从《苾园诗存》来看李端棻的人格建构。

李端棻所著《苾园诗存》收诗 140 余首，大部分写于 1898 年他被流放新疆之后。其中的作品，有的书写流放的抑郁之情；有的揭露黑暗现实，表达对封建王朝杀害维新志士的愤怒与不满；有的总结维新变法运动的得失，展现了变法改革的决心；有的与亲人直抒胸臆；有的是对还乡生活的描写，等等。

按照弗洛伊德的理论，李端棻免不了三重人格共附一身。但不同的是，面对世事沧桑，他虽有愤怒与不满，但没有怨天尤人，而是用诗歌给我们展现了“本我”“自我”和“超我”三重人格的交织与冲突，从而不仅造就了其诗歌魅力，更提升了其人格魅力。

一、本我：听从内心的声音

李端棻做人处世，不仅遵从道德和理想，更听从自己内心的声音。面对维新变法，“言新政者二品以上大臣，一人而已”。因此，他被擢升为礼部尚书。李端棻的言行，绝不是为了升官，而是出于一个中国人尤其是朝廷重臣的责任与担当。他原本也可以随波逐流，力求自保，但他无法欺骗自己的心性和良心，于是他不计后果地挺身而出，结果是被流放新疆，差点病死于甘州（今甘肃张掖）。

这种忧国忧民的心性，在《戊戌十二月朔日寄九弟秦州》一开端便表现了出来：“我

* 作者简介：曹正勇，1981 年生，男，贵州普定人，贵阳学院副教授，主要从事宗教学、文学方面的研究。

本伤心人，迭遭伤心事。垂老遭愈奇，一遭成往事。”由此可以看出，他伤心的绝非儿女私情、家庭琐事，而是维新变法失败后对国家和民族命运的担忧。正如李端棻自己所言：“吾一生为人之道，得之吾叔；为学之道，得之吾舅。”从小在叔父李朝仪的身边长大，耳濡目染叔父的为官和为人之道，深受其影响，继承了叔父心系百姓、为国为民的良好品德。在《在甘州病余自遣》中，因为身体有恙，写出了“希望轮台万里长，休将白首戍遐荒”的诗句，但转念便能自我安慰，“此日转觉逍遥甚，自问何曾险阻尝。老去心情无冷暖，闲中岁月是羲皇。近来渐少还家梦，识破迷途即故乡”。字里行间，体现的是作者“识破迷途”的阔达。然而，这种胸襟真正的原动力还在于他为天下苍生请命的使命感和责任感。因此，既然都是爱国爱民，便能不分远近，“识破迷途即故乡”。

李端棻为官，尽管曾经位高权重，却始终没有丢失作为人的心性，一生坚守着人的本真。这一点在《答甘郡诸茂才》中也有体现：“罗雀门多佳客至，集膳堂近圣人君。眷言芹采皆同类，何幸樗材不弃予。”他不但没有把自己曾经的辉煌作为炫耀的资本，反倒是对“诸茂才”心怀感恩之心。远赴流放地的路上，他还能欣赏沿途风光。“始识雷霆皆雨露，要乘风雪看天山”(《寓甘州示诸弟》)，“数载饱看葱岭雪，一鞭归踏陇头云”(《和文信国乩诗》)，“思量往事真优孟，坐看浮云幻太虚”(《静中偶成》)。除此之外，作者还写了不少有关花的诗篇，如《白梅》《红梅》《水仙花》《瓶花》《臬署观荷》等。借写花传达对自然的倾心，听从内心，绽放心性。

李端棻在官场能坚守做人的理想和道德，听从内心，为国家民族之命运大胆进言，虽被流放新疆，但他并未被现实所打倒，依然能在诗歌里寻找到属于自己的快乐。他的心性，对国对民的大爱，无法遮掩，真正是内化于心，外化于行，展现了心灵深处的“本我”。然而，作为接受儒家精神洗礼的人，他无法完全彻底地放下“修身齐家治国平天下”的理想。所以，他又总是在无意识中展现“本我”的同时，又极力追求实现“为天地立心，为生民立命，为往圣继绝学，为万世开太平”的“立功、立德、立言”的理想，摆脱“本我”的束缚而追求“自我”的实现。

二、自我：仕和隐的交织与冲突

弗洛伊德认为，“自我”来源于“本我”，是对“本我”的非潜意识冲动的控制与压抑。虽如此，“本我”对“自我”有一种根源上的决定性，但同时“自我”又有一种向“本我”施加外界影响的倾向性，即促使现实原则取代快乐原则的倾向性。换句话说，人作为生命主体，所受影响不完全来自“本我”，还有来自“自我”，在“自我”中展现现实的影响，而现实又往往与快乐相违背。因此，“本我”与“自我”常常处于矛盾与对立中。按照这一理论，《苾园诗存》里的诗歌就充分展现了仕（自我）与隐（本我）的纠结与冲突。

李端棻的仕进之路已经证明，在他的内心深处，不仅有对光宗耀祖的仕途追求，更有对天下苍生的关切。他提倡教育，请推广学校；向光绪帝举荐康有为、梁启超、谭嗣同等维新志士，使新政得以推行；屡上封事，如开懋勤殿、裁汰冗员等，都是为建设一个强大的封建王朝，让国家和百姓免遭外敌欺辱。尽管后来由于多种原因，维新未能成功，但他的功绩却不容忽视。可见李端棻的“仕”，不是为了求权，而是为服务天下苍生寻找更好更高的平台。

这种情怀，在远赴新疆期间，依然时有流露。“幸予被遣为迁客，匹马秋风出帝城”（《和文信国乩诗》）。字面上是远离了皇帝，但文字背后，是对“帝城”的不舍。他不舍的，当是还没成功的改革，而非手中的权力。在《杞忧》里，他写道：“但以苞苴权子母，那知恩泽被人民……时代至今成黑暗，昏昏点漆更粘胶。”那种因人民生于水深火热的黑暗现实中而又无能为力的痛苦，跃然于纸上，读来不能不使人动容。在《有感》里，他写道：“四方多猛士，定可挽天河。”虽然已经远离皇城，又是戴罪之人，但他坚信，有识之士仍然能够同心协力，奋力推进维新改革，挽救封建王朝之大厦于将倾之际。在《国家思想》里，他写道：“奴隶心肠成习惯，国家责任互相推。”身在高位，看到了国家人民需要之时官僚们的无作为和置百姓国家于不顾的忧心忡忡，同时也透露出一丝的无奈。他对无所作为的“恨”，在《党祸》里表现得更直接：“几见清流误国家，权奸颠倒是非差。狭心但解酬恩怨，盲眼何曾识正邪。”甚至在《伤老》里，他一方面感叹虚度光阴，另一方面又鞭策自己奋力前行，实现人生理想：“谨防岁月闲中过，磨炼精神病后多。纵使前途无影响，莫因垂老便蹉跎。”

然而，李端棻的这种“仕”之心，却深深地被流放所伤。离开帝都，戴罪流放，就如雄鹰关进鸟笼，无法展翅翱翔。他失去了他可以一展抱负的平台。尽管在客观上，李端棻从帝都前往荒凉的新疆，有些“小隐”的嫌疑，但他的诗歌又时常提醒我们，无论何处，他都极力安抚自己躁动的内心，让它宁静下来，把不幸当作难得的放松之旅，实现真正的“大隐”。于是，沿途的风光，眼中的各色花朵，都成了他笔下描摹和赞美的对象。

但我们应该明白，作者总是借景抒情，托物言志，写景是假，抒情是真。往往在字里行间，都蕴藏了作者的理想与抱负。他始终无法做出“仕”与“隐”的选择，又总想尽力分清二者的界限。然而，越是挣扎，越是浑浊，始终处于“仕”与“隐”的纠结与冲突中，于是他不得不转向“超我”的自构。

三、超我：儒和道的统一

李端棻生于官宦之家，长辈的教育，家风的严谨，加上圣人之学的影响，促使他形成了心纳万物、为天下忧的胸襟。《苾园诗存》里，大量而深刻地反映了他骨子里儒家“修身齐家治国平天下”的价值观。《有感用书车鱼韵》中写道：“荐引昔年空抗疏，进贤深愧直哉鱼。”虽然已近古稀之年，但他仍然惦记着为国家引荐人才贤士的重任，联系到康有为、梁启超、谭嗣同等因其推荐得以重用，而最终因为变法失败或血洒菜市口或背井离乡的下场，他不免陷入深深的自责之中。这种自责，既是因被举荐之人的悲剧结局，更是因清皇帝的宏图大业的夭折。

1901 年，年近古稀的李端棻赦归乡里。由于长时间患病，李端棻早已年迈体弱，但他并未因年老多病和残酷的政治打击而消沉。相反，他为家乡风气的开通尽心尽力，成为当时贵州维新人士公认的一面变法旗帜。1902 年，李端棻受聘主讲贵州经世学堂，所讲内容开了贵州学子之眼界。同年，他又与于德楷、乐嘉藻等人创办了贵州第一所公立师范学堂（即贵阳市师范学校的前身），开贵州师范教育的先河。1905 年，他与人共同创办了贵州通省公立中学堂（即贵阳一中的前身）。1906 年，发起成立了贵州教育总会筹备会，对推动近代贵州教育的发展具有积极的作用。

从以上归乡后的所作所为可见，李端棻为官与否，对他心系天下的心性和品德没有任何影响。因为在他已经没有政治地位和平台的条件下，依然在为家乡的发展和国家的富强尽心尽职。

正因为他有这样的理想和抱负，才能始终初心不改，不甘堕落，在不顺之境中磨炼和强大自己的内心。《读陶渊明集》中写道："布帛文章清且真，先生宁是一诗人。庶乎屡空自耕读，藐焉寡俦无喜瞋。暂现宰官终处士，深防异代作遗民。山民素裕经纶志，惜不逢时但隐沦。"表达了作者内心对陶渊明归隐山林的道家生活方式的追求与向往。但事实上，所谓的归隐，只是为自己量身定制的自我麻痹的药方而已，他的心，始终追随着天下苍生。

道家人格强调生命的个性体验，反对生命在现实中的异化，追求与天地共往来的自由生活。李端棻一定懂得这一精髓，便寄情于花草，觅得心灵的平静。"好山多被雉垣遮，欲去寻花路转暇"（《菊山》），"只惜篱边新种菊，连朝冒雨损芳华"（《瓶花》），"休道玉颜萧索甚，愿经霜雪更增辉"（《咏梅》），等等。然而，李端棻终归未能在儒道的斗争里坚定地选择某一家。换句话说，他的身上，既有儒家的责任担当，又有道家的自我安慰，二者和谐统一，成为李端棻"超我"的最好表达。

从"本我"到"自我"，再到"超我"，既有各自的独白，又有三者的合音。但李端棻作为儒家知识分子的典型代表，在国家、民族和人民风雨飘摇的时代环境里，总是在不断地斗争和努力，但永远不变的是，一颗为天下苍生的心。有一点我们必须清楚，由于时代的局限性，他所倡导的维新变法，在本质上还是为了维护和巩固必将结束的封建统治。当然，从他后来阅读梁启超寄给他的《清议报》后所作的诗歌来看，他不仅对维新变法的失败进行了反思，还逐渐接受了资产阶级民主思想。例如，他在《政治思想》写道："天地区分五大洲，一人岂得制地球。国家公产非私产，政策群谋胜独谋。君为安民方有事，臣因佐治始宣流。同胞若识平权义，高枕无忧乐自由。"在《国家思想》里写道："君不堪尊民不卑，千年压制少人知。奴隶心肠成习惯，国家责任互相推。峡经力士终能剖，山有愚公定可移。缅昔宣尼垂至教，当仁原不让于师。"由此可见，不管他愿不愿意，他所追求的人格建构，就是"本我""自我"和"超我"的统一。

李端棻研究的现有成果，几乎都局限于教育思想研究和他在维新变法中的作用这两大方面。笔者认为，他的教育思想固然很重要，也可以说是他贡献最大的领域，但无论怎样，他都必须首先有儒家文化构建的儒家人格作为基础和前提，同时还必须有与时俱进的改革精神作为补充。这两种精神，是推动他走上历史舞台的两大动力，即李端棻的“变”与“不变”。

如前所述，尽管《苾园诗存》中的诗歌大都为流放新疆之后所作，但透过它们依然能够窥见一个血肉与灵魂无比丰满的李端棻。通过这些诗歌，我们看到了一个始终走在斗争路上的李端棻，一个更加真实的李端棻。

李端棻与贵阳公立师范学堂

马筑生*

贵阳市师范学校自清代末年创设，至二〇〇九年六月十九日与贵阳学院合并，历经 107 年的曲曲折折、坎坎坷坷。历史悠久的贵师，在悠久岁月中培养造就万余名人才，桃李遍布全省各地，为贵州文化教育的发展，为贵州各民族人民文化素质的提高做出了重要的贡献。贵阳市师范学校最早的创建者，是李端棻（1833—1907）、于德楷（1843—1914）、乐嘉藻（1870—1941）、李裕增（生卒年月不详）四人。

《清史稿·李端棻传》载："李端棻，字苾园，贵州贵筑人。同治二年进士，选庶吉士，授编修，为大学士倭仁、尚书罗敦衍所器。十年，出督云南学政。值回寇乱后，荒服道亘，前使者试未遍，端棻始一一按临，文化渐振。光绪五年，转御史，以叔父朝仪官京尹，回避，改故官。累擢内阁学士。十八年，迁刑部侍郎。越六年，调仓场。"

李端棻是晚晴维新运动的重要推手，积极支持康有为、梁启超的变法维新活动，是戊戌变法的重要人物。"二十四年，密荐康有为及谭嗣同堪大用。""二品以上大臣言新政者，一人而已"（梁启超），指的都是李端棻。在光绪"百日维新"中，李端棻得授礼部尚书。第一天上朝，跌倒病休，实未到礼部履职。维新运动失败后，"端棻自疏检举，诏褫职，戍新疆。"幸得同僚陈夔龙（后为贵州巡抚）向慈禧太后求情，准滞留京师近一年，才走上流放新疆之途。李端棻在流放新疆途中，"中道遘疾，留甘州。"甘州，也就是今天的甘肃省张掖市。"二十七年，赦归，主讲贵州经世学堂。"居王家巷李家老宅。

李端棻世居贵阳城北"谯楼边"。贵阳最早的地标性建筑——谯楼（钟鼓楼）就建在这里，钟鼓楼比现存的文昌阁和甲秀楼还要早建两三百年。从清光绪年间开始，这里被称为王家巷。据载："钟鼓楼为贵阳旧时用以报时鸣钟鼓之所或观察敌情的瞭望哨，其址在王家巷口。"明弘治《贵州图经新志·宫室》载："谯楼，在治城内宣化坊北。即元故城北之址。本朝拓城，而成化间太监郑忠重建。高五十尺，周五步，复出闾阎，俯瞰一郡。上置漏壶，钟鼓以节晨昏。"就是说站在谯楼上，可以"贵阳全城一望收"，"钟鼓齐鸣全城闻"。

回筑不久（1902 年），李端棻应当时贵州巡抚邓华熙之邀，主讲贵州经世学堂，每月至经世学堂两次。他力倡新学，让学生传抄梁启超主办的《新民丛报》，给学生讲卢

---

* 作者简介：马筑生，1953 年生，贵州贵阳人，贵阳学院教育科学学院副教授，主要从事儿童文学、教育史研究。

梭、培根学说，讲天赋人权、自由平等思想，讲达尔文进化论、赫胥黎天演论、孟德斯鸠三权鼎立说，使贵州学术风气顿然大变，维新思想渐次深入人心。

1902 年，贵阳名流士绅于德楷、乐嘉藻（彩丞）、李裕增等，拜会原礼部尚书李端棻，探讨如何才能振兴贵州文化，发展贵州教育的问题。四人经过探讨，得出共识——要达到振兴贵州文化，发展贵州教育的目的，首先在于培养教师。于是进一步相商在贵阳创设师范学堂之事。最后做出决定，出于“谋黔省教育之发展，振兴贵州文化，培养新学师资以应教育发展之需求”的目的，集资在贵阳创设一所师范学堂。

其时李端棻已近古稀之年，为了贵州教育事业的发展，不顾年高体弱，不辞辛劳，随即与于德楷、乐嘉藻、李裕增等三人相约，考察了贵阳次南门外两江口一带的名胜雪涯洞、来仙阁、丁公祠、昭忠祠。四人出贵阳次南门，过桥架桥，经排杉门，沿南明河北岸西行，来到一片高大的柳树丛中，这里就是雪涯洞，洞前是来仙阁，不远处是丁公祠、昭忠祠。雪涯洞只是一个不太大的崖洞，就着洞崖之势盖起了一个殿堂，既不宏伟，又不幽邃。可观的是洞外的景物。洞外建有楼阁，名“来仙阁”。洞右侧有一个宽敞的厅堂，叫“望水厅”，厅前有走廊。凭栏眺望，南明河就横在眼前。南明河水从西边流来，到这儿河身渐阔，河水愈清，颇有一些气势。河两岸树木蓊郁，特别是柳，更是繁茂。南明河上有人打鱼，架一叶扁舟，用的是根长竹篙，可以撑，又可以划，有时还用竹篙拍击水面，溅起水花，啪啪作声，为的是赶鱼鹰（贵阳人都管鱼鹰叫“水老鸹”）入水捕鱼。还有人在岸边板罾，捞鱼虾。丁公祠在雪涯洞旁边，门额为“丁文诚公祠”。前临南明河，庭院两进，建筑宏伟，老树蔽天。《贵州名胜考略》云：“有丁文诚公专祠，以祀丁宝桢，光绪十四年建。”召忠祠，建于南明河畔雪涯路旁。

通过考察，四人一致认为雪涯洞风景优美，来仙阁、望水厅建筑清静雅致，丁公祠、昭忠祠富有文化底蕴，是学子读书的好地方，而且这里是官地，用来办学，容易得到官府的支持。于是便决定以这群建筑为师范学堂的校舍，并报贵州巡抚邓华熙批准。因李端棻关系，邓华熙立即准予师范学堂立案，同意用这群建筑办师范学堂。

经四人商定，师范学堂定名为“贵阳公立师范学堂”。四人还同意了李端棻从在籍绅士中“选择品学兼优、能孚众望之人，派令管理各该学堂”以规范学堂管理和建设的主张。因李端棻年高体弱，不便主持学堂事务，学堂的领导，便公推于德楷为总理，李端棻、乐嘉藻、李裕增三人为协理（帮办），由年富力强的乐嘉藻主持学堂日常事务。学堂凡有重大事务，由四人会议决定。四人商定，学堂的性质为中等教育性质的师范学堂，学制四年，培养目标为初等、高等小学堂教习人才，还规定了学生入学条件，课程设置办法。这正好暗合了是年清朝政府颁布的《钦定学堂章程》（即“壬寅学制”，是我国教育史上正式颁布但未实行的第一个学制，也是中国近代教育史上第一次法定学校系统）。贵阳公立师范学堂随即挂牌招收学生，第一期招收了 30 名学生。

李端棻历来主张变法图强以救中国，以改革封建教育制度的弊病为己任。他曾在光绪二十二年五月二日（1896 年 6 月 12 日），向光绪皇帝上《请推广学校折》，第一次全面系统地提出了以建立新式学堂为中心的教育改革方案。明确指出，“时事多艰，需才孔亟，请推广学校，以励人才而资御侮”，建议在全国进行教育制度改革，并疏请在北京设立京师大学堂，各省会设中学堂，各府、州、县遍设各级学堂；重点教习外文、算学、天文、地理、理化和外国历史；还建议设图书馆、仪器院、翻译局，办报纸和派留学生等。李端棻的奏请大都被光绪帝采纳，并于两年内逐步付诸实施。从此，兴学堂、废科举蔚然成风，拉开了传统教育向现代化教育转型的序幕。

李端棻提倡中国的教育体制也应仿效西方的模式，“终身执业，聚众讲求。”在教学方法上，李端棻强调所学课程应“各执一门”“分斋讲习”，即按学科分类讲习，才能致精、致深，培养真正的专门人才，且学习理论应该与实践紧密结合。李端棻还特别强调学习“普通学”的重要性，认为学习应从基础知识开始，“不明普通学，不能学专门，欲求专门之大成，则普通学之程度亦须随之而高。”他所指的“普通学”包括算术、几何、代数、中国地理、中国历史等共十六科（加上教育，实为十七科），因此，李端棻力主在贵阳师范学堂开设外文、算学、天文、地理、理化和外国历史课。在教学管理上，李端棻主张“或就地聘延，或考试选补”。当时的贵阳，缺乏数理化师资。经四人商定，聘请在贵州武备学堂任教的日籍教习木滕武彦、金子新太郎、高山公通、清宫宗亲、爱田猪之助等六人来学堂兼课。清光绪二十八年（1902 年）早春，贵阳公立师范学堂正式开学，并举行了开学典礼，全体教职员工还一起合影留念。

贵阳公立师范学堂即贵阳市师范学校的前身，是贵州乃至全国第一所师范学堂。“贵阳公立师范学堂”自成立之年起，每年招收一届师范生，在省内的声誉日高。学堂开办后，据乐嘉藻《辛亥日记》记载，堂中一切经费，除收少数学费外，概由乐嘉藻负担。

光绪三十一年（1905 年）十二月十五日，日俄双方为抢夺我国领土而在我国境内发生战争。战争中，日军占领我国辽阳，在贵阳公立师范学堂兼课的日本教习闻讯后，饮酒庆贺，并邀请学堂一刘姓学生与之共贺。具有爱国情怀和民族自尊心的这名学生拒绝接受邀请，日本教习爱田猪之助等恼羞成怒，动手殴打此学生，从而激起全校师生罢课抗议。

主持贵阳公立师范学堂事务的学堂协理乐嘉藻，立即约请学堂总理于德楷，协理李端棻、李裕增相商此事件的处理办法。四人认为，民族尊严不可侵犯，为维护民族尊严，决定学堂暂时停课，并要求日本教习爱田猪之助等向刘姓学生赔礼道歉。然而，骄横自大的爱田猪之助等日本教习拒不道歉，做出决定，立即解聘全部日籍教习，并以学堂名义，撰文陈述了整个事件的经过。又通过李端棻，将文章寄给正在日本横滨编印《新民丛报》的梁启超。

梁启超是李端棻发现并举荐的人才，还是李端棻从妹李蕙仙（李朝仪之女）之夫。《清史稿·李端棻》记载：李端棻“前后迭司文柄，四为乡试考官，一为会试副总裁，喜奖拔士类。典试广东，赏梁启超才，以从妹妻之，自是颇纳启超议，娓娓道东西邦制度”。梁启超收到文章后，除全文发表外，还在文前写了简介，文末加了评语，痛斥日籍教习的野蛮无理。报道长一万四千多字，是贵州学生最早的爱国反日行动的实录，曾引起国内外人士尤其是海外爱国侨胞的强烈反响，也引起日本政府重视，召回了爱田猪之助等。全部日籍教习被解聘后，贵阳公立师范学堂也因缺数理化教习，只得暂时停办。当时该学堂共招收了三期学生，皆未完成学业。

眼看着贵阳公立师范学堂这么好的教育资源被闲置，李端棻等心里不是滋味。为了不浪费学堂教育资源，李端棻、于德楷一边会同贵阳社会名流唐尔镛、任可澄、华之鸿等提请，经云南巡抚兼署云贵总督林绍年批准，将原设于北书院的贵阳府中学堂移至贵阳公立师范学堂校址雪涯洞办学，并多方集资，将其改设为贵阳中学堂，一边又委托主持学堂事务的乐嘉藻张罗学堂复课之事。1905 年，乐嘉藻约集了贵州饱学之士任可澄、易福田、徐叔彝（天叙）等人，与仍在贵州武备学堂任教的日籍教习高山公通（曾在贵阳公立师范学堂兼课）等协商学堂复课事。大家商定，重新召集学堂学生，择机复课。不巧的是，当年林绍年拟派遣的 151 名留日学生，大部分是在贵阳公立师范学堂学习的学生。重新召集学堂学生复课遇到了很大困难。于是大家决定，在雪涯洞来仙阁（贵阳公立师范学堂校舍之一）设“贵阳师范教育讲习会”，讲习师范教育，仍聘高山公通等日籍教习授课。值得一提的是，这批留日学生后来大多成为贵阳兴学堂的中坚力量，是清末民初贵阳发展教育、实业、科学的重要人物。如后来成为贵师校长的尹于忠（笃生），赴日学习速成师范以应贵州人才之需；后来成为贵阳女师首任校长的周步瑛，赴日学物理；后来成为女师教师的王佩芬学博物；后来成为贵阳名医的邓光济学医学；后来成为名工程师的刘文龙学电气；后来成为政治家的张彭年在早稻田大学学政治经济，等等。

在贵阳师范教育讲习会开办期间，乐嘉藻与贵阳名流唐尔镛商定，呈请贵州提学使陈瓖在雪涯洞来仙阁创设“贵州官立贵阳师范传习所”。在李端棻的帮助下，此事得到贵州巡抚林绍年的支持，陈瓖同意改设“贵阳师范教育讲习会”为“贵州官立贵阳师范传习所”，任唐尔镛为堂长（即校长），先定修学三个月。

贵州官立贵阳师范传习所办学期间，因修学时间太短和办学地方过窄，唐尔镛、乐嘉藻、任可澄和徐天叙等呈请贵州巡抚庞鸿书同意，迁至贵阳贡院办学，其地址就在大十字西侧原贵阳市公安局所在地，并改名称为“贵阳官立师范传习所”，改修学时间为半年。该所学员多为私塾教员，采取短期培训形式，讲习师范专业课。曾先后结业两班，为贵州新式教育培养了一批重要的师资。

因在贵阳贡院办学的贵阳官立师范传习所修学时间还是太短，办学地仍然较窄，1907 年（光绪三十三年丁未），唐尔镛、乐嘉藻、任可澄和徐叔彝等将其迁于贵山书院（也称阳明书院，地址在今省府路，现仅存遗址和珍贵的六座碑），改设为“贵阳官立师范简易科”，修学时间改为一年。其时，清廷学部已定优级师范选科简章，规定每省须设优级师范选科学堂一所。是年，贵州遵学部规定，已决定筹办优级师范选科学堂。又，按照清廷学部规定，各省应办一所优级师范完全科，相当于大学程度。但贵州条件未备，又急需中学教师，故按清廷学部规定，仿照大学专科例，先办优级师范选科学堂一所。

贵州巡抚庞鸿书委任在贵山书院办师范简易科的唐尔镛任学堂监督，华之鸿任学堂副监督，任可澄担任教务长，杨覃生、陈廷芬、王延直等任教习，在次南门外贵阳公立师范学堂原址雪涯洞、丁公祠、昭忠祠、来仙阁，创办了贵州官立优级师范选科学堂，将贵阳中学堂搬迁到河对岸新址办学。此举得到病中李端棻的赞同。

1907 年 11 月 17 日，李端棻在知晓贵州官立优级师范选科学堂创办后，在贵阳王家巷家中逝世，终年 75 岁。由继子李葆忠（从弟李端渠之子）葬于贵阳永乐乡水塘村大关口。据《清史稿·李端棻传》记载，清廷于“宣统元年，从云南、贵州京朝官请。”恢复了李端棻生前的官职。

李端棻为贵州教育的发展倾尽家资，甚至在临去世前，还“谆属子弟出资，捐助学堂经费”。被尊为“中国近代教育之父”的李端棻，作为黔籍大员，在推动贵州师范教育和基础教育事业方面，有着不可磨灭的贡献。

创办于清光绪二十八年（1902 年）的江苏如皋师范学堂，一直被认为是我国第一所规范设置的公立师范学堂。此学堂是在盛宣怀推动下，由晚清进士、翰林院编修沙元炳（后为江苏省议长）在其老师张之洞支持下创办的，名“如皋公立简易师范学堂”。沙元炳任创办总理，举人马文忠、拔贡张藩任副办。

光绪二十八年（1902 年）正月，张謇向两江总督刘坤一提议，在南通创办公立师范学堂，但他的提议因遭到当地一些官僚的阻挠、反对而未成行。后来，张謇约集范当世、沙元炳等地方士绅讨论，决定自办师范学校。三月，张謇以通州（今南通）城东南千佛寺废址为基础，把自己办大生纱厂所得的酬劳拿出来作为建校资金，建筑校舍。五月，刘坤一同意该学校“准予立案”，学校初名“通州民立师范学校”，张謇亲任总理（民国后称校长）。光绪二十九年四月初一（1903 年 4 月 27 日），“通州民立师范学校”正式开学。当天，张謇在校内宣读《总理开校演说词》，后来他把其中“坚苦自立、忠实不欺”八字作为校训。

通州民立师范学校历来被认为是我国第一所独立设置的师范学校，与南洋公学附设师范院（高等师范）、京师大学堂附设师范斋（高等师范）一同被公认为是“中国师范教育肇始的三大源头”，因而在中国近代教育史上具有重要的地位。而李端棻、于德楷、乐嘉藻、李裕增等四人创办的贵阳公立师范学堂，于清光绪二十八年早春（1902 年 4 月）创办，且设置规范，比沙元炳创办的如皋师范学堂还要早五个月，比张謇、范当世、沙元炳等创办的通州民立师范学校还要早开学一年。可以说，贵阳公立师范学堂才是我国第一所规范设置的公立师范学堂，开我国中等师范教育之先河。

“二品以上大臣言新政者，一人而已”
——李端棻在戊戌变法中的角色再认识

余小龙*

戊戌政变后不久，康梁在流亡日本初期匆匆发表的《戊戌政变记》中，有对康党核心成员李端棻的评价：“二品以上大臣言新政者，一人而已。”此一评价流传甚广，亦被论者引用多次。此处“二品”应当视为高品级官员的代称，如尚书、侍郎或督抚等，非精确指称官爵品秩，但显然“戊戌六君子”并非此列。对于变法中的重要角色李端棻来说，这一评价也不为过，是颇为中肯的。不过，毕竟此话是康梁一派所言，不免有为自己人溢美之嫌。只有回溯到变法活动更为广阔的背景中，对与变法有关的各方进行更为细致地梳理，方能加深我们对李端棻在戊戌变法中角色的认识，进而对戊戌变法本身亦可多一种观察和了解，或许也能解答一些论者的疑惑：何以被视为“言新政第一人”的李端棻在戊戌变法方兴未艾的研究中似乎并未占据十分显目的位置？如果其位置没有康梁所言之高，那究竟应当处于一种什么样的位置才较为公允？本文尝试做一些初步的讨论。

一、戊戌年间的“言新政”

戊戌变法并非突兀而起，一般认为，其前期的酝酿当自甲午战争以后所掀起的自强救国浪潮起。光绪二十一年（1895 年）四月十七日，光绪帝于《马关条约》换约后第三天所发布的上谕要求“嗣后我君臣上下，惟期坚苦一心，痛除积弊，于练兵筹饷两大端，尽力研求，详筹兴革。勿存懈志，勿骛空名，勿忽远图，勿沿故俗，务期事事核实，以收自强之效”。[①]此后，各地条陈不断上达，一时形成风气。不过从谕旨上看，被视为国家急务的首先是练兵筹饷，然各类政务的推进受制于人才匮乏，此亦成为其时的共识之一。汪大燮便在致汪康年信中言及“京中言变法者甚多，自上上下下几乎佥同，而大率皆不知世务之人，恐必糟无疑”[②]。故兴学也成了一时风气。因此，李端棻于光绪二十二年（1896 年）五月初二上奏的《请推广学校折》则引起了相当的

---

* 作者简介：余小龙，1980 年生，男，重庆人，贵阳学院教育科学学院副教授，主要研究方向为中国近现代史。

① 《德宗景皇帝实录》（卷 366），中华书局 1987 年版，第 781 页。

② 上海图书馆编：《汪康年师友书札》（第一册），上海古籍出版社 1986 年版，第 701 页。

重视。奏折上奏后，光绪帝谕令总理衙门议复，王文韶于是年七月十三日记："总署咨到七月初三日议复刑部左侍郎李端棻奏请推广学校以励人才一折，语多中肯。"同时也认为："风会所趋，有莫知其然而然者，物穷则变，苟非倭事之创巨痛深，则此风气之开，当尚在数十年以后也。亡羊补牢未为晚。"[①]稍后，九月二十六日，盛宣怀上《条陈自强大计折》称："近日刑部侍郎李端棻推广学校一折，洞见本原，当蒙采择。"亦可见李端棻的奏折恰逢其时，在当时诸多类似的奏折中影响当属最广。此方面已有讨论较多，兹不赘述。

但是，如果我们了解甲午战争至胶州事件之间朝中和地方官员的大量陈奏，便可知道"言新政"者盈廷，李端棻固然是其中的卓著者，但显然不可径称为"一人而已"。即使是在政变后守旧人士对变法的责备中，我们也可发现李端棻只是言新政大员之一而已。《戊戌履霜录》中称："日难初平，德衅旋发于胶，士论嚣，庙谟不定。一二行险侥幸之徒，托名忠爱，鼓煽公卿。于是李端棻言学，荣禄、胡燏棻言兵，翁同龢议设昭信股票，新政始萌芽矣。"[②]因属事后责难，固然有诸多不实之言。把李端棻等人言新政视为"一二行险侥幸之徒""鼓煽"所致，显然有悖于事实。然胡思敬所言有值得注意之处：守旧派眼中言新政者除了李端棻、胡燏棻和翁同龢外，甚至还包括被大多数人习惯性视为守旧派的荣禄，而恰是政变后康梁一派对荣禄的极端诋毁，才在很大程度上构建了我们过去对荣禄的认识。这显然提醒我们戊戌变法的"言新政"，远比我们想象的要复杂。

甲午以后，荣禄、胡燏棻等人颇为"言兵"，不仅"言"，而且是在实实在在地从事新式军队的创建，声誉卓著。如果将眼光放宽，除了以上数人，地方督抚中如张之洞、刘坤一等引领新政由来已久，已经成为清季不少大员的共识，此点亦为学界所共悉。正因为如此，政变后梁鼎芬撰《康有为事实》才说："康有为自称此次变法者为维新党，且自名曰党魁。中外报馆不察，群以变法推之，可谓侥幸得名。"而"各省士民皆不服此议论，诚以中国采用西法，不自今日始，更不自康有为始。我皇太后垂帘听政，先后二十余年，如京师设总理各国事务衙门、同文馆，又派出使各国大臣、出洋学生，南北洋设制造局、招商局，福建设船政局，开平设煤矿局诸大政，皆内外公忠王大臣相时奏请举办，都蒙皇太后俞允"。"中国变法之勇之善，无逾我皇太后者。我皇上禀训承志，亲政以来，若铁路、海军、电线、邮政、银圆，各省洋操、各省武备学堂、各省制造局、各省矿务局，此我皇上变法之实政，亦皆内外忠正王大臣相时奏请举办，都蒙皇上俞允。"[③]揆诸史实，虽多有对慈禧的恭维，然大体应当说是成立的。这就提示我们，康梁称赞李端棻为"一人而已"，显非仅从清季举行各类新政的一般情形而言的。

---

① 王文韶：《王文韶日记》，中华书局 1989 年版，第 959 页。
② 中国史学会主编：《戊戌变法》（一），神州国光出版社 1953 年版，第 357 页。
③ 汤志钧：《乘桴新获》，江苏古籍出版社 1990 年，第 63-64 页。

二、为何是“二品以上言新政者，一人而已”

事实上，如不少论者所提及，从清季的洋务运动至甲午后的意图革新，再至庚子以后的清廷政举，是有着一定连贯性的，其间的一个突变便是戊戌变法，而李端棻被康梁视为“一人而已”，更应从政变的时间节点来看。就李端棻来说，其《请推广学校折》虽然掀起了创办学堂的热议，然而上奏以后的实际执行依旧困难重重。戊戌年(1898年)六月十一日上谕催促“李端棻奏各省学堂请派绅士督办等语……着各直省督抚就各省在籍绅士选择品学兼优、能孚众望之人，派令管理各该处学堂一切事宜，随时禀承督抚，认真经理。该督抚慎选有人，即着奏明派充，以专责成而收实效”[①]。包括李端棻在戊戌变法期间的其他奏议往往也推行困难，如苏继祖所记：“李端棻奏请删改简明则例以杜吏胥任意准驳之弊一折，着照所请，各该衙门迅速办竣具奏。”然“奉旨后，仍是敷衍搪塞，无一堂官实力奉行者”[②]。这就让我们对戊戌变法前表面上十分热闹的各类新政的实际开展情形又多了一层疑虑。茅海建先生对戊戌年间的保举做了细致考察，称其体会最为深切的是甲午战后的清朝“政情萎靡”。虽然“战败、割地、赔款，激起了战后改革的热情”，可是“在毫无生气的政治生活中，此一种热情被柔软地消磨殆尽”；虽胶州湾等事件的刺激，“再一次激起亢奋”，然“其前景似无延伸性，清朝的整个保举情形，清楚地表明，绝大多数官员关心的并不是励精图治，而是个人仕途的畅达。战败与危局，居然成了许多人得保举、获实缺、换顶戴的机会”[③]。正因为如此，不愿因循的光绪帝和亟谋变法的康梁才有可能走到一起，而李端棻恰在此一过程中发挥着重要的作用。

康梁在戊戌变法时期地位不高，并无直接上奏权，如果不是光绪帝亟图革新，很难想象康党会异军突起。从现在能看到的档案来看，戊戌年间康党策划的保举共有六次：第一次由徐致靖保康有为、梁启超、谭嗣同、黄遵宪、张元济；第二次由李端棻保黄遵宪、谭嗣同、熊希龄；第三次由李端棻保康有为；第四次是由徐致靖保袁世凯；第五次由徐致靖保懋勤殿人士；第六次是王照保懋勤殿人士。上述诸人，除了张元济、袁世凯外，都是康党的主要成员。[④]而从对康党领袖康有为的举荐来看，起主要作用的为翁同龢、高燮曾、李端棻、徐致靖等四人。[⑤]不过翁氏后来对康有为的态度变化颇大，因此在大力保举康梁一派的朝廷大员中，唯有李端棻一人。然而，我们要注意到，对康有为一派的保荐和支持是以光绪帝亟图振作为前提的，如徐致靖当时地位并不高，也“非为亲近之臣”，与康有为的交往很可能始于光绪二十四年(1898年)初，却很快便成为康党最重要的成员之一，他的保折具有“四两拨千斤之力”。对此，茅海建先生

① 清华大学历史系编：《戊戌变法文献资料系日》，上海书店1998年版，第817-818页。

② 中国史学会编：《戊戌变法(一)》，神州国光出版社1953年版，第338页。

③ 茅海建：《戊戌变法期间的保举》，《历史研究》2006年第6期，第107页。

④ 茅海建：《从甲午到戊戌：康有为〈我史〉鉴注》，生活·读书·新知三联书店2009年版，第539页。

⑤ 钟家鼎：《李端棻评传——兼论维新官僚在戊戌变法中的地位与作用》，海南出版社2004年版，第172页。

认为，光绪帝在不同背景的诸多保举中“最关注的是徐致靖、李端棻、陈宝箴等人的保举，尽其权力而从之”，“也就是说，光绪帝内心中相当清楚各派系的政治企图，也有亲疏之别。他也打破常规，从保举官员中直接任用小臣，其中包括康有为、梁启超、刘庆汾、杨锐、刘光第、林旭、谭嗣同、江标、郑孝胥等人。而对于荣禄的保举，他的态度就相当地低调。”[①]因此，李端棻的保奏应当被置于这样的一个大背景来看。也就是说，他以自己的大员地位鼎力支持康梁，但也是因为康梁此时圣眷正隆，他的支持才能得到光绪帝的认可和赞许。这其间的互动并非是单向的。比如，李端棻六月初六所上折中一项是“删改则例”，大多数部门和职员对此都是虚与委蛇，但并不敢明着抵制，因为这样会“与皇上、康氏为难矣”[②]。

此外，李端棻也在戊戌变法不断的深入中愈显突出，这其间最重要的便是上折支持康氏开懋勤殿。“开懋勤殿议制度”是康有为《上清帝第六书》中最核心的内容，五月十四日总理衙门将之驳回，光绪帝又交军机处与总理衙门重议。而“康以李端棻出面，再提此策，当属施加压力”。正因为如此，光绪帝未将李端棻奏折交总理衙门、军机处议复，而是另请重臣，当日发下交片谕旨：“李端棻奏变法维新条陈当务之急一折，著奕劻、孙家鼐会同军机大臣切实核议具奏。”黄彰健先生指出：“开制度局，小臣不言，而大臣言之者惟李端棻。”[③]因为此项变动涉及权力结构的调整，虽然之后戊戌政变发生，此议并未能实际推行，然而在政变后当时的《虎坊摭闻》和西文报纸《字林西报》（*North China Daily News*）中，我们依然可见都将李端棻列为懋勤殿第一人。[④]

康派除了通过类似懋勤殿的机构来获得掌握变法的实权外，同时在朝中和地方推举能支持自己的官员。戊戌七月初，两广总督谭钟麟病请开缺折递上之后，康有为随即代宋伯鲁草折，胪陈谭之劣迹，“臣以为粤东富庶严疆，宜有忠正通达、讲求时务，内之若礼部尚书李端棻，外之若湖南抚臣陈宝箴之流者，始足以静萑苻而保海疆。若谭钟麟者，宜立予褫革，以正其阻新酿盗之罪。”[⑤]试图以李端棻、陈宝箴等倾向维新的大员取而代之。因此《国闻报》八月初四日仍以“京寮荐劾传闻”为题刊出消息：“又有人力保李苾园尚书才可大用，劾谭文卿制军守旧贪污。”虽或是报纸流言，仍可见作为朝中大员的李端棻与康梁在戊戌变法进程中的关系是互动的。也就是说，李端棻支持康梁，而康梁为首的维新派也不断将李端棻推向前台。也正因为如此，梁鼎芬后来在罗织康有为罪名时便说：“如尚书李端棻，署侍郎徐致靖、王锡蕃者……以康有为势盛而附之，康有为亦以此三人蹈顺糊涂而爱之。”[⑥]指斥身居仓场侍郎的李端棻需要附康有为之势显然太过，久经宦海的李端棻自然知道所谓“康有为势盛”的底蕴，但这在某种程度上也让我们了解到康派争取变法领导权的运作手法。

---

① 茅海建：《戊戌变法期间的保举》，《历史研究》2006 年第 6 期，第 107 页。

② 中国史学会编：《戊戌变法（一）》，神州国光出版社 1953 年版，第 338 页。

③ 黄彰健：《戊戌变法史研究》，台湾中央研究院历史语言研究所专刊 1970 年版，第 246 页。

④ 上海图书馆编：《上海图书馆藏盛宣怀档案萃编》，上册，上海古籍出版社，第 177 页。

⑤ 孔祥吉：《康有为戊戌年变法奏议考订》，载胡绳武主编：《戊戌维新运动史论集》，湖南人民出版社 1983 年版，第 376-378 页。

⑥ 清华大学历史系编：《戊戌变法文献资料系日》，上海书店 1998 年版，第 1258 页。

另一方面，通过康党敌对方的考察或许更有助于深入我们对李端棻的认识。正是这个给康有为罗织一大堆罪名的梁鼎芬，曾经却对康有为推崇备至。黄遵宪称：他之所以认识康有为，是张之洞的大幕僚、康有为同乡梁鼎芬的介绍，“闻梁与康至交，所赠诗有‘南阳卧龙’之语”，[①]如此评价，不可谓不高。梁鼎芬背后的张之洞也曾经给予康梁不少支持，但不久便撤销了这样的支持，反而对其进行大肆地压制和打击。这种打击的原因较多，且往往交织在一起。首先是学术之争，本来《新学伪经考》于1891年刊刻以后已引起不少波澜，而戊戌变法前不久刊出的《孔子改制考》更是招致更大的反对之声。军机大臣翁同龢称康氏“居心叵测”，孙家鼐指出“康有为之为人、学术不端”，甚至连颇受光绪帝青睐、在地方推进新政十分得力的大员湖南巡抚陈宝箴，亦请旨命康有为“自行销毁”。[②]而孙家鼐更在“议复李端棻所奏说片”时称：“臣见近日臣工愿变法自强者十有六七，拘执不道者不过十之一二，惟新旧党之相争绝少，而邪正党之相争实多。盖变法不难，而行法之人最难，用非其人，则小人道长，君子道消。”直接指斥康党非可“行法之人”，认为“皇上选择人才在南书房、懋勤殿行走，此亲近贤人之盛意也。惟朝夕侍从之臣，不专选取才华，尤须确知心术”。因此孙氏之意为此中争执并非愿不愿变法的问题，而关键在于“心术”。不过事情当然没有这么简单。孙氏对康有为的学术倾向和政治倾向早已知悉，在二者关系尚好且未涉及权力之争时，“所有差异似乎都可忽略不计”，而之后一旦在京师大学堂的掌控权上出现争执，“事情的发展迫使孙家鼐从学术上去封杀康有为”。[③]

除了孙家鼐，张之洞对康派的崛起也极为关注，其在北京的“坐探”如张权、杨锐等将康派的举动随时电告，而《劝学篇》的出台更是直指康派，以求“正人心”。可见，除却我们一般意义上认为的“顽固派”，如刚毅等人，一度和康梁走得较近的趋新人士，也和康派产生了思想尤其是权力等各种层面的矛盾和争执，这种矛盾和争执甚至十分尖锐。可以说，康梁一派和光绪帝比较“激进”的变法举措都是在“孤军奋战”的状况下进行的，优势完全不在他们一方。

正如茅海建先生所言：“若不是康有为及其党人的借势生事，似无可能产生如此激烈的政治振作与波动。”但他同时也指出：“尽管今天的人们对康有为的举动可以有多种指责，也可以对戊戌政变后的中国政治走向表示不满，我个人也以为康氏在政治上也不乏幼稚之处；但是，若没有康有为及其党人，就不可能有戊戌变法。他们是造就形势的人，尽管他们最后也不可能左右形势。”[④]而在这样的情势下，李端棻给予了康梁极大的支持，故康梁称之为“二品以上言新政者，一人而已”，宜矣哉。

不过这样的结论似乎让我们意有不足。以常理论，李端棻久经宦海，以其仕宦历程及与诸多朝内外大员的往还来看，似不能简单归结为康梁一般“新派”，而用与梁启超的姻亲及座师关系来解释其以朝廷大员的身份“孤执”地支持康梁同样显得较为薄

---

① 陈铮编：《黄遵宪全集》，中华书局2005年版，上册，第162页。

② （清）苏舆编，陈同、宋钻友、承载点校：《翼教丛编》，上海书店2002年版，第39页。

③ 马勇：《新知识背后：以京师大学堂创建为中心的探讨》，《安徽大学学报（哲学社会科学版）》2011年第4期，第17页。

④ 茅海建：《戊戌变法期间的保举》，《历史研究》2006年第6期，第107页。

弱，至少让人觉得当时的李端棻在政治上的“逆流而行”似乎颇“不成熟”。

三、李端棻为何支持康梁

或许有论者认为多此一问，毕竟一般认为李端棻与康梁有“特殊关系”，加之他忧心时政，因此对康梁的支持不遗余力。然而，如上文所言，这实难让人彻底满足，类似关系在清季并非唯一，而师生睽隔、亲人嫌隙者殆不鲜见，政治运作的内涵比这样的关系复杂得多。而且如此看待李端棻在戊戌变法中的角色，似有“倒放电影”般“后见之明”的嫌疑。

陈寅恪先生曾言及戊戌变法：“当时之言变法者，盖有不同之二源，未可混一论之也。”“至南海康先生治今文公羊之学，附会孔子改制以言变法。其与历验世务欲借镜西国以变神州旧法者，本自不同。”[①]这给我们观察戊戌变法中的参与者，特别是朝廷大员的角色提供了启示。显然，李端棻很难被归为“附会孔子改制以言变法”一类，他的变法新政取向更多应当是多年在不同职务上实际历练、开阔眼界的结果，更类似于张之洞、陈宝箴甚至荣禄等我们通常所说“中体西用”一派，即“借镜西国以变神州旧法者”。而且从甲午以后的历史进程看，这一派一度和康梁等人有过较好的合作，至于最后与康梁分道扬镳，大抵出自如上文所分析的两个方面原因：思想观念的冲突和权力的争夺。因此，如果李端棻不能被归为“附会孔子改制以言变法”的康党一类的话，他至少要在这两个方面和康梁保持基本一致，否则他的一切行为就殊不可解了。

李端棻和康有为显然都是忠君爱国者。梁启超评价李端棻：“不忧一身之阽隍，而忧君父之不即安；不耻恶衣恶食，而耻国威之坠落，国权之凌夷。”[②]实为中的之论，非一般之溢美。康氏则是爱国的“激扬者”，其忠君爱国之情在当时颇引人注目。御史文悌于戊戌年五月二十八日所上《严参康有为折》中称其与康有为的交往过程：“闻其议论颇多偏宕，然见其激昂慷慨，以为是盖志士忧时郁悒，激而出此……虽即以言规正之，而心亦喜其负气敢任，或可救今委靡伈伣积习，不为无用。于其去后，曾致阎乃竹信，告以康有为不无血性可爱……惟其看天下事太易，正恐不足有为。”[③]除去替自己辩解的成分，亦可见出康氏亦自有其魅力。甚至不认同康著《新学伪经考》的皮锡瑞对梁启超等康门弟子在《时务报》《知新报》上的言论也极其欣赏，思想也趋于“开新”。故康梁一时为各方所重确是事实，李端棻自然是支持这样的康梁的。

当时对于康梁的排斥主要原因之一便是言康梁有“民权”思想，据张之洞的幕僚陈庆年日记：“薄暮，南皮师招赴八旗会馆谈……同人围座。南皮师说：康长素辈主张素王改制，自谓尊孔，适足诬圣。平等、平权，一万年做不到，一味呓语云云。反复

① 陈寅恪：《读吴其昌撰梁启超传书后》，《陈寅恪集·寒柳堂集》，生活·读书·新知三联书店 2001 年版，第 167 页。

② 张品兴编：《梁启超全集》(18)，北京出版社 1999 年版，第 1593 页。

③ 转引自茅海建：《从甲午到戊戌：康有为〈我史〉鉴注》，生活·读书·新知三联书店 2009 年版，第 479 页。

详明。三更始散。”[①]孔祥吉先生认为康有为及其一派时有“民权”的提法，但他们此时对西方的“民权”思想，未有充分地了解和准确地认识，且康在戊戌变法期间宣称“放弃”民权思想，曾在光绪二十四年五月二十八日《国闻报》上发表《答人论议院书》以做公开的宣示。戊戌政变后，康又多次有相类似的说法。[②]而黄彰健先生认为康有为在戊戌变法期间根本没有提出过君主立宪的建策，主张的是以君权来推行其改革举措。[③]今天我们对康梁戊戌年间的言论进行阅读，应当发现二位先生所言大体不差：康梁其时尚未有戊戌政变出国后才开始形成的民权、立宪等思想，其对民权的理解更多是附会传统学说以出之，与严复相比尚浅陋得多，急切“得君行道”才应当是其思想的底本。只有得出这样的认识，我们才能理解为何李端棻不至和康梁在思想上生出龃龉。

事实上，光绪二十二年，两广总督谭钟麟意欲对康梁的活动进行打击，梁启超给李端棻写信求援。李回信：“粤中大吏犹是人情，岂有不揆情理，不辨真伪，据无据之词而诬陷善良乎？况例有明文，此等案件，必审实确有证据，毫无罅隙者，方可坐罚。尊事本属莫须有，何必张皇乃尔。”一面正言规劝：“有干吏议者，不可造次。谊虽至戚，势难挡乎，略布胸臆。”百日维新中李端棻又及时警告康梁：“此非康乾盛世，前途难以逆料，须慎之又慎。”[④]除了对康梁的爱惜之情，此处之规劝和警告似未可轻易放过。因李端棻对变法的观察和判断显然比康梁更深，而此处的规劝和警告也应当在一定程度上表明了李端棻支持变法的内涵，即不可“干吏议”，而警告“须慎之又慎”显然是针对其变法的操切。此信为关系亲密者之间的私人信件，李端棻应当是剀切之言。如果康梁当时具有明确的民权或较深刻的立宪这样“干吏议”的思想，颇难想象李端棻会如此支持他们。康梁的变法即便操切，甚至也被张之洞等人责难，但至少在李端棻看来应当没有思想上的“出轨”，且显然李氏所处角度和张氏不同，因为张氏是把康梁等人视为政敌的。所以此处尤当注意不应将康梁政变出国后的言论视为政变时的思想，康梁（特别是梁启超）在出国后因能更直接大量阅读西方典籍，在思想上的突破甚多。包括李端棻在庚子以后的思想也仍旧能不断日新，其对民权等西方思想依旧保持开放态度，而非如张之洞等一味抵斥，这在当时的朝廷大员中实属难得，“一人而已”的评价应当亦与此开明态度有关。但似不能将戊戌中的康梁和李端棻视为对西方民权等思想有着深刻认识的人，他们共同掀起的变法高潮基本上仍旧是在传统的政治轨道上运作。因此虽然从政治的运作上看显得颇为幼稚，但康梁忠君爱国之热忱则令人感佩，因此李端棻仍可鼎力支持。

如不少论者所言，戊戌变法绝非仅仅是思想上的冲突，在相当程度上更是权力之争。从目前的史料来看，李端棻卷入权力之争的程度似乎还有讨论的余地。

戊戌年十月二十一日，清廷颁布明发上谕，以翁同龢“荐康”为由将其革职。上

---

① 陈庆年：《〈横山乡人日记〉选摘》，《近代史资料》（第 76 号），中国社会科学出版社 1989 年版，第 201 页。

② 参见孔祥吉：《戊戌维新运动新探》，湖南人民出版社 1988 年版，第 52-63 页。

③ 黄彰健：《戊戌变法史研究》，台北中研院历史语言研究所专刊，第五十四辑，1970 年版，第 601 页。

④ 钟家鼎：《李端棻与梁启超》，《贵阳文史》2007 年第 5 期，第 45 页。

谕指责翁氏“授读以来不称职，使皇帝未明经史大义”，甲午时“利用独对之利”“信口侈陈，任意怂恿”，致使“主战误国”，更重要的是翁氏“今春力陈变法，密保康有为”，“已属罪无可逭”。[①]这道谕旨由刚毅所拟，他不仅将康氏进用的责任归到翁氏头上，还指责翁氏在甲午利用“密对”的机会蛊惑皇帝主战，导致局势不可收拾，而“这一点最合慈禧心意”。[②]戊戌春，被罢黜的翁氏因宗旨不和，与康梁并非同路人且互相十分排斥，然而戊戌政变后被严诫所用的借口依旧牵扯上康梁，实际上则是因为与慈禧的“旧恨”。据张謇当时听到的消息，翁氏之案系“刚毅、许应骙承太后之意旨，周纳翁尚书于康、梁狱，故重有革职永不叙用，交地方县官编管之谕旨”。[③]可见翁氏遭慈禧忌恨之深。戊戌年七月十九日，光绪罢免礼部六堂官后第二日，光绪帝决定的署理礼部六堂官的名单为：“礼部尚书著裕禄、李端棻署理，礼部左侍郎著寿耆、王锡蕃署理，礼部右侍郎著萨廉、徐致靖署理。”此名单于二十一日光绪帝赴园请示慈禧后，在二十二日正式授命：“裕禄、李端棻补授礼部尚书，阔普通武补授礼部左侍郎，萨廉补授礼部右侍郎。”署理名单中礼部左侍郎寿耆、王锡蕃，右侍郎徐致靖，未得到实授。[④]可见，以慈禧在政治上的老练手腕，她认为康党中的徐致靖显然比李端棻更活跃，至少李端棻未有钻研揽权之征，才被她授予职位更高的礼部尚书。

冯祖贻先生认为，政变后陈夔龙在去李端棻府邸之前，“必定反复掂量过李端棻卷入康、梁维新集团的深度，以及慈禧和顽固大臣们对康、梁一案要采取何种惩罚措施的力度，这样，陈才不至于因通风报信、为李出策而遭牵连”，“在陈夔龙看来，李虽在变法中多次上奏言变法，却非慈禧等重点打击对象，慈禧等要打击的首先是康有为，还有在朝政中对光绪产生影响的军机四卿、甚至张荫桓这批人”，“有一点可以肯定，若没有后来康有为等‘围园’策划与败露，镇压的规模与程度不会像后来那么大。”[⑤]冯先生此言极为有见。

从政变后对康党的清算来看，也能发现李端棻似乎并非打击的关键对象。在八月九日发布的上谕名单中七人为：张荫桓、徐致靖、杨深秀、杨锐、林旭、谭嗣同、刘光第。八月十二日，福建道监察御史黄桂鋆奏中称：“在内则以张荫桓、徐致靖、谭嗣同、林旭为渠魁，而杨深秀、宋伯鲁等扶助之；在外则以黄遵宪、熊希龄为心腹，而陈宝箴、徐仁铸等附和之。此外尚有梁启超、麦孟华等数十百人，蔓延固结，党羽遍布。”“至陈宝箴、徐仁铸身居高位，皆有风化之责，乃不能维持名教，反为奸人蛊惑，应请严旨立予罢斥。”[⑥]此中并未言及李端棻。钟家鼎先生据《戊戌变法档案史料》中有关弹劾康党的30多件折片，发现涉及参劾李端棻的只有八月初七日改归知县庶吉士缪润绂折以及之前贻谷之折，此亦可见一斑。而就在这个缪润绂的奏折中尚有“谨厚

① 《清德宗实录》卷432，光绪二十四年十月二十一日，《清实录》第57册，第674页。

② 马忠文：《荣禄与晚晴政局》，社会科学文献出版社2016年版，第216页。

③ 中国史学会编：《戊戌变法（四）》，神州国光出版社1953年版，第199页。

④ 茅海建：《当代学人精品·茅海建卷》，广东人民出版社2016年版，第38页。

⑤ 冯祖贻：《李端棻是否在戊戌政变前“托病”请假——兼论陈夔龙〈梦蕉亭杂记〉的可靠性及其他》，《贵州社会科学》2008年第3期，第122页。

⑥ 国家档案局明清档案馆编：《戊戌变法档案史料》，中华书局1958年版，第468页。

若李端棻者，亦复受其狂煽，党援胶固，根柢盘深”之语[①]，此处的“谨厚”二字在弹折中当非随意加上。八月七日叶昌炽记：“日内李尚书扫兴矣，徐年丈更卧不安席矣。”[②]此处“更”字紧要，亦多少透露出时人对李端棻在变法中角色的一些感受。茅海建先生言及康党核心成员 11 人时称：“其中李端棻、黄遵宪也未必从命。”[③]惜乎未进一步论证。

所以陈夔龙谓戊戌时期“尚书时为仓场侍郎，封奏独夥”，“与平素旧学宗旨大不相符”有一定的可信性。因为如前所论，李端棻的思想应非激进一类，他仍旧是在“忧君父之不即安”的思想状态下鼎力支持康梁。故此，八月朔日陈夔龙谒之于邸第，言及“今日为公贺，恐明日将为公吊耳”时，李氏“愕然”。[④]以此处之“愕然”，结合李端棻后来陈折中称对康等“或谬采虚声而以为足膺艰巨，或轻信危言而以为果由忠愤”来看，他认为康氏“果由忠愤”一语是相当可信的。也就是说，李端棻与其他曾经支持过康党的人有不同，他是以康氏等忠君救国为前提支持其变法的，在思想上未有其时的康梁激进。且在变法中，至少以时人的眼光看，他不太有为自己揽权的倾向，否则就不易理解为何“二品以上言新政者，一人而已”之人并未成为慈禧和康党反对者首要打击的众矢之的了。

所以，李端棻在甲午后言新政者中为卓著者之一自无问题，其“二品以上言新政者，一人而已”的评价，时人则未必这么认为，因为张之洞、荣禄、刘坤一等不论是“言”还是“行”新政，在当时都令人瞩目，只不过荣禄、张之洞等人因为思想、权力等方面与康派的冲突，在政变后一直被康派极端诋毁，自然不可能获得康梁的认同。相比于荣禄、张之洞等，李端棻与康梁在思想和变法上就契合得多，以朝廷大员身份鼎力支持，忠君爱国，可谓敦敦纯儒。其虽未如张之洞等人久膺疆寄推行新政，而于变动时代开明心智则似略胜一筹。然其与康梁的思想理路及变法策略等未必尽合，尚有待进一步讨论。

---

① 国家档案局明清档案馆编：《戊戌变法档案史料》，中华书局 1958 年版，第 463 页。

② 中国史学会编：《戊戌变法（一）》，神州国光出版社 1953 年版，第 531 页。

③ 茅海建：《从甲午到戊戌：康有为〈我史〉鉴注》，生活·读书·新知三联书店 2009 年版，第 24 页。

④ 陈夔龙：《梦蕉亭杂记》，中华书局 2007 年版，第 19 页。

两位改革家的强国之梦
——李端棻、黎庶昌改革与变法活动评述

黄江玲*

李端棻与黎庶昌年纪相仿，步入仕途的时间相近，少年时代的家世与遭际也相似；为官的历程略有差异：一在京师，一在江南；一在各省典试以甄拔人才，一则出使东西洋折中尊俎。但二人都有深切的爱国热忱，俱有以天下为己任的宏伟抱负，力求强国富民之术，期望改革弊政，走变法维新之路；且二人变法维新思想有不少契合之处，虽然接触的机会不多，却心有灵犀，隐然默会。

一

李端棻（1833—1907），字苾园，出生于贵筑（今贵阳市）。自幼失父，由母亲何氏抚育。先受业于舅父何中宪（字湘雪），后随侍李朝仪（字藻舟）于京师。何中宪为咸丰进士，入庶常，散馆后出四川任知县。他曾说："苾园忠孝之忱根于性生，异日必能为国家尽萃。"①李朝仪是道光进士，历官知县、知府、盐运使、按察使，终官顺天府尹。他廉洁奉公，所到之处均有治声。他对李端棻督促甚严，勉之以圣贤之教。李端棻晚年对诸昆弟说："吾一生为人之道得之吾叔，为学之道得之吾舅。"②

黎庶昌（1837—1898），字莼斋。六岁丧父，兄弟四人靠生母及庶母做针线活维持生计，得杨开秀之助免费入学读书。伯父黎恂（字雪楼）从云南辞官返里，庶昌即从其受业，熟读《史记》《汉书》和《通鉴》等巨著，赋诗属文，已犁然可诵。其表兄郑珍（字子尹）是位经学大师，也是诗文大家，他不时上门求教。但他没有去研治朴学，而是留意经世致用的文章。他选抄了历代名家散文作品数十卷，朝夕诵读揣摩，有意攻习古文。他在少年时代便立志学习古圣先贤，干一番惊天动地的事业。他在《答李勉林观察书》中写道："庶昌方十七八岁时，读古人之书，即思慕古人之为，思以瑰伟奇特之行，震襮乎一世。"③为了实现自己的宏愿，他在十分注重经世致用之学，留意

* 作者简介：黄江玲，女，贵州贵阳人，贵阳学院副教授，主要从事中国历史思想与文化的研究。

① 何麟书：《李苾园先生遗诗序》，《贵阳五家诗钞》，贵州教育出版社 1995 年版，第 2 页。

② 何麟书：《李苾园先生遗诗序》，《贵阳五家诗钞》，贵州教育出版社 1995 年版，第 2 页。

③ 黎庶昌：《拙尊园丛稿》卷二，中国文史出版社 2007 年版。

观察社会，考核时务，追求修身、治国之道。

当时贵州各地爆发农民起事，社会动荡，科举考试停止。亲友们鼓励黎庶昌先去武昌求堂兄黎兆勋（字伯庸）资助，再赴京应顺天乡试。1861 年（咸丰十一年）秋，黎庶昌应顺天乡试落榜，暂住师兄萧润宇（字庭滋）家。黎庶昌之父黎恺（字子元）曾任开州儒学训导，萧润宇是开州生员，师从黎恺，现在京任刑部司官员，故对师弟多方关照。

同治元年（1862 年），全国多地发生异常天象和洪水、蝗虫、时疫等灾害，上天"示警"，于是皇帝"下诏求言"。一个多月时间，全国大小臣工无一人上只字片语。黎庶昌花了几天工夫，写成一封"万言书"，请萧润宇过目指正后，向都察院投递，以廪贡生的身份向皇帝进言，指陈时弊，要求改革吏治。此书得到清廷重视，要求黎庶昌将所陈事件，条分缕析，详细具陈。于是黎庶昌写就第二封"万言书"，详细论列当革当行的具体事项，共二十五款之多。所论内容广泛，包括荐举贤才，裁减冗官，停止捐官，增大守令职权，改变科举考试内容，全面发行钞票，改革军事制度，安置旗民，等等。每一项都讲得很具体。如科举取士问题，主张废八比、小楷，扩大考试内容，另外增设"绝学"，如历算、乐律、测望、占候、火器、水利之属，各设为科，以附乡试、会试之后，不定额。

两封上皇帝书，得到清廷的嘉奖，黎庶昌以知县衔派往曾国藩大营差遣委用，并要曾氏"悉心查看"，"据实甄核"。从此，黎庶昌步入仕途，于同治二年（1863 年）春到达曾氏江南大营，成为曾氏幕僚，年仅二十六岁。

李端棻在京师，参加同治元年秋天的"恩科"顺天乡试，得中举人。次年春闱，联捷成进士，改庶吉士，入翰林院。

黎庶昌也参加"恩科"顺天乡试，又落榜。他同李端棻同场应试，自然当在贵州会馆等处有过接触。黎庶昌上"万言书"，引起全国轰动，传抄诵读者比比皆是。李端棻对同乡这篇"奇文"，自然也应是见过的，且当为家乡有如此人才而自豪。

二

李端棻在翰林庶常馆，勤奋好学，受到大学士倭仁和尚书罗敦衍的器重。倭仁力倡程朱理学，虽标榜"匡救时弊"，但终究走上反对学习西方的守旧之路。李端棻则注重考察社会实情，力倡经世致用之学，广泛接触东西方学术著作，寻求强国富民的救亡之路。

庶常散馆，李端棻任翰林院编修。同治六年（1867 年），充山西乡试主考；九年（1870 年），分校顺天乡试；十一年（1872 年），出任云南学政。当时云南各族起事方才平定，民生凋敝，社会依旧动荡。他一一按临各府州，认真校士，恢复各府州县儒学。正值选贡之年，他所甄选上百名拔贡生，大都是寒士，无力上京应试。李端棻便同云贵总督刘岳昭、云南巡抚岑毓英联名上疏，奏请援滇黔两省举人会试先例，给火牌驰驿至京，得到朝廷批准。从此，滇黔优贡、拔贡赴京应试，均享受驰驿待遇。

后母亲辞世，李端棻返乡丁忧。光绪四年（1878年），服除回京。次年，迁监察御史。因其叔朝仪任顺天府尹，依例回避，重回翰林院任内阁学士。

黎庶昌到江南大营后，最初未引起曾国藩注意。后得知他是郑珍的学生，便调到身边掌文案。曾氏又收为门生，习桐城派古文，成为曾门四大弟子之一，是近代著名散文家。黎庶昌随侍曾氏六年之久，一度出任地方州县官。曾氏死后，黎庶昌写成《曾文正公年谱》十二卷，又同李瀚章一起编纂刊刻《曾文正公全集》。他在江淮间浮沉十几年，未得升迁。丁宝桢向清廷密荐，把黎庶昌视为外交人才，称他："江苏候补直隶知州黎庶昌，志节坚毅，抱负甚伟……拟请饬下总理衙门存记，遇事酌量奏请简用。"[①]光绪二年（1876年），清廷首次特派郭嵩焘出任驻英、法两国使臣出使西洋，黎庶昌也在随行之中。从此，黎氏开始了历时十几年的外交生涯。

黎庶昌先驻伦敦、柏林各数月，后驻巴黎两年，代替公使曾纪泽主持驻法使馆工作。又任驻西班牙使馆二等参赞，全面主持馆务。两年后任满，升道员，出任驻日本国钦差大臣。黎氏驻欧期间，游历西欧十国，深入考察各国政教与风俗民情，参观各大都会风光名胜，参加政府和民间多种活动，进入工厂、矿山观摩生产流程，写成一篇篇生动优美的纪游散文，汇编为《西洋杂志》八卷，后人称之为"十九世纪西洋风俗画卷"。

通过五年的实地观光和考察，黎庶昌确认西欧诸国有悠久的文明发展史，绝不是中国某些人认定的"夷狄"；其先进的生产技术和科学知识，如火车、轮船、电报、电气、自来水火等，对民生国计是有很大裨益的，落后的中国应该加以学习和引进。他大胆地设想："使孔子而生今世也者，其于火车、汽船、电报、机器之属，亦必择善而从矣。至如孟子，其言尤合于时宜……向令孟子居今日而治洋务，吾知并西人茶会、音乐、舞蹈而亦不非之，特不崇效之耳。"[②]

出使日本期间，黎氏对日本"明治维新"活动做了详细考察。他给顾少逸《日本新政考》写《序》，盛称明治维新废旧法、用西法的成功。他说："明治改元，遂举唐制而废之，一尚西法，不可谓非善变。"[③]

十余年的外交生涯，使黎庶昌深知要使中国富强，必须废除旧制，改用西法，由此确立了变法维新的思想。经过深思熟虑，他制定了一整套富国强军的治国方略，向皇帝上《敬陈管见折》。折中明确指出"整饬内政，酌用西法"的方针，提出治国方略六大端：一曰水师宜急大支，要求练足百只战船，保卫南北海疆；二曰火车宜早兴办，要求修建铁路，发展交通；三曰京师宜修治街道，彻底改变首都面貌，用西法管理城市；四曰公使宜优赐召见，改善与各国的外交关系；五曰商务宜重加保护，要求开办各种实业，加强商务活动，与外商争利；六曰度支宜豫筹出入，要求国家开支有预算和决算，避免盲目花销。此外，他还要求派亲贵大臣出洋考察，便于取法他邦之长。此折于1884年递交总理衙门，衙门却没有上呈皇帝，而是直接退回原折，理由是"其

① 《丁文诚公奏稿》，贵州文史馆点2000年校本，第373页版。

② 《拙尊园丛稿》第223、224页。

③ 《拙尊园丛稿》第160页。

情事不合，且有涉忌讳处”。黎氏多年追求的“强国梦”，至此化为泡影，心情苦闷到极点。

三

李端棻早年主要在翰林院任职，曾数次出任乡试主考官。光绪己丑（1889 年）科，以内阁学士典广东试（此科取中少年举人梁启超）；辛卯（1891 年）科，典四川乡试；甲午（1894 年）科，典山东试；壬辰（1892 年）科春闱，任会试副总裁，肩负的都是科举取士、选拔贤者的重任。贤才是国家元气所钟，国家命脉所系。科举制度在中国实施一千多年，明清时期已经程式化、刻板化，主要以八股文取士，内容僵化，难以识拔真才实学之才。此时洋务运动兴起，急需大批有科学知识和懂得洋务的人才，而科举试题却与之大相径庭。有识之士提出废除科举制度的要求，而且呼声日益高涨。

李端棻深知科举制的流弊，不断寻求培育新式人才、探索选拔贤士的良方。他广泛阅读介绍西方文化的书籍，涉及哲学、政治学、教育学和科学技术诸多方面；接触从外洋归来的人士，向他们探访西方和日本的社会实情。他深信，中国要富强，必须走变法维新之路。而维新首先是教育制度的全面改革。

李端棻对科举制度的危害，感受越来越深切，发出“帖括词章误此生”的感叹。为此，他曾写有《学术思想》[①]一诗：

早知素习尽虚空，志积维新日有功。
目的胡为犹惝恍，心思毋乃欠昭融。
素王学术无今古，黄种灵明胜白棕。
宗旨看真须取法，何妨时势造英雄。

光绪十三年丁亥（1887 年），黎庶昌丁内艰期满赴京，从古历三月至七月，由川陕晋冀到天津，再转北京，历时三月余，写有日记《丁亥入都纪程》。从《纪程》中透露，黎氏和李端棻有过会面。二人此前是否见过面，无资料可考，但这次会面却是有据可查。

《丁亥入都纪程》记述黎氏六月下旬到达天津，拜谒时任北洋大臣的李鸿章，并参加李鸿章燕请法国公使及夫人的宴会，会间遇见外交界的多位官员，都是西洋的旧识。七月初由水道走通州，多阻碍。“七月初五日，行。十四里通州，换单套车登陆，经通州城。二十里三间房，尖。二十里东便门，李苾园端棻宫詹已遣人在彼照料，入城得免阻滞。住西河沿斌魁店。是日晴。”[②]短短几句，却透露出较多信息。

一是“宫詹”的称呼，指李端棻任官为詹事府詹事（正三品）。现存的李端棻传记、墓志铭，都未提此官任，足补其任官之缺。二是李端棻派人去照料黎氏进城，必是事先已知黎氏行程，可见二人已有交往。

---

① 《贵阳五家诗钞》，贵州教育出版社 1995 年版，第 7 页。

② 《黎庶昌全集》，上海古籍出版社 2015 年版，第 354 页。

此时，黎庶昌《西洋杂志》八卷书稿已完成，其中有《马得利农务学堂》[①]一文。该学堂相当于西班牙国家农业大学，开学时国王、王后和学部官员都去参加典礼，并邀各国使节观礼。黎氏与同僚曾去详细参观，因对学堂规模、设施、教学规程、实验器物等都有详细记述。文中称该校实验大楼有许多间，设有植物标本，有化学分验物质处，有各式农业机械、种子标本室等。对每一种机械的形制、运转方式、用途，都记得一清二楚，令人大开眼界。李端棻对此自然感兴趣，他后来在《请推广学校折》中，要求各级学堂设仪器馆，或与此有关。

《西泽杂志》又载英国有"喀来司阿司布达洛学馆"，有小学生七百人，教学秩序井然，所学分天文、数学、兵法诸科，十五岁入大学馆。该校有三百五十年历史，衣服礼制相沿未改；有乐队百数十人，常唱歌以导心志，可谓"三代礼乐，尽在是矣！"[②]此外，黎庶昌还参观过巴黎官学的颁奖典礼，参观过舞剑学校的考试，也参观过盲童学校的颁奖礼，仪式隆重，足见政府重教之风。

教育之外，黎李二人自然会谈及政治。黎氏去过各国议会旁听，李端棻研读过西欧政治理论家培根、卢梭、狄德罗等人的著作。对西方民主政治，二人都有向往之情。当然，日本"明治维新"的情况及日本教育制度，自然也是他们谈论的话题。

会见之后，黎庶昌再度被派往日本任钦差大臣，陛见太后和皇帝后，即南下上海，乘船赴日。此后，二人无缘再次相晤，但彼此信息依然相通。

四

光绪十五年（1889 年）秋，李端棻出任广东乡试主考，发现一份考卷文笔犀利，"熔经铸史"，以为考生是位饱学宿儒，直至发榜后，才知是十七岁的少年梁启超。他很赏识梁启超的才华，便做主把堂妹李蕙仙（其叔李朝仪之女，时朝仪已病故）许配梁启超。二人的关系也由师生之谊进而成为郎舅之亲。梁启超赴京之后，常出入李端棻之家。

1894 年甲午战争失败，北洋水师全军覆没，宣布"洋务运动"的破产。次年春，清政府签订《马关条约》，向日本割地赔款。集结于北京应试的各省举人群情激愤，在康有为等的倡导下，发起"公车上书"，要朝廷拒签条约，主张改弦更张，迁都、练兵、变法，以求抵御外侮。李端棻支持"公车上书"活动，在他影响下，贵州举人在《上皇帝书》上签名者达 95 人之多，居各省举人第二位。

"公车上书"表达了全国举子们的政治要求，可以说是维新派变法的纲领。所议三策，其根本在"变法"，即必须改变"祖宗之法"，以适应天下大变的形势。"上书"虽然没有上达皇帝御览，变法维新思潮却由此蓬勃兴起，有不可阻遏之势。康有为、梁启超在这一活动中崭露头角，受全国举人们拥戴，声誉日隆。

康有为（1858—1927），字广厦，号长素，广东南海（今广东佛山）人，习今文经

① 《黎庶昌全集》，上海古籍出版社 2015 年版，第 499 页。
② 《黎庶昌全集》，上海古籍出版社 2015 年版，第 455 页。

学，曾赴香港考察西人治法。在广州建万木草堂讲学，陈千秋、梁启超均出其门下。经八年磨砺，写成《新学伪经考》和《孔子改制考》两部著作，阐发其政治改革思想，为其变法主张奠定理论基础。《孔子改制考》中提出“据乱、升平、太平”三世之说，主张君主立宪。梁启超进而提出“君民共主”的主张，世人为之震惊。

甲午之战后，有识之士把变革教育视为变法的根本大计，要求废除八股，兴办学校。1896年6月，时任刑部侍郎的李端棻上《请推广学校折》(全称为《时事多艰，需才孔亟，请推广学校，以励人才而资御侮折》)，提出“自京师以及各省府州县皆设学堂”等一整套教育改革的主张。具体办法为：在京师设立大学堂，省会设立中学堂，府州县设小学堂；各级学堂的学制、教学内容、专业设置、学生年龄都有具体规定；毕业后“等其荣途，一归科第，予以出身，一如常官”；为配合学堂教育活动的开展，还提出几项辅助设施，即建藏书楼、仪器馆，设译书局、报馆，并派学生出洋留学。如果照此施行，“至十年以后，贤俊盈廷，不可胜用矣。以修内政，何政不举？以雪旧耻，何耻不除？”[①]可惜如此切实可行而完备的教改方案，却被冷落闲置，直至两年后“戊戌维新”才开始施行。

黎庶昌也重视人才的培养。他延聘巴蜀著名学者兼诗人赵熙（号香宋，曾任翰林院编修）出任川东书院山长，历时三年，培养出一批英才，如著名学者向楚、江庸、冉慈、龚秉权等。为鼓励学生刻苦学习，庶昌用自己的薪俸设奖学金，每次月考，童生第一名奖给白银上百两。全省乡试，川东生员中举者占半榜。他还有个惊人之举，即用薪俸设洋学堂（也称洋务学堂），拣选20名蜀中俊彦入学攻读，设课三门：中文、英语、数学；聘李镇（郑子尹门生兼侄女婿）为中文教习，聘外籍教师授英语。三年学成，考选12名优秀者赴英国留学。此学校曾在总理衙门和四川总督署备过案，所考选人员由公费赴西洋留学。李端棻《推广学校折》中“派员出洋留学”的要求，其友人黎庶昌早在蜀中就实地施行过了。

黎庶昌同样重视地方经济的发展。他任驻日公使三年后归国，于1891年夏初出任四川省川东兵备道员兼重庆海关监督。川东道辖地相当于今天的重庆市，工业商贸素称繁荣。他大力扶持工商业，鼓励实业家购买外洋机器进行生产，保护商务活动。出资建造云贵会馆，与其他各省会馆并驾齐驱。他还出资改建五福宫，仿西洋规制，建成公众游憩场所（公园），即今枇杷山公园。

五

在倡建学堂的同时，要求废科举、开特科的议题也被提上日程。

天津人严修（字范孙）于光绪二十年（1894年）至二十三年（1897年）间出任贵州学政，首先对学古书院教学内容进行改革，除经史外，增开数学、外语和时务课程，又组织黔学会开展讲学活动，讲中学以通经史，讲西学以强国富民。此外，他还请求

---

① 转引自钟家鼎《李端棻评传——兼论维新官僚在戊戌变法中的地位与作用》，海南出版社2004年版，第67页。

朝廷对科举进行改革，以“经济专科取士”取代“八股取士”，也就是开“经济特科”。此议得到皇帝重视，下诏总理衙门议行。

光绪二十四年（1898 年）正月，总理衙门采纳此议，拟以内政、外交、理财、经武、格物、考工六事，奏请开经济特科，别为经济岁科，附乡会试并行。

梁启超对举行特科也表示赞同，认为这是实行新政的起点，算是由此而过渡到学校的缓冲之策。李端棻遵照皇帝的诏令，推荐了一批“洞达时务”的人才，参加经济特科的考试。所举荐者，有翰林院编修严修，庶吉士熊希龄、寿富、唐才常，工部主事曾习经，知县狄贤保、夏曾佑、汤寿潜，教习欧榘甲、韩文学，助教崔朝庆，举人宋梦槐、陈先甲，附生徐勤，监生罗普，学生戴修礼，共十六人。因守旧派的竭力阻挠，特科考试未能举行。但李端棻所荐的人才，在后来的维新运动中，都大有作为。

维新派对特科、策论并不满足，要求彻底废除科举，大兴学校。只有全国普遍推广学校，才能从根本上消除科举的弊端，兴学育才。监察御史宋伯虏上《请废制艺疏》（由康有为代笔），要求废科举、兴学校，得到社会广泛响应，却遭到守旧朝臣如奕新、刚毅等的反对。李端棻的《请推广学校折》，虽明诏予以兴办，却被长期束之高阁。一直到光绪二十四年四月二十三日（1898 年 6 月 11 日）光绪皇帝下《定国是诏》正式开始变法，经皇帝一再催促，才由梁启超拟定《京师大学堂章程》，首先开办京师大学堂。又下诏改书院为学堂，省会为高等学堂，府厅为中学堂，州县为小学堂，肄业者依次递升。学堂课本，全由梁启超编译。至此，李端棻的教育改革方案终得以实施。他兴奋不已，于是又奏请特派绅士督办各省学堂，以求完善，期其必成。皇帝批准此议，诏谕施行。

当李端棻上《推广学校折》之时（1896 年夏），其好友黎庶昌已因病卸职回家，并于次年腊月与世长辞。黎庶昌之侄黎汝谦（字受生）也是维新变法活动的积极支持者。黎汝谦曾随黎庶昌、李经方两次赴日本，先后出任神户和横滨总领事，对日本国情颇为了解，并通过日文转译《乔治·华盛顿传》。和叔父一样，他也希望整饬内政，酌用西法以求国强民富，回国后以“从三品”知府衔去广州任职。当《定国是诏》下达之后，新法推行受到阻碍，康有为、梁启超等维新干将官卑言微，毫无实权。黎汝谦见到邸报上有康、梁所上奏稿，确认他们是当代第一流人物，应加以重用。他曾写信给两湖总督张之洞，希望他向皇帝“连章论荐”[①]。又写《上仓场侍郎李苾园书》，极力称赞康、梁的才具。书中说：“某君学有渊源，言无虚泛。汝谦虽未见其人，而观其所作，决非时俗梦梦之流。尝以其不得大用于天下为惜。”又说：“窃以为，斯人一出，天下大局必焕然一新……夫某君之为人，天下望之若祥麟威凤。方谓斯人不出，如苍生何！”[②]张之洞最初支持维新活动，后因反对康有为“孔子改制”说和鼓吹“民权”说，与维新派决裂。

李端棻不仅向皇帝大力举荐康有为、谭嗣同等维新派骨干人物，自己也向皇帝上《变法维新条陈当务之急折》，其中“请开懋勤殿，选通人入直，议定新法”一款，是

---

① 黎汝谦：《夷牢溪庐文钞》卷五，清光绪二十七年（1901 年）羊城刻本。

② 黎汝谦：《夷牢溪庐文钞》卷六，清光绪二十七年（1901 年）羊城刻本。

政治改革的核心，即如西方议会，由推选的“通人”去议定维新大法。可惜皇帝无实权，维新变法只推行了百来天，便被以西太后为首的顽固派武力绞杀。皇帝被幽禁，康有为、梁启超外逃，谭嗣同等“六君子”被杀害。戊戌变法彻底失败，史称“百日维新”。李端棻以“滥举匪人”被流放新疆，三年之后才赦归故里。

可敬的是，李端棻虽遭严惩，却始终坚守维新信念，而且对国家、政治、民权等有了新的理解。如他所作《政治思想》诗写道：

天地区分五大洲，一人岂得制全球！
国家公产非私产，政策群谋胜独谋。
君为安民方有事，臣因佐治始宣流。
同胞若识平权义，高枕无忧乐自由。①

从诗中可以看出，他已由君主立宪转向民主政治。之后，他受聘为经世学堂主讲，以开通风气自任，定期向学生阐发民权自由真理，月课则以培根、卢梭诸学说命题。

六

综观李、黎两位先贤，他们青少年时代便满怀壮志，期为国家民族做一番“震襮一世”的大事业。面对外侮日亟、内政腐败的局势，他们都想着对社会进行改革，革除弊政，改变成法，荐举贤才，让有才识的人主持各级政务，以达到富民强国的目标。

黎庶昌二十六岁时向皇帝上“万言书”，提出除弊兴利的条款二十五项，初露社会改革家的锋芒。可惜政府敷衍搪塞，未实际实施。他出使东西洋十几年，专心寻求强国富民的良方，制订出一套完整的强国方案，却被总理衙门退还，使黎氏“强国之梦”破灭。

李端棻二十九岁中进士入翰苑，先后赴各省主持乡试，一度任会试副总裁，又一度出任云南学政，手携“玉尺”以甄拔人才。他深知科举考试的流弊，所试的八比、小楷，与社会脱节，难以识拔有益于国家社会的真正贤才。他留心考察欧美各国及日本的学校教育制度，结合中国实情，制订出一套完备的教育改革方案，于 1896 年向皇帝上《请推广学校折》，彻底否定传统书院制，倡立各级新型学堂，兼取中学与西学，以培养于社会有用的新式人才。1898 年，“戊戌维新”运动兴起。李端棻的学校改革方案得以实施，京师大学堂终于建立。通过维新变法，他依稀见到一线“强国”的微光。为此，他全力支持变法，向皇帝举荐康有为、谭嗣同等维新派的领袖人物，并上《变法维新条陈当务之急折》，提出开懋勤殿、改定六部则例及御门誓群臣等重大措施，又并临危受命，接任礼部尚书，主持教育改革事宜。不幸的是，以西太后为首的顽固派以武力镇压了这场轰轰烈烈的维新运动，李氏“强国之梦”彻底破灭。万幸的是，学校改革已成定局，顽固派无法废除，学校的推广活动大体上照常进行。

戊戌维新运动虽然失败，但维新思想却从此深入人心，一些立场坚定的士大夫始

① 《贵阳五家诗钞》，贵州教育出版社 1995 年版，第 2 页。

终不改维新素志。黎汝谦于 1901 年在广州刻印的《夷牢溪庐文钞》，把上张之洞、李端棻等的四封推荐康、梁书札收入其中，只用墨钉盖了康、梁的姓名；又写了《畏垒国游记》一篇寓言式的长文，影射维新变法的失败，揭露太后及顽固大臣杀戮维新派志士的罪行。均收入《文钞》。

李端棻接到梁启超从日本寄来的《新民丛报》，看后非常欣慰。他在《有感》诗中写道："伏枥惊残岁，攀鞍愧伏波。四方多猛士，定可挽天河。"[①]他给梁启超去信，表白自己的心迹："昔人称有三岁而翁，有百岁而童。吾年虽七十，志气尚如少年，天未死我者，犹将从诸君子之后，有所尽于国家矣！"[②]真是老骥伏枥，志在千里，拳拳爱国之心、强国之梦，老而弥笃。

两位社会改革家的"强国之梦"虽然破灭，但他们改革的坚定意志和爱国精神将永载史册，不断激励着后人。

① 《贵阳五家诗钞》，贵州教育出版社 1995 年版，第 7 页。

② 转引自秋阳：《李端棻传》，贵州民族出版社 2000 年版，第 187 页。

浅析李端棻人文精神的特点

秦坤*

李端棻作为清末从偏僻的贵州高原走出去的政治家、教育家，梁启超曾评价他是大臣中言新政者第一人；今有学者评价李端棻是“贵州追求近代化第一人，是晚清重臣中从体制内部站出来向旧体制挑战的第一人”①。观其一生，李端棻之所以享有“第一”的荣称，与他具有为国为民的人文精神是分不开的。人文精神是优秀文化在长期的发展中积淀、孕育而成的精神，是内在于主体的精神品格，体现在民族精神和人们的气质和价值取向之中。中国传统儒家文化就蕴含着匡扶天下、为民谋利的人文精神。李端棻入仕前在家乡贵阳跟随有着扎实儒家功底的舅父何亮清学习儒家文化达10年，又得到在京城任京兆尹的叔父李朝仪的悉心指导，“中国传统儒家积极入世、舍我其谁、为天下苍生而活的传统士大夫精神深深融入了他的血脉之中”②，化作了他的精神品格，塑造了他的世界观、人生观和价值观，指导着他入仕以后35年浮沉生涯的实践，并在时代浪潮的推动中彰显其精神特点。本文仅就李端棻的人文精神特点作一初探，以期引起更多学人在研究李端棻时对此问题的关注。

一

李端棻有着敢为天下先的首倡精神。甲午战后，面对大清王朝失败的局面，无论朝廷还是民间的有识之士，都已经意识到只有改弦更张才能与虎视眈眈的列强抗衡。李端棻夙夜忧思国运民瘼，在国家危难之际勇于直面现实，首次提出针对中国传统教育的全面而系统的教育改革方案，并力推政治改革。

1896年6月，光绪苦于时事艰难急需选拔真才，奈何科举僵化导致“罕有济难瑰玮”之才，即使下诏求士也仅有“束身自好之辈”而不能如愿。因此，废除八股、兴办现代学校培育人才成为首要之举。其时，上至翁同龢、张之洞、胡燏棻，下至康有为、梁启超等有识之士均发表言论或上奏折论及教育维新、开办学校的重要性和必要性，但对教育体制都缺乏完整而系统的论述。李端棻有着二十余年的学官经历，深知

---

* 作者简介：秦坤，1974年生，女，贵州思南人，贵阳学院马克思主义学院副教授，硕士，主要研究方向为地方历史文化。

① 刘学洙：《李端棻——一部改革者的大书》，《当代贵州》2006年第1期。

② 顾久：《我们为何要重提李端棻》，《贵阳文史》2010年第6期。

科举制度和新式学堂的不足，怀着强烈的爱国主义精神于 6 月 12 日应时事之需向光绪上奏《请推广学校折》，首次“对学校问题集大成而进行专门论述”[①]，借鉴西方教育制度提出自京师到各省、府、州、县皆设学校；对各级学校内部的教学内容、学制时间、课程设置、经费来源、师生选拔及毕业待遇等进行完整的规划设计；为营造学校良好发展的外部环境，又提出建藏书楼、仪器院、译书局、报馆和选派学生留学等教育改革的一整套措施，启动了全国维新教育的全面开展，培养了国家的后备人才，实为政治改革的先锋。

1897 年，李端棻出任仓场总督，发现其管辖下的漕运、仓场两个衙门养置了一大批闲人，巨额开支增加了政府的财政负担，于是不顾自身退职风险，毅然决定在所管理的机构里大力推行裁汰冗官的政治改革，向光绪上折奏请撤销漕运、仓场两衙门，由此可见李端棻一心为公、果敢决断的行事魄力。梁启超为此赞道：“公倡汰冗官之议，而所汰则请自隗始。盖所知惟国家之厉害，而藐躬未惶计也。”[②]

二

李端棻拥有刚正不阿、举贤荐能的坦荡胸怀和责任担当。为官 35 年间，他鄙视官场陋习，专注为国遴选荐用人才，始终如一地支持改良维新，尽管为此付出了沉重代价，仍无怨无悔、敢作敢为，尽显一代贤人风范。

李端棻长期担任学官，任过云南学政，主持过山西、广东、四川等省乡试，担任过会试副总裁，期间放弃升迁机会尽心为朝廷选拔人才。一方面，他恪守尽职、拒收贿赂，竭力减少科场舞弊，以保证考试公正；另一方面，他又联合云贵总督刘昭和云南巡抚岑毓英奏请朝廷授予滇黔两省举人“火牌驰驿”的权利，进京赶考免费享有沿途驿站马匹车船和伙食的供应，为国造就更多人才。李端棻之举正如梁启超所言：他的每次典试，所选拔者都是一时的俊彦人士，世皆以比庐陵。

然而，科举之途远不能满足国家对人才的需求，李端棻《请推广学校折》中倡建的新式学校要培育出人才，又需假以时日，而现今正值国家危难之际，急需“通达中外能周时用之士”进行变法维新。因此，李端棻自始至终一直在向朝廷荐举维新志士。1894 年，当康有为著《新学伪经考》遭查处时，是李端棻动用政治关系予以平息；1895 年，李端棻冒着政治风险秘密支持公车上书，在他影响下，万言书上签名的贵州籍举人数量仅次于广西；1897 年，李端棻积极支持开“经济特科”以选拔人才，保荐了严修、熊希林、唐才常等十六人，尽管没有被任用，但他们在变法运动中都有一番作为；同年 11 月，康有为上《上清帝第五书》，无人敢为代递，李端棻挺身而出，在联络九卿联名上折未果之后，毅然独自上折；1898 年，当戊戌维新全面受阻、后党甚嚣尘上、帝党踟蹰后退之时，李端棻仍然毫无畏惧地荐举了康有为、谭嗣同、黄遵宪等人以当

① 钟家鼎：《李端棻评传——兼论维新官僚在戊戌变法中的地位与作用》，海南出版社 2005 年版，第 61 页。

② 梁启超：《梁启超全集》，北京出版社 1999 年版，第 18 册，第 1593 页。

大任，甚至在康遭到驱逐时还力保其留京。此外，梁启超从一个青年学子成长为维新运动的领袖人物之一，也离不开李端棻的赏识造就。

三

李端棻具有愈挫愈奋至死不渝的坚韧精神。戊戌政变后，李端棻被谪戍新疆，因病留在甘州。1901 年遇赦回到贵阳时，中国因《辛丑条约》的签订被拖入半殖民地半封建社会的深渊。李端棻虽已年逾古稀，远离政治中心，但关注国运民瘼的初心未改，仍以高昂的斗志在家乡奔走呼吁，多方联络，发展新式基础教育、中学教育，创办实业。

1902 年，李端棻牵头创办了贵阳公立师范学堂，开贵州师范教育先河；同年，李端棻受聘为贵州经世学堂山长，传播天赋人权、自由平等思想，推动了贵州文化教育的发展和新式人才的培养。1905 年，李端棻联络进步人士向贵州巡抚林绍年提请在原贵州府中学堂的基础上创建贵阳中学堂，获得批准并于 1906 年改名为贵州通省公立中学堂（贵阳一中的前身），其办学规模、教学设备、师资力量在当时贵州中学堂中都是首屈一指的。为保护贵州的路权和矿产权，李端棻还积极参与创办实业，发起成立了贵州铁路矿务总公司。李端棻从回乡到去世的 6 年时间，新式学堂在贵州得到普遍建立，各种新思想、新文化在贵州得到广泛推广。李端棻甚至在临终前的最后时刻，还“谆属子弟出资，捐助学堂经费”，将平时积蓄的 1000 两白银捐给贵州通省公立学堂作为办学经费。

综观李端棻的一生，其人文精神最弥足珍贵之处就在于，他将基于良知底线的人文拓展和对文关怀，升华为对国家、民族、社会命运孜孜不倦的探索。无论自身的境遇如何，无论前路如何迷茫、环境何等恶劣，他始终恪守自己的信条，不萌丝毫退却之意。任职期间，他恪尽职守、勇于变革、勇于创新；回乡养老期间，他与时俱进、永不僵化、永不停滞。李端棻正是不忘为国为民的初心，牢记救国救民的使命，才方得始终的。中共中央总书记习近平明确指出：“中华优秀传统文化中很多思想理念和道德规范，不论过去还是现在，都有其永不褪色的价值。”李端棻毕生对真理的执着追求，对存于内心目标的积极进取，以及他所表现出来的那种坚韧不拔的决心正来自于此。鉴于此，我们在时隔 110 年之后来纪念这位出生于黔中大地的历史文化名人时，才尤其需要对其人文精神的特点展开深入的探讨，以激励我们为实现中华民族伟大复兴的梦想而前进。

国运舵手李端棻①

庞思纯*

第一次鸦片战争以来，外侮日深，内乱频仍，清王朝遭遇到前所未有的执政危机。为救弊起衰，重振国势，“天下爱国之士，莫不焦心竭虑，忧国之将亡，思有以挽回之策”。他们“师夷长技以治夷”，学习西方列强的工商之道、教育之术、改良政治之策，期以富国强兵。清代末年的贵州士人李端棻，身处“大变局”的时代，继承先贤“救亡图存”的大志，毕生致力于教育救国、革新政治、振兴实业和开启民智，充当了“国运舵手”的要角，虽殒身而不恤，为黔人做出了光辉的榜样。

李端棻（1833—1907），字苾园，贵阳贵筑县（今贵州贵阳）人，祖籍湖南衡州府清泉县（今湖南衡阳市衡南县）。自祖父移居贵阳始，至李端棻已第三代。据史料所载：李端棻幼年丧父，依母而育。母亲何氏出自贵阳书香仕宦人家，舅父何亮清，咸丰十年（1860 年）进士，对李端棻早年的学业根基竭尽全力。李端棻的四叔李朝仪，道光二十五年（1845 年）进士，对其视如己出，疼爱独挚。李朝仪“以学问吏治闻于时，以圣贤之教率其家”，对之后李端棻的“立身行事，大节凛然不可犯”的操守人格有着深远影响。李端棻曾感慨地谈及叔父和舅父对自己的影响：“吾一生，为人之道得之吾叔，为学之道得之吾舅。”

同治二年（1863 年），李端棻中进士。步入仕途后，选庶吉士，授翰林院编修。在此期间，李端棻受大学士倭仁、罗文恪程朱理学之熏陶，学养大进。之后，他历任山西、顺天、广东、四川、山东等地乡试主考官及全国会试副总裁，仕途一帆风顺。后又相继出任云南学政、监察御史、内阁学士、刑部侍郎、仓场总督等职，戊戌（1898 年）七月授礼部尚书。

李端棻为官清正，敢言直谏，兼之善于识拔人才，因此得到朝野一致好评。时人认为李端棻敢言直谏超过了北宋名臣司马光，又因其“所拔擢皆一时之名士”，把他比作当代的欧阳修。

李端棻是一个虚怀若谷、爱惜贤才的人，时人称他有“知人鉴”。光绪十五年（1889 年），广东乡试在广州举行，来自新会县的士人梁启超一举中的，榜列第八名举人。发榜之后，主考官李端棻和副主考王仁堪（福建人）在议评试卷时，对梁启超渊博的知

* 作者简介：庞思纯，贵州省文史馆研究员，主要从事贵州历史文化研究。

① 此文原收录于庞思纯、郑文丰编《明清之际的贵州书院》，贵州人民出版社 2017 年版。原题作《李端棻：中国近代新式教育的先行者》，有改动。

识、透辟的理论及汪洋恣肆的文风气势大加赞赏，认为梁是旷世奇才，前途未可限量。李端棻告诉王仁堪，说堂妹李慧仙正待字闺中，自己多年来一直在为其寻找一位称心的夫婿，而梁启超是最好的人选。无独有偶，此时王仁堪也正考虑招梁启超为女婿。见主考官话已说出，王仁堪只好隐忍心事，连声称好。

通过调查，李端棻了解到梁启超的家世及其履历，得知他十一岁中秀才，被广东学政叶大焯誉为“神童”，之后入学海堂深造，熟读经史子集，兼通训诂词章，是一位学养俱优、出类拔萃的人才。为了试探梁启超对婚姻的态度，李端棻私下与他见过一面。初次见面，梁启超这位天才少年就给李端棻留下了深刻的印象：青涩的面孔充满自信，炯炯的目光英气逼人，得体的举止文气洋溢，对答之间从容睿智。在梁启超眼中，李端棻儒雅谦和，学养淳厚，言谈举止之间，充满亲切平和的长者之风，这与那些权势熏人、一身戾气的达官显宦判若云泥。由于推诚相见，交谈的气氛十分和谐，内容也非常广泛。当李端棻向梁启超表白“以妹妻之”的意愿时，梁启超毫不扭捏，欣然应诺。就这样，梁启超这位中国近代史上天才的资产阶级改良主义宣传者、著名政治活动家和才华横溢的大学者，与贵阳的簪缨诗礼世族李家结为了秦晋之好。

婚后梁启超与妻子一直寄居在李端棻家中，因此梁启超后来有“饮食教诲于公者且十年”之说。可以说这十年是李梁两人最光辉的十年。两人朝夕相处，相互砥砺，议西学、论维新，彼此都从对方身上得到不少教益。李端棻的学识人格、为政清廉的作风及开明的思想，令梁启超十分钦服；梁启超出众的才华及敢为天下先的人格魅力，则给李端棻留下了深刻的印象。尤其是梁启超在教育方面的看法，如他在《变法通议》中所言的“变法之本，在育人才；人才之兴，在开学校；学校之立，在变科举”的精辟论述，完全与李端棻的看法不谋而合，从而为李端棻其后的《请推广学校折》奠定了理论基础，同时促使李端棻去了解西学、参与变法。对梁启超而言，这十年他参加“公车上书”、筹办《时务报》、宣传维新思想及积极参与“百日维新”，是其人生最闪光的十年。

李端棻一生拔擢了不少人才，但他的前提是该人不仅“明习当时之务，通晓中西文化”，且心系天下，有所担当，能在国家生死存亡之际或重大变革时期发挥作用。据史料所载，甲午战后李端棻曾保举严修、唐才常、熊希龄等十六人；戊戌变法时，李端棻又密荐康有为、谭嗣同“才堪大用”。被李端棻拔擢的人才，大多成为清末民初的精英分子，是维新变法、启迪民智的先锋闯将。其中，天津人严修，在任贵州学政时，改革旧式教育，传播西方文化，为贵州的教育事业竭心尽力，奠定了贵州新式教育的基石。

光绪二十年（1894 年）的甲午中日战争，大清朝陆海军双双败北。次年四月十七日，清政府与日本签订了丧权辱国的《马关条约》。面对西方列强的虎视鹰瞵，祖国被瓜分豆剖，无数志士仁人莫不痛感“不变法无以挽救危亡”。

面对帝国主义的鲸吞蚕食，目睹清政府的腐败无能，康有为、梁启超趁着入京应试之机，联合十八省的一千三百余名举人，于光绪二十一年（1895 年）五月一日在松筠堂集会，向清廷上书，提出了“拒和、迁都、练兵、变法”等要求。

面对清王朝江河日下难以为继的严峻现实，李端棻（时为工部侍郎）痛切地认识到若要使国家富强、民族振兴，首先得改革教育制度，培养符合时代要求的新型人才。经过反复的思考，他于 1896 年向清廷上《请推广学校折》，全面系统地阐释、规划了未来中国教育的全景，提出了“一经五纬”的主张：以设立京师大学堂（北京大学前身）及各省中小学为主干，以设藏书楼（图书馆）、创仪器馆、开译书局、广立报纸、派遣游历西为辅助措施。

这个奏折得到光绪帝的首肯，并由政府采纳而付诸实施。其意义在于：它是中国教育史上一座新的里程碑，宣告了新式教育的开始，敲响了封建教育的丧钟。几年后，中国终于“废科举，兴学堂”，结束了自隋唐以来历经一千多年的科举制度，为“少年中国”的新知识、新文化、新思想、新科技的传播起到了“清道夫”的重要作用。可以说，仅凭这一点，李端棻就可以永载史册。

1898 年的戊戌变法，李端棻是积极的参与者、推动者和政策制定者。身为礼部尚书的李端棻，是光绪帝较为信赖的大臣之一，在变法中发挥了重要的作用。如果说康有为、梁启超是广大士人要求维新变法、挽救危亡的代表，那么李端棻代表的就是统治阶级上层中的改革派。

戊戌变法后，李端棻的命运发生了急剧的变化，昔日的朝廷重臣一下子成了阶下囚。可以说，这是李端棻人生的另一个转折点，使他由一个开明的封建士大夫升华为一个民主先驱。

1898 年 9 月 21 日，戊戌变法失败后，光绪帝被囚，梁启超流亡日本，康有为逃往香港，杨深秀、康有溥及军机四卿被捕惨死，李端棻因“滥保匪人”而被革职查办，流放新疆。对变法的失败及自己的不幸遭遇，李端棻，感触良多，写道：几见清流误国家，权奸颠倒是非差。狭心但解酬恩怨，盲眼何曾识正邪。戮辱逋囚无漏网，晋唐明宋有前车。汉阳渡口京都市，云散风凄日又斜。

在新疆的三年中，李端棻没有为人生的际遇而气馁沮丧，怨天尤人，相反他处之泰然，将自己政治上的失意、生活中的磨难，完全置之度外，仍然时时关心国事。1900 年，义和团运动爆发、八国联军攻占北京。在清政府签订了丧权辱国的《辛丑条约》之后，李端棻痛心疾首，更加痛感“国威之坠落、国权之凌夷”，然而自己远戍新疆，形同囚犯，只能祈祝国运昌隆而已！

1901 年，李端棻遇赦返乡，虽历经磨难，但心志愈坚。这时他读到梁启超的《少年中国说》，其中“故今日的责任，不在他人，而全在我少年。少年智则国智，少年富则国富，少年强则国强，少年独立则国独立，少年自由则国自由，少年进步则国进步”的文字扣动了他的心弦。他痛感自己韶华已逝，来日不多，然而报效国家、服务桑梓之志丝毫未减。他抱持“如欲治国平天下，当今之世舍我其谁”的豪情，投入到家乡教育的事业中去。

同年四月，反动保守的慈禧太后走到前台，表达朝廷推行新政的坚定决心，说：“变法一事，关系甚重……朝廷立意坚定，志在必行。”并申言“中外臣工，须知国势至此，断非苟且补苴所能挽回厄运，惟有变法自强，为国家安危之命脉，亦即中国民生之转机”。在推行新政期间，清王朝以日本的“明治维新”作为榜样，兴办实业，发展资本主义；创办新学堂，派遣留学生，培养新式人才；改革军制，增强军事力量，力图奋起直追，重振皇朝雄风。

看到自己早年的《请推广学校折》得到落实，李端棻倍感欣慰，仿佛看到国家有了希望。对他而言，“老佛爷”能改弦更张，亦是国家幸事。然而遗憾的是，自己年事已高，报效国家的日子不多。好在目前头脑清晰、精力尚济，趁着夕阳余晖，仍可以为桑梓培养一批具有新知识、新思想和民主理念的新人，为“少年中国”输送人才。

针对贵州地处边远、风气闭塞保守的状况，李端棻认为当下最紧迫的任务是启迪民智，使之跟上时代步伐。1902 年，李端棻受聘主讲贵州经世学堂。他利用这难得的机会，以讲台作为宣传的阵地，极力向学生传播西方民主自由思想。他专题讲授“卢梭论”与“培根论”，大讲孟德斯鸠的“三权鼎立论”、达尔文的“进化论”和赫胥黎的“天演论”，向腐朽反动的封建势力发动了一次次猛攻。可以说，年逾七十的李端棻，这时在贵州充当了“民主先驱”的角色，他的言论、思想犹如一股股春风，给沉闷闭塞的贵阳城带来了生机和活力，因此遭到封建顽固派的极端仇视。有一次，一位学生把卢梭比作孔孟，得到李端棻的赞赏，并被列为第一位，顿时贵阳城中舆论大哗，守旧派伺机而起，大肆攻击李端棻，其中有一首诽谤诗这么写道：康梁遗党至今多，请尔常将颈子摩。死到临头终不悔，敢将孔孟比卢梭。恐吓威胁始终吓不倒李端棻，他仍高举着民主自由之大旗，继续为着启迪民智、培养贵州新青年而昂首前进。

在此期间，李端棻写了不少诗，其中三首很有代表性，最能彰显其民主自由理念。现录如下：

国家思想

君不堪尊民不卑，千年压制少人知。奴隶心肠成习惯，国家责任互相推。
峡经力士终能剖，山有愚公定可移。缅昔宣尼垂至教，当仁原不让于师。

政治思想

天地区分五大洲，一人岂能制全球。国家公产非私产，政策群谋胜独谋。
君为安民方有事，臣因佐治始宣流。同胞若识平权义，高枕无忧乐自由。

学术思想

早知素习皆虚空，志积维新日有功。目的胡为犹惝恍，心思毋乃欠昭融。
素王学术无今古，黄种灵明胜白棕。宗旨看真须取法，何妨时势造英雄。

光绪三十一年（1905 年），李端棻针对帝国主义列强垂涎贵州铁路矿产之事，认为国家“利益不可假人，民膏不可外溢”，发起组织“贵州全省铁路矿务总公司”，之后又联合于德楷、唐尔镛等人将贵阳府中学堂迁往雪涯路，更名贵阳中学堂。

光绪三十三年（1907 年），李端棻寄信给远在日本的梁启超，信中有“昔人称有三岁而翁，有百岁而童。吾年虽逾七十，志气尚如少年。天未死我者，犹将从诸君子后，有所尽于国家矣”之句，表达了自己老当益壮、志在报国的年轻心态。梁启超读到这里，感慨地将其比作“廉将军之善饭，马伏波之据鞍”。

两个月后，这位戊戌变法的国运舵手，中国新式教育的倡导者，贵州的民主先驱的伟人突然与世长辞，为自己最后十年画上了句号。

数十年后，文史学者凌惕安在《黔故拾掇》一书中，对早年邂逅李端棻有如是描述：“乡先辈有名德者，余犹及见李苾园（端棻字）先生。光绪丁未岁（1907 年），先生方主讲在籍，常以其暇日视察学校。时余年十六，适在庠，遥见先生来，蹑朱履，袍色蔚蓝，修髯若雪，侍者二人扶掖登阶，巡行久之始去。及今思之，老辈风徽，至深引慕。”

李端棻：倡议筹建京师大学堂的第一人

钱耕森*

京师大学堂即今日之北京大学。北京大学，是我国最著名的一所高等学府，也是我国历史最悠久的一所高等学府。今年，它已度过 119 个春秋！快满 120 周年了。她长期领先于全国高校，并正为建成国际一流大学努力奋进，前途辉煌！而这与她源于京师大学堂密不可分。北京大学的前身是京师大学堂。1911 年，辛亥革命推翻了清政府。1912 年，中华民国成立后，把京师大学堂改名为北京大学，任命严复为第一任校长。

京师大学堂创办于一百多年前的 1898 年戊戌维新之际。万事开头难，京师大学堂从无到有也是举步维艰，大家齐心协力克服重重困难方才有所成。我认为其中贡献最大的主要有三个重要人物：李端棻是兴办京师大学堂的"首倡者"；光绪皇帝是兴办京师大学堂的"首创者"；孙家鼐是兴办京师大学堂的"首办者"。李端棻是"三首"之"首"，是第一人。本文拟专论李端棻何以能成为京师大学堂的"首倡者"，以及李端棻作为京师大学堂的"首倡者"的重要意义。

一

李端棻（1833—1907），生于清道光十三年，死于清光绪三十三年，享年七十有五，贵州贵阳人。出生于书香门第，官宦世家。其父李朝显不幸早逝。李端棻自幼失父，由其五叔父李朝仪和舅父何亮清帮助其母亲何氏将其扶养成人。李朝仪官至顺天府尹，何亮清饱读诗书，道德高尚。这两位至亲大人是成长道路上的人生导师。李端棻晚年回忆自己的生平时仍深情感念道："吾一生，为人之道，得之吾叔；为学之道，得之吾舅。"李端棻于同治二年（1863 年），考中进士。于光绪二十二年（1896 年），任刑部左侍郎，上《请推广学校折》，首倡筹建京师大学堂。二十四年（1898 年），密荐维新派领袖康有为和谭嗣同，受到光绪皇帝重用。同年，李端棻晋升为礼部尚书。李端棻被誉为清王朝大变局时的"国运舵手"和"当之无愧的中国近代教育之父"。

1894—1895 年，日本发动并吞朝鲜、侵略中国的战争，即甲午战争。1987 年，德国强占胶州湾，俄国强占旅顺、大连。烈强争先恐后企图瓜分中国。中国亡国危机日益深重。

---

* 作者简介：钱耕森，安徽大学哲学系教授，主要从事中国哲学研究。

二

是时，举国上下的有识之士都认识到为救亡图存必须进行变法，而变法亟需新式人才，但新式人才是旧的科举制和八旗制都无法培养的，必须由新式学校才能培养出来。康有为在 1985 年 5 月《上清帝第三书》中提出“广学堂”的要求。李端棻在此共识的基础上，毅然于 1896 年 6 月 12 日上《时事多艰，需才孔亟，请推广学校，以励人才而资御侮折》，简称《请推广学校折》。

李端棻《请推广学校折》，全文近四千字，其中围绕“推广学校”这个重大问题进行了系统而深入地论述。

第一，他从“时事多艰，需才孔亟”的大局出发，论说推广学校的迫切性。第二，他从强国之根本出发，论说培育人才的重要性。第三，他从皇帝未能求到人才之实际出发，论说“其时可用人才之匮乏。”第四，他从“诸馆”开设多年收效甚微出发，对其时人才培养模式和方法的缺陷不足加以分析。

李端棻在全面考查和综合分析的基础上，提出了应在全国开办学堂，特别应在京师兴办大学堂的建议，而且应对大学堂经费从优。他说：“臣请推广此意，自京师以及各省府州县皆设学堂。……京师大学选举贡监三十以下者入学，其京官愿学者听之。……惟京师为首善之区，不宜因陋就简，示天下以朴，似当酌动帑藏，以崇体制。每岁得十余万，规模已可大成。”他对以“一经五纬”之法开办京师大学堂培养人才充满信心和期待：“夫既有官书局、大学堂以为之经，复有此五者以为之纬，则中人以上者，皆可自励于学，而奇才异能之士，其所成就益远且大。十年以后，贤俊盈廷，不可胜用矣。以修内政，何政不举？以雪旧耻，何耻不除？上以恢列圣之远猷，下以慑强邻之狡启，道未有急于是者。”

三

李端棻《请推广学校折》上达后，光绪皇帝不但没有批驳，反而异常重视，很快就批复交总理衙门议办：“李端棻奏请推广学校以励人才一折，著该衙门议奏。”总理衙门于 7 月 13 日上《总理衙门议复左侍郎推广学校折》，充分肯定李端棻《请推广学校折》“于今诚为切要”，并申论道：“综观环球各国三十年来，莫不以兴教劝学为安内攘外之基。崇学者积治以富强，虚伪者积衰以贫弱，事如操券，成效炳然。则今日广励学官，诚属自强本计。”特别表示“该侍郎所请于京师建设大学堂，系为扩充官书局起见，应请旨饬下管理书局大臣察度情形，妥筹办理。”[①]

官书局管理大臣孙家鼐（1827—1909）“于 1896 年 8 月，在《议覆开办京师大学堂折》中，明确表示赞成李端棻关于成立大学堂的首倡。”[②]高度评价其“创举”，并积

---

① 朱有瓛主编：《中国近代学制史料 第一辑》，华东师范大学出版社 1986 年版，下册，第 488-489 页。

② 钱耕森：《孙家鼐与北京大学》，《安徽大学学报（哲学社会科学版）》，1999 年第 1 期，第 65 页。

极表态将着手建立大学堂。

李端棻《请推广学校折》，既为光绪皇帝所采纳，又为管理大臣孙家鼐、御史王鹏运等重臣以及康有为、梁启超所代表的维新派鼎力支持，理应可以很快落实。但是，以恭亲王奕䜣和工部大臣刚毅为代表的顽固派却力主暂缓办理，以至京师大学堂的筹建工作被耽搁下来，延迟了两年，直到 1898 年 6 月光绪皇帝决心进行维新变法，颁布《明定国是诏》时才提到日程上来，明令建立京师大学堂。

四

光绪皇帝为了救亡图存，决意在康有为和梁启超等维新派的衷心拥护与全力支持下，进行变法维新。于是，光绪皇帝在 1898 年 6 月 11 日亲临天安门，委派宣诏官向中外宣读《明定国是诏》，发表变法维新宣言，史称戊戌变法。《明定国是诏》明文规划出要改革的多项内容，其中又以教育改革、兴办京师大学堂为首要内容，并且用了全文三分之二的篇幅详加论述。诏称："京师大学堂为各行省之倡，尤应首先举办，著军机大臣、总理各国事务王大臣，会同妥速议奏，所有翰林院修检、各部院司员、大门侍卫、候补候选道府州县以下及大员子弟、八旗世职、各省武职后裔，其愿入学堂者，均准入学肄业，以期人才辈出，共济时艰，不得敷衍因循，徇私援引，致负朝廷谆谆告诫之至意。将此通谕知之。"①

光绪皇帝对创办京师大学堂抓得很紧，要求也很严。他于 6 月 26 日为兴办京师大学堂又诏谕："前因京师大学堂为各行省之倡，特降谕旨，令军机大臣、总理各国事务王大臣会同议奏，即著迅速复奏，毋再迟延……倘再仍前玩愒，并不依限复奏，定即从严惩处不贷。"②

光绪皇帝又于 7 月 3 日批准京师大学堂章程，并委派孙家鼐管理大学堂事务。诏曰："现据该王大臣详拟章程，参用泰西学规，纲举目张，尚属周备，即著照所拟办理。派孙家鼐管理大学堂事务，办事各员，亦一体精选，中西并用。"③所谓"派孙家鼐管理大学堂事务"，即委任孙家鼐为大学堂校长。

五

京师大学堂的出现，不是出自一时所想，而是有其渊源。1895 年 11 月，帝党官员和康有为等人在京师成立强学会。次年 2 月，强学会改为官书局，孙家鼐于 3 月任官书局管理大臣。1898 年 6 月，光绪颁《明定国是诏》钦定创建京师大学堂，又于 7 月

① 《德宗景皇帝实录》卷四一八，《清实录》第五七册，中华书局 1987 年版，第 15 页。

② 王学珍等编：《北京大学纪事：1898—1997》，北京大学出版社 1998 年版，上册，第 3 页。

③ 王学珍等编：《北京大学纪事：1898—1997》，北京大学出版社 1998 年版，上册，第 3 页。

3 日任命孙家鼐为大学堂管理大臣。正如梁启超于 1912 年在北京大学欢迎会上致辞时所说："及至戊戌之岁，朝政大有革新之望。孙寿州先生（按，孙家鼐系安徽寿州人，故称孙寿州。）本强学会会员，与同人谋，请之枢府，将所查抄强学会之书籍仪器发出，改为官书局。嗣后此官书局，即改为大学校。故言及鄙人与大学校之关系，即以大学校之前身为官书局，官书局之前身为强学会，则鄙人固可为有关系之人。"①

六

有人认为李端棻倡建京师大学堂的《请推广学校折》为梁启超所代写，这是对李端棻与梁启超两人之间非同寻常的关系有所不知。光绪十五年（1889 年），李端棻是广东乡试主考官，梁启超考试成绩优异，榜列第八名举人。他对梁启超异常赏识，从优录取的同时，主动并坚持将自己的堂妹李蕙仙许配给梁启超，并将梁启超留在身边同住长达十年之久。从这个意义上说，李端棻既是梁启超的恩师又是恩亲。

但是，李梁二人年龄相差很大，社会地位也很悬殊，李为大臣，梁为一介书生和维新变法的领袖。因此，他俩在政治上很可能超越、打破原有的师生和亲戚关系，甚至意见相左乃至敌对。不过，他俩对维新变法又志同道合。李端棻虽年老位高，但是他却很清醒理智，高瞻远瞩，超越自我，不计得失，与时俱进，抉择维新，投身变法，大力扶持康梁等人，积极将他们推荐给光绪皇帝，主动参与救亡图存运动，为推动社会进步、复兴中华民族尽心尽力。所以，即使《请推广学校折》是由梁启超执笔，也是很正常的。即便如此，此折也可看作他们二人的合撰。他们吸收了其他维新派人士的意见，体现了时代精神，反映了人民的心声。特别是此折由李端棻个人署名，更充分表明这个重要文件是由他策划并决定的，体现了他勇于承担历史使命，敢于身负重任的精神。所以，李端棻倡建京师大学堂的《请推广学校折》的重大价值及其崇高精神，不仅当即得到光绪皇帝认可，于日后得到实现，并且产生了深远影响，被永远载入史册。李端棻对京师大学堂的重大贡献，不但古人念念在心，今人也当牢记不忘。

七

慈禧太后发动戊戌政变，把光绪皇帝戊戌变法的新政，除了京师大学堂和各地小学堂这一以外，统统严加取缔。为什么京师大学堂和各地小学堂能成为幸存者？

李端棻《请推广学校折》中所申言的"为时事多艰，需才孔亟，请推广学校，以励人才而资御侮"，"人才之多寡，系国家之强弱也"，开办大学堂"十年以后，俊贤盈廷，不可胜用矣。以修内政，何政不举？以雪旧耻，何耻不除？上以恢列圣之远猷，下以慑强邻之狡启，道未有急于是者"。和光绪皇帝《明定国是诏》宣布兴办京师大学堂所期许的"以期人才辈出，共济时艰"，"为各行省之倡，尤应首先举办"。这些是京

① 夏晓虹编：《梁启超文选》(下)，中国广播电视出版社 1992 年版，第 386 页。

师大学堂的远大目标和最大价值及其根本使命，也是创立京师大学堂的必要性和重要性所在。这也就是京师大学堂成为幸存者的最大理由。

慈禧太后在内忧外患日益严峻的新形势面前，既要依靠忠于她的老臣勋旧保住皇权，又要培养新式人才以应对新形势。她为夺回和保住皇权而发动戊戌政变，就是要废除全国各地的所有变法新政，但为了应对新形势，朝廷亟需新式人才，而新式人才唯有京师大学堂等新式学堂才能培养出来。因此，她过去支持过办同文馆，而今也想办好京师大学堂和全国各地的学堂。所以，在戊戌政变后的第五天，即 1898 年 9 月 26 日，当京师大学堂正绝望地等待死神到来之际，却“出乎一般人的预料，慈禧在谕旨中却说：‘大学堂为培植人才之地，除京师及各省会业已次第兴办外，其各府州县议设之小学堂，着该地方官斟酌情形，听民自便。’于是，京师大学堂以及各地小学堂，在这千钧一发之际得到了慈禧的‘特赦’，成了戊戌政变中唯一的幸存者”。“从此，京师大学堂在慈禧的‘荫庇’之下，得以正常运作，继续筹建，并于一八九八年十二月三十一日正式开学。”[①]

综上所述，李端棻上《请推广学校折》，首倡筹建京师大学堂，开启了中国近代教育史的新篇章，是中国近代教育史的一座丰碑。“中国近代教育史的先驱”和“为中国近代教育之父”的荣称，李端棻当之无愧！李端棻对中国近代教育的重大贡献必将彪炳千古！其崇高精神，永远值得我们大力传承、弘扬与发展！

① 钱耕森：《京师大学堂何以幸存》，《中华读书报》1998 年 9 月 16 日刊，第 1 版。

官僚阶层的动向与戊戌变法的失败
——以李端棻为中心的个案研究

陈瑜　陈奇*

戊戌变法运动时期，李端棻以其赤诚的爱国之心，凭借其丰富的政治资源及政治运作智慧，举荐维新精英，奏陈变法大计，光绪帝“发愤图强，用端棻等言，召用新进”①，乃有百日维新之壮举。而维新精英们过于激进的变法策略，疏远了同情和一定程度支持变法的开明官僚，激化了与慈禧太后及守旧官僚阶层的矛盾，以致变法和悲壮失败。

一

李端棻出身官宦之家，幼年随舅父、翰林院编修何亮清习诗书古文，后由叔父、顺天府尹李朝仪教养成人。弱冠补博士弟子员，同治元年（1862 年）顺天乡试中举，二年（1863 年），即 30 岁时进士及第，接受了系统的经史诗词教育，知识结构全面而扎实。同年入翰林院，授编修，其后历官云南学政、内阁学士、刑部侍郎、仓场侍郎、礼部尚书。先后任广东、山西、四川、山东乡试主考官和会试副总裁，门生故吏遍天下。至光绪二十四年（1898 年）被革职止，为官时间长达 35 年之久。既长期任京官，也任过地方官，足迹达于南北多省，政务涉及教育、刑律、钱谷、礼宾。长期而丰富的官宦经历，为他积累了丰富的政治资源，练就了高度的政治运作智慧。

就政治资源而言，这不仅指李端棻手中掌控的权力，而且指他在长期的官宦生涯中所积累的人际资源。从中央到地方的相当一批官员，或系他的僚属、门生，或系他的、友朋、知交。他与这些人形成一个官场网络、交际圈子。在这个圈子中，他们交流信息，交流见识，彼此影响，相互声援。他长期任职京师，位至中枢，随侍慈禧太后和皇上，接近最高权力执掌者，进言建言，参政议政。正是凭借这种政治资源及政治运作智慧，维新运动中，他举荐康有为，请开懋勤殿，对推动维新变法运动发挥了重要作用。这种政治资源和政治运作智慧，恰恰是维新精英们所缺乏的。李端棻拥有

---

* 作者简介：陈瑜，女，1980 年生，贵州人，文学硕士，杭州师范大学钱江学院教师，研究方向为中国文化史。陈奇，男，1949 年生，贵州人，贵州省文史研究馆馆员，研究方向为中国思想文化史。

①《清史稿·李端棻传》，中华书局 1977 年版，第 42 册，第 12748 页。

的这种政治资源，其他官员或多或少也同样拥有，有的比李端棻还要丰富。

这种资源要能为变革维新所利用，关键在于这种资源的拥有者能够与时俱进，接受新思想、新事物，有进取心及责任心，支持、同情维新变法。否则，其手中的政治资源不仅不能为变法事业所使用，反而会成为阻挠甚至扼杀变法的利器。在官宦生涯及政务运作中，李端棻忧时报国而非明哲保身，中西兼采、精明练达而非守旧平庸。正因为如此，他才成为了维新志士们的挚友而不是对手。

维新运动是由康有为、梁启超等变革精英发起，光绪帝认可、决策的运动。维新精英们识见新颖、锐气夺人。没有他们，就难以造成社会变革的磅礴气势；没有他们，不会有内容深远广博的变法运动。他们是社会变革的先驱者和传播者。他们的这种作用，是其他社会群体、政治势力无法取代的。但是，维新精英们，如康有为、谭嗣同、严复、陈炽、刘光第、杨锐、陈三立、林旭、王照、杨深秀、文廷式（侍读学士，从四品）、黄遵宪（布政使，从二品）、丁立钧、沈曾植等，如梁启超、徐勤、康广仁、何启、麦孟华、唐才常、章炳麟、张权、张謇、欧榘甲等，除杨深秀、黄遵宪、文廷式等极少数人外，或系“新进小臣”，品级不高，职位低下，或系未入流的知识分子。他们人轻言微，手中既无多大权柄，在官僚阶层中也没有多少影响，更没有接近清朝权力中枢——慈禧太后、光绪帝的机会，在清廷决策层内没有话语权。

清制，四品以上官员才有资格上奏折，才有资格觐见皇帝。1888 年至 1898 年，康有为七次上书光绪帝，请求变法。1888 年第一次上书，由于他仅仅是一介会试举子，未能送达光绪帝。1895 年呈请都察院代奏的“公车上书”，由于守旧官僚的阻挠，依然未能送达光绪帝。同年稍后，他第三次上书光绪帝。这时，他虽然已进士及第，官居正六品主事，却依然不能直接上奏，只好请都察院代奏，得以送达光绪帝。随后的第四书，由于守旧官僚的阻挠，都察院、工部、督办处均不肯代奏。德国强占胶州湾后，1898 年 1 月，康有为第五次上书，谓“外衅危迫，分割洊至”，请皇上“及时发愤，革旧图新……如再徘徊迟疑，苟且度日，因循守旧，坐失事机”，“恐皇上与诸臣求为长安布衣而不可得矣”。锋芒所向，直指皇上，“危言狂论，冒犯刑诛”。①《康有为自编年谱》载，时任工部尚书淞溎阅后“大怒”，不肯代奏。李端棻“激厉忠愤”，不顾个人安危，顶着冒犯皇上的风险，“欲联九卿上折”，向皇上推荐康有为的上书。“为草之后，无联名者”，毅然以个人名义，“交司业诒谷上之”。②经由户部尚书、军机大臣、光绪帝老师翁同龢竭力举荐，此次上书才得以送达光绪帝。光绪帝阅后谕令对康有为的条陈随到随送，不得阻拦扣压，康有为直接向光绪帝上奏折的通道才得以打开。等级森严的政治运作制度，使位卑言微的维新精英们举步维艰。在这种情况下，李端棻一类的开明高级官员的作用就显得极为重要了。

康有为直接上奏尚且如此不易，觐见皇上面陈变法大计的道路就更显艰难。1898 年 1 月，都察院给事中高燮曾上书，请求光绪帝召见康有为，授其显要职衔，委以重

---

① 康有为：《上清帝第五书》，见于《戊戌变法》，上海人民出版社、上海书店出版社 2000 年版，第 2 册，第 188、190、189 页。

② 康有为：《康有为自编年谱》，见于《戊戌变法》，上海人民出版社、上海书店出版社 2000 年版，第 4 册，第 137 页。按：军机处档案未见此折，或系诒谷未奏上。

任。朝中大臣称“本朝成例，非四品以上官不能召见”，康有为“乃小臣，皇上若欲有所询问”，只可“命大臣传语”。[①] 光绪帝只得转命大臣在总理衙门召见康有为。其后，军机大臣翁同龢、国子监祭酒张百熙、御史宋伯鲁、湖南巡抚陈宝箴、户部侍郎张荫桓、翰林院侍读学士徐致靖等，也相继保举康有为。

李端棻也在保举康有为的官员之列，对于康有为的任用发挥了重要作用。《清史稿》本传载，李端棻“密荐康有为及谭嗣同堪大用”。[②] 李端棻自谓：“窃因时事多艰，需才孔亟……将康有为、谭嗣同奏保在案。”[③]《清史稿·德宗本纪二》载：“庚子，李端棻以滥保褫职，戍新疆。”[④] 李端棻密荐康有为、谭嗣同的奏折今已不存，仅旁见于上述文献记载中，密荐的细节及结局亦不得而知。戊戌政变后，慈禧太后以密荐康有为、谭嗣同为唯一大罪，将李端棻密处以削职、流放新疆的重罪，由此反见李端棻在保荐康有为并请求予以重用这一过程中所起到的重要作用。康有为、谭嗣同而外，李端棻还荐举了黄遵宪、严复、徐勤、欧榘甲、唐才常、熊希龄、夏曾佑、汤寿潜等一批维新人士。

正是由于李端棻以及翁同龢、徐致靖、宋伯鲁、文廷式等一批同情、支持变法的官员的鼎力支持与举荐，架构了下层维新精英与中枢光绪帝之间的联系渠道，康有为才获得了光绪帝的召见，并被任命为总理衙门章京；一批维新人士才获得了任用、提拔，维新变法的理想才得以付诸实践，才有了百日维新的壮举。官僚阶层的政治资源是社会变革过程中不可或缺的重要资源。

戊戌变法是在清朝现存体制下进行的和平政治变革运动，是必须最终由现存政治领导人认可方能付诸实践的运动。运动之初，改革先驱以及现存政府官员中同情、支持、认可变革的力量总是处于相对弱小的地位，反对变革的力量总是处于较为强大的地位。变革精英要使变法成功，必须采取缓步推进的策略，必须选择高度娴熟的变法策略，必须具备高度的政治运作智慧。变革者不仅需要有超越常人的远见卓识，有敢为天下先、敢于冲决旧网络的勇气及气势，而且需要高度的理智和耐性，懂得调节各种政治势力之间的关系，避免将温和的中间势力推向反对派的一边，避免与对立派的冲突公开化、炽热化；需要正确把握变革举措出台的时机，懂得必要的妥协乃至退却。而这些，正是青年维新精英、“新进小臣”们所缺乏的，也正是李端棻一类开明官员所具备的。奏开懋勤殿，就是李端棻政治运作智慧的杰作。

维新精英倡导变法，核心是开国会、定宪法，以国会为国家最高立法机关，以宪法为国家最高法律，限制君权。由于阻力重重，开国会、定宪法骤难实行，维新精英于是退而求其次，提出在中央开制度局方案，以制度局作为推行变法新政的中央议政、咨询机构。其后，又相继提出过设议政处、议院（议政机构而非代议机构）、散卿、议

① 梁启超：《戊戌政变记》，见于《戊戌变法》，上海人民出版社、上海书店出版社 2000 年版，第 1 册，第 250 页。

②《清史稿·李端棻传》，中华书局 1977 年版，第 42 册，第 12740 页。

③ 李端棻：《滥保匪人自请惩治折》，见于《戊戌变法》，上海人民出版社、上海书店出版社 2000 年版，第 2 册，第 297 页。

④《清史稿·德宗本纪二》，中华书局 1976 年版，第 4 册，第 926 页。

政局等名目的议政、咨询机构，或遭议政大臣的否决，或遭折解而失原意。李端棻乃上《变法维新条陈当务之急折》[①]，奏请四事，其二即为“开懋勤殿，议制度”。《康南海自编年谱》谓，开制度局等请，“皆为刚毅所阻，时言新政，皆小臣耳，无大臣言之者。于是卓如为李苾园草折陈四事：一曰御门誓群臣，二曰开懋勤殿，议制度，三曰定六部之则例，四曰派朝士归办学校”[②]。梁启超《戊戌变法纪事本末》谓：“及康有为召见后，请开制度局……诸臣前后上陈，或名开新政局，或名开变法局，为枢臣所忌，皆未能行。至是李端棻力主是议，梁启超与之极言，李深然之，乃上言。一请御门誓众，以定国是，一众志；一请用咸丰时例，开懋勤殿选通人入值，议定新法；一请改定六部则例；一请派各省通才办各省学报。”[③] 梁启超《戊戌政变记》又谓懋勤殿之组成、职掌及开设之历史依据：“上既广采群议，图治之心益切。至七月二十八日，决意欲开懋勤殿选通国英才数十人，并延聘东西各国政治专家，共议制度，将一切应兴应革之事，全盘筹算，定一详细规则，然后施行。犹恐西后不允兹议，乃命谭嗣同考查雍正、乾隆、嘉庆三朝开懋勤殿故事，拟一上谕，将持至颐和园，禀命西后，即见施行。”[④]社会舆论广泛流传光绪帝“拟开懋勤殿，令三品以上保举人才，召见后派在懋勤殿行走”[⑤]。拟选通才，“第一系礼部尚书李端棻，二系署礼部侍郎翰林院侍读学士徐致靖，三系工部主事总署章京康有为，四系江南道监察御史杨深秀，五系山东道监察御史宋伯鲁，六系湖南学政徐仁铸，七系刑部主事张元济，八系举人梁启超，九系康有为之弟康广仁，十系翰林院编修徐仁镜”。又或为李端棻、徐致靖、康有为、杨深秀、康广仁、梁启超、林旭、杨锐、刘光第等 10 人。[⑥]

制度局也好，懋勤殿也好，抑或是议政局、散卿，都是临时性的咨询性质的议政机构，它由维新精英及支持变法的官员组成，就变法事宜提出意见，供皇帝决策。它是维新精英为进入政治决策中枢、领导变法运动而设计的机构。它的特点，是入选人员不受品秩、职衔的限制，设于宫中直接对皇帝负责；原有的军机处、总理衙门等机构将会失去咨询、议政的功能及权柄，变成单纯的执行机构。但是，同开制度局比较，开懋勤殿的奏议显得更为有策略性。其一，它采取了适当的妥协、退让策略。在开制度局的奏议遭到否决之后，不再坚持开制度局，不再坚持使用制度局名目，另谋出路，给变法运作留下了回旋空间。其二，它可以减少反对派乃至一般官员的疑虑及反对的理由。懋勤殿曾在先皇朝开设过，属于“祖宗之法”；开懋勤殿属于仿先朝旧例，并非离经叛道，并非离奇新造，在名目上说得过去，心理上易于接受。使用懋勤殿名目，

---

① 按：此折已散失，内容见相关档案、文献。

②《康南海自编年谱》，见于《戊戌变法》，上海人民出版社、上海书店出版社 2000 年版，第 4 册，第 153 页。

③ 梁启超：《戊戌政变纪事本末》，见于《戊戌变法》，上海人民出版社、上海书店出版社 2000 年版，第 1 册，第 318 页。

④ 梁启超：《戊戌政变记》，《戊戌变法》，上海人民出版社、上海书店出版社 2000 年版，第 1 册，第 272-273 页。

⑤《拟开懋勤殿述闻》，《国闻报》，光绪二十四年（1897 年）八月初二日刊。

⑥《党籍述闻》，《中外日报》，光绪二十四年（1897 年）九月初八日刊。

可以减少一般官员的疑虑，可以更好地杜反对派之口。这样一种妥协和退让，在变革运动之初尤为必要。这个时期，改革派立足未稳，力量弱小，反对者掌控权柄，力量强大，变革只能在现存政治结构允许的范围内进行。如果操之过急，便会激化矛盾，使矛盾公开化、对抗化，在自身立足未稳时便被扼杀。

开懋勤殿的奏请虽由梁启超起草，也包含着维新精英的见识，但它是由李端棻首议并署名上奏的，自应视为李端棻的意见。新的议政机构虽然使用了懋勤殿名目，但守旧大臣以及既得利益大臣们自然知道它是对现存体制的挑战，一旦实行，势必动摇他们乃至慈禧太后的权力基础，致使大权旁落，所以依旧为奕劻、孙家鼐等议政大臣们反对，并最终被慈禧太后否决。

二

维新精英们倡导的变法运动，由于争取到了李端棻、翁同龢、张之洞等一批开明官员的同情及一定程度的支持，并得到了光绪帝的认可及慈禧太后一定程度的认可、默许而得以发动，而有百日维新之壮举。然而，维新精英们以及光绪帝过于激进的变法策略，疏远了同情及一定程度支持变法的开明官员，激化了与慈禧太后及守旧官僚阶层的矛盾，终至失败。

戊戌变法是一场以建立近代资产阶级民主性质的君主立宪政治制度为目标的和平的改革运动。维新精英们所做的一切宣传、组织工作，不过是社会动员工作，归根到底是要推动清政府的官员特别是中央官员、又特别是执掌最高权柄的慈禧太后和光绪帝对于变法的认同，最终通过他们做出变法决策，并通过现存的政治运作程序、行政机构自上而下地实施变法事宜。光绪帝是清朝法统意义上的最终权力执掌者，拥有颁布诏令的合法权力。但他并不完全拥有实际的权力，他在做出重大决策之前，必须得到慈禧太后的认可、默许抑或是容忍。慈禧太后名义上不具备颁行诏令的权力，但她掌握着真正的权力，支配、影响着政府的权力运作。维新精英们要实现自己的抱负，不仅要争取到光绪帝的认可，而且要争取到慈禧太后的认可、默许抑或是容忍。太后的容忍是维新变法能够推行的底线。如果得不到慈禧太后的认可、默许乃至容忍，变法就不能发动，即便发动了也只能中止，只能退却，只能等待新的时机。现存政治秩序下进行的和平改革就是如此无情、残酷。如果不中止、不退却，那么就只能铤而走险，与反对改革的势力决裂，公开对抗。戊戌变法运动就是沿着后一条道路走向失败的。

戊戌变法时期，在进一步推行范围更为广泛、内容更为深刻的改革时，知识阶层及官僚阶层中存在着四种政治势力。第一种政治势力是康有为、梁启超代表的改革精英势力，主张进行以实现君主立宪为核心的全面变革。第二种势力是官僚阶层中的开明派。这个派别包括两个支派。其一，是洋务派，如张之洞、李鸿章、刘坤一、袁世凯等。他们多为地方督抚大员，对深化改革积极性很高，除了兴民权外，与维新精英们有着诸多的共同语言，对维新精英多所同情及支持。其二，是翁同龢、李鸿藻、孙家鼐、文廷式代表的帝党官员以及李端棻、徐致靖一类开明官员。他们忧国忧民，切盼变法图强，并希望通过变法，让光绪帝真正获得独断乾纲的权威。他们大力扶持、援助维新派人士，推动光绪帝发动变法。但在兴民权、限君权问题上同维新精英存在差距，主张“以圣贤义理之学，植其根本，又须博采西学之切于时务者，实力讲求，以救空疏迂谬之弊。”[①] 第三种是官僚阶层中的守旧势力，以徐桐、刚毅、荣禄为典型。他们观念落后，思想陈腐，虽然也不乏忧国之思，却提不出切实可行的救国方略，与新观念、新事物格格不入。在开明官员与守旧官员之间，存在着一个人数众多、队伍庞大的中间势力，又可称之为既得利益集团，他们属于第四种政治势力。保守派官员也存在既得利益问题，与既得利益集团有着共同语言；开明官员中一些人也存在既得利益问题，也会在既得利益受到冲击时转向反对改革的势力一边。光绪帝倾向于开明官员乃至维新精英一边，慈禧太后则倾向于守旧势力一边。

维新精英们基本是“新进小臣”或平民读书人。由这样一批人所鼓吹的变革运动所以能为皇权掌控者认可并演变为百日维新的壮举，在于甲午战后民族危机的深重促使统治集团内部各阶层形成了必须加快改革始能救亡图存的共识。康有为、梁启超发动的“公车上书”运动，正是在《马关条约》签订的消息传来之时。前所未有的战败以及空前苛刻的条约的签订，民族危机的空前严重，引发维新精英们强烈的救亡图存激情；小国而立宪的日本打败了大国而专制的中国，促使维新志士们意识到只有以日为师，实行宪政改革，才能救亡图存。“甲午丧师，举国震动，年少气盛之士，疾首扼腕，言‘维新变法’。”[②] “志士奋起，成知非变法无以图存，而南海康有为出焉”。[③] 洋务官员张之洞、刘坤一、盛宣怀纷纷奏请变法；翁同龢“省悟大局，非变法难以图存”[④]；光绪帝意识到，“若不变法图强，社稷难资保守”，表示“不甘作亡国之君”[⑤]；连一向以保守著称的大学士徐桐，也奏请“召张之洞来京面询机宜”，[⑥] 主持新政；以保守著称的安徽布政使于荫霖也赞同“徐图而渐更之”的“除弊”改革[⑦]。尤为值得注意的是，慈禧太后对于变法也并非完全持否定态度。“太后之心，未必不愿皇上能励精图治也，未必不愿天下财富民强也，至法当变不当变，未必有成见在胸也。”德占胶州湾，次年“正月，康初上之书，上呈于太后，太后亦为之动，命总署王大臣详询补救之方、变法条理，曾有懿旨焉。”恭亲王奕䜣逝，“康复见用，太后亦为所上之书感动，乃极力排

① 《上谕》，见于《戊戌变法》，上海人民出版社、上海书店出版社 2000 年版，第 2 册，第 17 页。

② 梁启超：《清代学术概论》，见于《饮冰室合集·专集之三十四》，中华书局 1989 年版，第 8 册，第 71 页。

③ 小横香室主人辑：《清朝野史大观》，见于《戊戌变法》，上海人民出版社、上海书店出版社 2000 年版，第 4 册，第 273 页。

④ 苏继祖；《清廷戊戌朝变记》，见于《戊戌变法》，上海人民出版社、上海书店出版社 2000 年版，第 1 册，第 330 页。

⑤ 苏继祖；《清廷戊戌朝变记》，见于《戊戌变法》，上海人民出版社、上海书店出版社 2000 年版，第 1 册，第 331、330 页。

⑥ 转引自茅海建：《戊戌变法史事考》，三联书店 2005 年版，第 188 页。

⑦ 于荫霖：《南洋商学偶存》，见于《戊戌变法》，上海人民出版社、上海书店出版社 2000 年版，第 4 册，第 244 页。

挤谗谤皇上及康也”，并“许不禁皇上办事”。[①] 太后并不是变法不可逾越的障碍。

1895年8月，康有为在京组织强学会，洋务派、帝党官员纷纷前往，或要求入会，或要求列名，或捐助银两。帝党大员、军机大臣翁同龢、李鸿藻，工部尚书孙家鼐，前往赞助；湖广总督张之洞、两江总督刘坤一、直隶总督王文韶，新式陆军将领宋庆、聂士成、袁世凯，捐助银两；李鸿章也捐银2000两，要求入会，维新人士以其名声不好而拒之。朝中大臣一时“趋炎附势”，以列名强学会为荣。

在民族危机的刺激下，在朝野内外就深化变革问题一定程度上达成共识的情况下，维新精英们的正确策略应该是谨慎从事，渐进地、缓慢地推进变革，由近及远，由浅入深，从易于变革的事宜做起。和平的变革只能通过推动现行决策集团的认可始可施行。在变革之初，变革势力总是处于少数的、势弱的地位，而反对改革的势力总是处于人数众多的、势力强大的地位。在这种情况，变革者应当谨慎操作，力求出台的每一项举措都能得到决策层中大多数人的认同，改革必须在传统规范所能容忍的限度内进行。在改革的进程中，不断扩大改革派的力量，努力争取洋务派、开明派官员的同情、支持，避免将他们推到保守派一边；最大限度地减少保守派官员的反对，争取他们对改革的认同、中立默许甚至是容忍，避免与保守派的矛盾激化，避免矛盾冲突的公开化、炽热化。为此，维新精英在改革之初应当学会韬光养晦，不要过早地公布自己的全盘计划、终极目标，应当尽可能地、不要过早地触犯既得利益集团的利益，避免引起官僚阶层因过早猜疑、恐惧而聚集到反对派的旗帜之下。在改革进展到一定程度，改革得到了大多数人的支持与认可，改革派的力量压倒了保守派的时候，才可以打响公布改革的全盘计划，才可以改革的攻坚战，实现改革的终极目的。这个过程需要相当长的时间，以日本而论，用了20多年。

变法应该采取缓进的策略，不要过早、过多地触动既得利益官僚的利益。对此，时人乃至维新精英们是有认识的。翁同龢力主变法“宜慎”，切忌“行动操切，铺陈过甚”，如“变法太骤，亦恐忧”[②]。对于尤为敏感的官制改革问题，李鸿章主张谨慎从事：“各衙门承办多年，另改旧规，非取其素有交涉者以相从，不足以臻完善。”各衙门裁撤、归并之后，“事既更张，有同新创，其中头绪繁多，一切事宜非创猝所能遽定。应由各衙门移取职掌文案，悉心校阅，体察情形，斟酌办理，另行详议具奏，庶名改而实犹存，不致冒昧从事，致滋贻误”。[③]

作为维新变法领袖的康有为，对此也颇有认识，他在今文经学“三世”“三统”变易学说的旗号下，鼓吹变革封建专制制度为资产阶级君主立宪，就是企图打着传统经学的旗号，托古改制，减少“非圣无法”的压力。1898年6月16日，在光绪帝首次召见他询问维新大计时，他一改半年前被总理衙门召见时建议“尽撤”六部的激进态度，建议光绪帝不要触动大臣的既得利益，“勿去旧衙门，而惟增置新衙门；勿黜革旧大臣，而惟渐擢小臣，多召见才俊志士，不必加其官，而惟委以差事，赏以卿衔，许其专折

① 苏继祖：《清廷戊戌朝变记》，《戊戌变法》，上海人民出版社、上海书店出版社2000年版第1册，第330、331、332页。

② 翁同龢：《致文卿》，《春汉庐藏翁帖墨迹》，上海有正书局1926年影印本。

③ 中国第一历史档案馆：《戊戌变法档案史料》，中华书局1962年版，第174页。

奏事是矣”[①]。他认识到“变法本原，非自京师始，非自王公大臣始不可”[②]，争取朝廷大臣的支持对于变法维新至关重要。然而，认识到变法必须讲求策略是一回事，认识是否深刻、到位是另一回事；认识了是一回事，实践中能否讲求又是另一回事；一时、一事能讲求，时时处处能讲求又是另一回事；顺利的时候、一般情况下能讲求是一回事，困难重重，压迫深重，义愤填膺甚至遭重大挫折的时候依然讲求又是另一回事。维新变法要变革数千年来的专制制度，是前无古人的事业，需要改革者具有浪漫主义的激情，摧枯拉朽的胆魄，义无反顾的勇气，然而，变法又是现存体制下的和平改革运动，它还需要改革者具有冷静客观的理智，虚怀若谷的胸怀，百折不挠的、韧性，缜密周到的策划和必要时的妥协与迂回。和平条件下的社会改革对改革者的心理素质提出了极其苛刻的要求。

遗憾的是，总的说来，维新精英们采取了过于激进的变法策略，提出了大变、全变、速变的战略。

1898 年 6 月 16 日，康有为第一次为光绪帝召见，奏陈：“非尽变旧法与之维新不能自强。”“少变而不全变，举其一而不改其二，连类并败，必至无功。”康有为又谓：“泰西讲求三百年而治，日本施行三十年而强，吾中国国土之大，人民之众，变法三年，可以自立，此后则蒸蒸日上，富强可驾万国。以皇上之圣，图自强，在一反掌间耳。”[③] 6 月 19 日，康有为为光绪帝接见并命为总理衙门章京而上《谢恩折》，折中称：“方今不变固害，小变仍害，非大变、全变、骤变不能立国也。”[④]

第一，变法尚未开始，就和盘托出了变法律、官制的终极目标。维新变法的核心和终极目标，是废除封建专制法律以及与之相适应的官制，制定近代民主性质的法律并构建与之相适应的官制。1898 年 1 月底，朝廷重臣翁同龢、李鸿章、荣禄、廖寿恒奉旨在总理衙门召见康有为。这是康有为历经艰辛后第一次通过朝廷重臣向光绪帝陈述自己的建议。此时，维新势力在朝廷尚未立足，变法尚未开始。刑部尚书廖寿恒问：“宜如何变法？”康有为回答：“宜变法律，官制为先。”李鸿章问：“然则六部尽撤，则例尽废乎？”答曰：“今为列国并立之时，非复一统之世，今之法律官制，皆一统之法，弱亡中国，皆此物也，诚宜尽撤，即一时不能尽去，亦当斟酌改定，新政乃可推行。”[⑤]明确地提出变法就是要变法律、变官制。现有的法律、官制所以要变，是因为其“一统之法”，不符合当今世界“列国并立”的现实，是“弱亡中国”之物。虽未明言专制、民主，但“一统”“并立”已隐含了此层意思。法律、官制不仅要变，而且要

---

① 梁启超：《戊戌政变记》，见于《戊戌变法》，上海人民出版社、上海书店出版社 2000 年版，第 1 册，第 251 页。

② 康有为：《康南海自编年谱》，见于《戊戌变法》上海人民出版社、上海书店出版社 2000 年版，第 4 册，第 132 页。

③ 康有为：《康南海自编年谱》，见于《戊戌变法》，上海人民出版社、上海书店出版社 2000 年版，第 4 册，第 145 页。

④《杰士上书汇录》，故宫博物院藏内府抄本。

⑤ 康有为：《康南海自编年谱》，见于《戊戌变法》，上海人民出版社、上海书店出版社 2000 年版，第 4 册，第 140 页。

“尽撤，即一时不能尽去，亦当斟酌改定”。不仅在尚未立足的时候就公开了改革的终极目标，而且表示要大改、全改。这种过早公开变法底线及大变、全变的做法，势必引发守旧官员、中间派官员，甚至包括相当数量的开明官员的疑虑、恐惧乃至仇视，导致守旧官员的抵制，中间派官员及某些开明官员倒向保守势力一边。

第二，变法伊始，就和盘托出了变法的全部目标。百日维新期间，在短短的 103 天中，颁布变法诏令 180 多道，平均每天将近 2 道，最多时一天达到 11 道之多；广泛涉及政治、经济、军事、文化教育等领域。维新人士陈奏的官制改革的核心——开制度局虽未获准施行，但涉及法律、官制改革的内容已部分体现。这种大变、全变、速变的做法不仅缺乏具体实施的可操作性，难以产生预期的效果，而且触犯了众多官僚的既得利益，使他们很快聚集到保守的反对改革的势力一边，增大了变法的阻力和失败风险。科举改革引发的负面影响就是一个典型的事例。光绪帝诏令废八股，改试策论，虽然没有涉及科举取士制度的根本废除，但它涉及了考试内容的改革，即由过去考儒家经义改为考经世致用，这对于娴熟诗书而疏于经世学说特别是疏于新学的士子来说，极不适应，会大大影响他们的中式及出路。从“公车上书”算起，至此才 3 年；百日维新是从 6 月 11 日开始的，诏改科举是 6 月 23 日，中间仅隔 12 天。没有广泛的舆论宣传及前期准备，更缺乏善后措施，士人缺乏必要的心理准备，更不知道未来的出路。骤然而至的改革，无异于断了历经十年乃至数十年寒窗之苦的读书人的生路，激起了他们的不满和反对。康有为后来谓：“是岁科试均废八股而改试策略矣，时八股士骤失业，恨我甚。直隶士人至欲行刺。”①在湖南长沙，废八股令下，愤怒的士子冲进维新派创办的时务学堂大肆砸打。过急的科举变革举措不仅成为守旧派攻击维新派的口实，而且为守旧派在科举士子中争取到了广泛的同情者，同时招致了温和派的反感。读书人思想敏锐、易于接受新思想，往往是社会变革的先驱。“公车上书”就是由一群读书人发起的，他们或者是维新运动的先驱，或者是变法最广泛的同情者、支持者。然而，过急的变法举措使他们没有心理准备，切身利益的直接受损使他们当中的多数人转向站到了运动的对立面。维新派成为守旧势力、温和势力及士子的众矢之的。

第三，过早地在意识形态领域内向传统宣战。康有为著《新学伪经考》《孔子改制考》，作为鼓吹变法的理论。他企图把自己的变法理论罩上孔圣人的光环，减少“非圣无法”的压力。但是，他所阐述的理论太敏感、太重要，还是未能逃脱出激怒官僚士绅的结局。他虽然没有完全否认封建时代的正统意识形态——经学，打出的也依然是正统经学所认可的一个流派——今文经学，但是，他否定了正统经学所认可的另一个流派——古文经学，而古文经学在清代正统经学中占有非同小可的地位。在清代，真正占统治地位的经学流派是汉学，官僚士绅无不以习汉学为荣，而汉学尊奉的正是古文经学。斥古文经是伪经，否定了古文经学，就等于动摇否定了官僚士绅赖以安身立命的精神支柱。此外，康有为伪经、改制说的考据也显得粗糙、武断。他将所有的古文经典——古文《尚书》、《毛诗》《仪礼》《周礼》《左传》都说成是假的，都说成是西汉

① 康有为：《康南海自编年谱》，见于《戊戌变法》，上海人民出版社、上海书店出版社 2000 年版，第 4 册，第 418 页。

末年、东汉初年的刘歆伪造的，甚至说连记录古文经典的古文也完全是刘歆伪造的。此说一出，守旧官员、汉学大家王先谦立即纂集《翼教丛编》，对抗康有为，同情、支持变法的官员士子也纷纷表示反感。孙家鼐谓："康有为才华甚富，学术不端。"[①] 陈宝箴一方面称赏康有为"识略既多超卓，议论亦颇宏通，于古今治乱之原，中西政教之大类，能苦心探讨，阐发详尽，而意气激昂慷慨，为人所不肯为，言人所不敢言，似不可不谓一时之奇士"；一方面对其伪经、改制说深不以为然，以为其孔子教主说"穿凿附会"，乃"偏宕之辞"，伪经说乃"经生门户之见"，奏请"特降谕旨饬下康有为，即将所著《孔子改制考》一书板本，自行销毁"[②]。维新人士中表示反对的也大有人在。严复、谭嗣同、章炳麟公开或私下都对伪经、改制说表示异议。时已小有名气的章炳麟还一度打算撰文批驳。就连其最得意的弟子梁启超，也"时时病其师之武断"，认为康有为"往往不惜抹煞证据或曲解证据，以犯科学家之大忌"[③]。在甲午战后官僚士绅阶层中已初步形成深化改革共识的情况下，伪经、改制说在意识形态领域内挑起了新的争端，在人数众多的依赖尊孔读经以安身立命、议政行政的官僚士绅心灵深处留下了疑虑和不安，影响了维新阵营的凝聚、中间势力的争取及守旧势力的安抚，增大了变法的阻力及风险。

第四，过早地提出官制改革任务，直接触犯了官僚切身利益。1898 年 1 月 24 日，在回答朝中大臣关于如何变法的询问时，康有为就和盘托出了"尽撤六部"[④]、尽变官制的改革底线。5 天后的 29 日，康有为上《应诏统筹全局折》，提出了官制改革的具体方案，建议在中央"开制度局而定宪法"。制度局设于宫中，"选公卿诸侯大夫，及草莽才士二十人，充总裁，议定参预之任，商榷新政，草定宪法""选天下通才十数人"，入值制度局，王公卿士，仪皆平等……皇上每日亲临商榷，何者宜增，何者宜改，何者当存，何者当删，损益庶政，重定章程，然后敷布施行"。制度局下设法律、度支、学校、农、工、商、铁路、邮政、矿务、游会、陆军、海军等 12 局，施行"庶政"，为行政机关。地方废行省，设道、县两级政府。道设民政局，"妙选通才，督办其事……自一品至七品京朝官，皆可为之，准其专折奏事，体制与督抚平等。县设民政分局督办，派员会同地方绅士治之"[⑤]。照此方案，制度局实质上成为皇帝领导下的临时议会，原有军机处的议政、咨询功能将仅限于日常政务；12 局及民政局、民政分局将成为中央及地方行政机关，原有的六部及地方政府将仅为办事机构而已。官制改革是变法最

① 孙家鼐：《孙家鼐年谱》，见于《戊戌变法》，上海人民出版社、上海书店出版社 2000 年版，第 4 册，第 209 页。

② 陈宝箴：《奏厘正学术造就人才折》，见于《戊戌变法》，上海人民出版社、上海书店出版社 2000 年版，第 2 册，第 357、358、359 页。

③ 梁启超：《清代学术概论》，见于《戊戌变法》，上海人民出版社、上海书店出版社 2000 年版，第 1 册，第 436 页。

④ 康有为：《康南海自编年谱》，见于《戊戌变法》，上海人民出版社、上海书店出版社 2000 年版，第 4 册，第 140 页。

⑤ 康有为：《应诏统筹全局折》，见于《戊戌变法》，上海人民出版社、上海书店出版社 2000 年版，第 2 册，第 199-202 页。

为敏感的核心内容、目标之一，维新精英们在尚未立足之时，就提出全面改革官制，把目标指向了以六部为中枢的整个官僚机构，自然引起了官员队伍的不安、疑惧及警惕，把大批既得利益官员推向了变革的对立面。一些同情、支持变革的官员，也因为切身利益可能会受到损害而改变了态度，开制度局的奏请为议政大臣驳回就是明证。其后变通提出的议政处、议院、散卿、议政局、开懋勤殿亦一一被驳回，同样说明了官员们为保卫既得利益而全力阻击的决心。康有为后来写道："我谓于京师开十二局，外省开民政局，于是流言纷纭，咸谓我尽废内阁六部及督抚、藩臬司道矣……于是京师震动，外省悚惊，谣谤不可听闻矣。军机大臣曰：'开制度局，是废我军机也，我宁忤旨而已，必不可开。'"[①]

6 月 11 日，百日维新开始。8 月 2 日，光绪帝下旨广开言路，准一般官员、士民"上书言事"，由各部、院代奏，"毋得拘牵忌讳，稍有阻格"[②]。礼部主事王照，上书请皇上、太后游历日本，礼部拒绝代奏。9 月 4 日，光绪帝谕令，将礼部尚书怀塔布、许应骙，侍郎堃岫、徐会沣、溥颋、曾广汉"即行革职"，"以儆戒将来"[③]。支持变法甚力的李端棻、文廷式继任尚书、侍郎。与此同时，赏王照三品顶戴，以四品京堂候补；命杨锐、刘光第、林旭、谭嗣同四人为军机处章京，加四品卿衔，"参预新政事宜"。梁启超案："参预新政……以国政系于四卿，名为章京，实则宰相也。"[④] 在守旧官员看来，拒为王照代奏不过是一件小事，而导致礼部 6 位堂官全部遭罢免，随即任命新人执掌重权，这意味着废军机处、内阁六部的官制改革已进入了实质性运作的阶段。如果说过去陈请撤六部、开制度局尚属酝酿、尚可抵制，尚可容忍的话，现在已经无法容忍。怀塔布等人与荣禄、刚毅加紧密谋，到太后面前哭诉，请太后回銮。过早、过激地触犯既得利益官员的切身利益，导致了维新势力与守旧势力矛盾的公开化、对抗化。保守势力抱成一团，众多既得利益者加入了反对者的阵营。

第五，"去太后"的方针导致矛盾的炽热化。太后是清廷权力的真正掌控者，变法的重大决策都必须得到太后的认可、默许哪怕是容忍。太后虽然倾向于守旧，但也并非是改革不可逾越的鸿沟。在民族危机沉重的情况下，她也赞同有限的改革。19 世纪 60 年代发端的洋务新政，就是在她垂帘听政后发端的。百日维新中，除了开制度局这类特别重大的变革，中外臣工奏请的内容广泛的变革内容，包括变科举这样重大的举措都得以颁行，证明太后至少是容忍了的。

光绪帝即位后，慈禧太后长期控制朝政，光绪帝为此有怨言，曾有"太后若不给

---

① 康有为：《康南海自编年谱》，见于《戊戌变法》，上海人民出版社、上海书店出版社 2000 年版，第 4 册，第 153 页。

② 《上谕》，见于《戊戌变法》，上海人民出版社、上海书店出版社 2000 年版，第 2 册，第 48 页。

③ 《上谕》，见于《戊戌变法》，上海人民出版社、上海书店出版社 2000 年版，第 2 册，第 72 页。

④ 《上谕》，见于《戊戌变法》，上海人民出版社、上海书店出版社 2000 年版，第 2 册，第 75 页。

我事权，我愿退让此位，不甘作亡国之君”之语[①]。在这种情况下，维新派本应采取缓和帝后矛盾而不是加剧矛盾的策略，以争取慈禧太后对变法的认可、默许乃至容忍。翁同龢、王照等也力主“调和两宫”。王照奏请“皇上奉太后游日本，以知日本崛兴之由，然后将奉太后之意，以晓谕臣民，以变风气。……此照之主意，欲和两宫，以名誉归太后，庶消变萌”[②]。然而康有为、谭嗣同等却采取了尊皇上而去太后的方略，以为要变法，“非尊君权不可”；欲尊君权，则“非去太后不可”。[③] 罢免礼部六堂官事件后，与守旧势力矛盾急剧恶化，太后干预变法的迹象日益明显，光绪帝深感形势急迫，令杨锐带密诏给康有为，称：“今朕位几不保，……可妥速密筹，设法相救。”[④]

面对危急局势，王照劝康有为“速出京他往，以待机会”[⑤]。康广仁劝其暂时退却出京，采取迂回战术。梁启超也力劝康有为退却，“专以讲学授徒为事”，认为此亦成事之“一法”[⑥]。但康有为拒绝退却，不仅不退却，反而铤而走险，企图借助袁世凯进行对抗。袁世凯小站练兵，掌握着 7000 人的新式陆军。徐致靖奏请召袁世凯入京。9 月 16 日，光绪帝召见袁世凯，赏以侍郎衔，专办练兵事务。18 日，谭嗣同拜访袁世凯，企图策动袁世凯发动兵变。在徐致靖奏请召袁世凯入京时，王照“大惊”，谓：“如此太后岂不惊？”于是“急缮折，请皇上命袁驻河南归德府以镇土匪，意在掩饰召袁入京之计，以免太后惊疑”[⑦]。阅历丰富、精明过人的慈禧太后，岂不洞悉其中的奥秘！“去太后”的方针以及铤而走险的行动，终于导致变法运动不可避免地失败。

戊戌变法必须采取缓慢、渐进战略，切忌激进、盲动，后人有不少反思与总结。《清史稿》谓：“功名之士，险躁自矜，忘投鼠之忌，而弗恤其罔济，言之可为于邑。洎垂帘再出，韬晦瀛台。”[⑧] 康有为谓：“追思戊戌时，鄙人创意立宪，实鄙人不察国情之巨谬也。程度未定，而超越为之，犹小儿未能行，而学逾墙飞瓦也……若以政体国体而轻于一试，则中国危辞已甚，金瓯岂能频轻掷乎！”[⑨] 外国人士也有不少评论。政变前夕来华的日本前首相伊藤博文谓变革运动“用年少固可，但必须才识胆三者兼备之年少方可用，否则未有不败，尚不如用老成人而以年少者佐之。且改法须有轻有重有

---

① 苏继祖：《清廷戊戌朝变记》，见于《戊戌变法》，上海人民出版社、上海书店出版社 2000 年版，第 1 册，第 331 页。

② 王照：《关于戊戌政变法之新史料》，见于《戊戌变法》，上海人民出版社、上海书店出版社 2000 年版，第 4 册，第 331 页。

③ 王照：《关于戊戌政变之新史料》，见于《戊戌变法》，上海人民出版社、上海书店出版社 2000 年版，第 4 册，第 331 页。

④《上谕》，见于《戊戌变法》，上海人民出版社、上海书店出版社 2000 年版，第 2 册，第 92 页。

⑤ 王照：《关于戊戌政变之新史料》，见于《戊戌变法》，上海人民出版社、上海书店出版社 2000 年版，第 4 册，第 331 页。

⑥ 梁启超：《与康有为书》，见于《戊戌政变》，上海人民出版社、上海书店出版社 2000 年版，第 2 册，第 544 页。

⑦ 王照：《关于戊戌政变之新史料》，见于《戊戌变法》，上海人民出版社、上海书店出版社 2000 年版，第 4 册，第 332 页。

⑧《清史稿·德宗本纪二》，中华书局 1976 年版，第 4 册，第 965 页。

⑨ 康有为：《国会含义》，见于《康有为政论集》，中华书局 1981 年版，下册，第 882 页。

次序，若杂乱无章，则必不可”。[①]“治弱国如修坏室，一任三五喜事之徒，运以重椎，絙以巨索，邪许一声，压其至矣。”[②] 总理务司赫德谓：“皇帝的方向是正确的，但是他的顾问康有为和其他人都缺乏工作经验，他们简单是以好心肠扼杀了进步。”[③] 英国驻华公使窦纳乐谓：“中国正当的变法，已大大被康有为和他的朋友们不智行为搞坏了。”亨廷顿的总结最简洁明了：“1898 年光绪皇帝的‘百日维新’即是一个欲速则不达的生动例证。”[④]

戊戌变法运动是在甲午战后清政府内部对深化改革形成初步共识的情况下得以发动的。关于改革应该达到的目标，维新精英们认为应该为开国会、定宪法，实现君主立宪。从运动的实际情形看，无论是光绪帝，还是政府开明官员，都尚未达到这个高度，更不用说形成共识。张之洞刊行《劝学篇》，主张中体西用。西用包括西方政学法律，但不包括民主制度。《明定国是诏》由翁同龢草拟，光绪帝颁行，所定变法大纲为“以圣贤义理之学，植其根本，又须博采西学之切于时务者，实力讲求，以救空疏迂谬之弊”[⑤]，就是张之洞提出的中体西用。看来，当时所能达成的变革共识底线是中体西用，尚不具备立即推行君主立宪的条件。维新精英们应该正视这个现实，先从形成共识的目标着手，推行改革，不应当急躁冒进。

戊戌变法的失败，固然在于当时中国新生的物质基础和阶级力量的极为弱小，在于反对派力量的强大。但是，既然当时的形势已一定程度上具备了变法的条件，既然希望变法成功，那么，变革者就只有在变法策略上下功夫，从主观方面下功夫，高度讲求变法策略，通过逐步推进变革的方法，争取中间势力的同情、支持，缩小反对者的力量，壮大变革者的阵营。待到改革派的力量足以压倒反对派的力量的时候，再进行核心目标的攻坚战。否则，欲速则不达，只能招致失败。

戊戌变法失败以后仅 3 年，慈禧太后就下令实行新政，而新政的内容无一不是百日维新的翻版，甚至有过之而无不及。而这是以抗击八国联军战争的惨败及空前苛刻的《辛丑条约》为代价换来的觉悟。此后又仅仅过了 5 年，日俄两个帝国主义国家围绕着争夺中国东北，在中国的领土、领海上进行了大规模的战争，慈禧太后终于下令实行 8 年前维新精英们提出的君主立宪宪政改革，而这则是以日、俄瓜分中国东北这样的惨痛代价换来的觉醒。难道和平的改革就需要如此等待时机、需要付出如此大的代价才能换来吗？回答是肯定的。现存政治秩序下进行的和平改革就是如此无情，就是如此残酷。如果不中止、不退却，那么就只能铤而走险，与反对改革的势力决裂，公开对抗。戊戌变法运动就是沿着这样一条道路走向失败的。

---

① 段昌同：《报纸新闻》，见于《戊戌变法》，中华书局 1976 年版，第 3 册，第 410 页。
② 胡思敬：《戊戌履霜录》，见于《戊戌变法》，中华书局 1976 年版，第 1 册，第 383 页。
③ 马士：《中华帝国对外关系史》第 3 卷，商务印书馆 1960 年版，第 165 页。
④ 亨廷顿：《变动社会中的政治秩序》，华夏出版社 1988 年版，第 173 页。
⑤《上谕》，见于《戊戌变法》，上海人民出版社、上海书店出版社 2000 年版，第 2 册，第 17 页。

《贵州书院史》的价值简评

周术槐*

茅台学院张羽琼教授主持研究的《贵州书院史》于 2017 年 11 月由贵阳孔学堂书局正式出版了。本书堪称一部浩大的、内容全面系统而又极其丰富的、关于贵州书院产生、发展、繁荣、变革历史研究的学术专著。此前关于贵州书院研究的成果虽有人涉及，但仅仅停留于零散、局部研究的层面。而《贵州书院史》的研究与出版，透过六十余万字的研究内容，让读者对贵州书院史的发展脉络有了一个清晰、明亮、全面的认识与了解。此乃贵州史学界的一件幸事，也是多彩贵州历史文化发展中的一件幸事。人类文明的传承，是一个历史的过程。在多彩贵州历史文化的发展过程中，"书院"作为一个特殊的历史形态，其在贵州近现代文明发展的进程中所发挥的历史作用，无疑应当给予充分肯定。胡锦涛同志指出："一部人类社会发展史，是人类生命繁衍、财富创造的物质文明发展史，更是人类文化积累、文明传承的精神文明发展史。人类社会每一次跃进，人类文明每一次升华，无不镌刻着文化进步的烙印。"①习近平总书记强调："树立和落实科学发展观，必须推动物质文明与精神文明协调发展。物质文明的发展会对精神文明的发展提出更高的要求，同时精神文明的发展又会成为物质文明建设的动力，尤其是经济的多元化会带来文化生活的多样化，只有把精神文明建设好，才能满足人民群众多样化的精神文化生活需求。"②《贵州书院史》的研究、编辑与出版，让我们清晰地看到了多彩贵州历史文化发展进步的烙印，同时也让我们看到了其在贵州经济社会发展中的多重价值。统而言之，笔者认为,《贵州书院史》具有以下三个方面的价值。

一、历史性价值

历史性的研究要用历史性的史料来说话。《贵州书院史》的历史性价值在这方面有着充分的展示。关于书院教育在中国产生的年代，知名书院史研究专家邓洪波先生在《中国书院史》中认为，中国书院产生于唐代初年。该书指出："书院是新生于唐代的

---

* 作者简介：周术槐，男，汉族，历史学博士、教授，贵阳学院李端棻研究院院长。

① 中共中央宣传部、中共中央文献研究室编：《论文化建设——重要论述摘编》，学习出版社、中央文献出版社 2012 年版，第 11 页。

② 习近平：《之江新语》，浙江出版联合集团、浙江人民出版社 2013 年版，第 95 页。

中国士人的文化教育组织，它源自民间和官府，是书籍大量流通于社会之后，数量不断增长的读书人围绕着书，开展藏书、校书、修书、著书、刻书、读书、教书等活动，进行文化积累、研究、创造、传播的必然结果。”[①]而《贵州书院史》的作者通过查阅历史资料和相关文献进行考证，确定贵州的书院教育兴起于南宋。作者指出：“南宋时期，随着中原文化的向南播撒和书院教育的兴旺发达，书院作为中原文化的一种重要载体开始进入今贵州境内。南宋绍兴年间（1131—1162 年，笔者注）建立的銮塘书院和竹溪书院，是目前有文献记载的已知贵州境内建立最早的两所书院。”[②]在此基础上，作者认为：“值得注意的是，当贵州境内出现銮塘书院、竹溪书院之时，安徽、湖北一带无创办书院的记载。銮塘书院创办时，中国书院制度已发展到比较成熟的阶段，形成了一整套教学管理原则和教育方法。銮塘和竹溪二书院的创办，对贵州境内书院教育的兴起，无疑具有引领和推动作用。”[③]由此可知，《贵州书院史》的研究时间跨度，上自南宋绍兴年间，下至当代贵州，前后时间长达八百余年。《贵州书院史》的历史性价值在此得到充分体现。作者通过查阅大量与贵州书院发展有关的地方志书和文存史料，让人们对南宋以来贵州书院发展的历史脉络有了一个清晰的认识与了解。内容涉及贵州书院的时空分布、教育教学的管理、教育教学的内容、学制、历史人物的历史贡献、办学的具体成效与后世影响等。

二、启示性价值

历史给人以启示，这是社会通用的一个看法。据《贵州书院史》统计，在明代以前，贵州的书院共有 5 所。其中，南宋时期 2 所，元朝时期 3 所。在明代，共有书院 44 所，较之前增加了 39 所。到了清代，贵州书院发展到 192 所，较之明代增加了 148 所。明清时期，贵州书院何以会出现如此快速的发展？对此，《贵州书院史》做了深入细致的分析与研究。透过《贵州书院史》的分析，给我们的启示性价值主要体现为三个方面：

（一）教育的发展需要政府的推动作用

明朝建立之后，贵州迎来了重大历史发展机遇，即独立建省。此前的贵州，处于周边各省分治状态，“地处湖广、四川、云南三省交界地区”。明永乐十一年（1413 年），明政府在贵州设置贵州布政使司，贵州正式成为省一级的行政单位。“贵州正式建省，彻底结束了过去贵州地区分属于云南、四川、湖广诸地的历史……贵州的国土开发和社会建设从此进入崭新阶段。”[④]明政府在贵州建省后，在贵州采取了系列兴教措施，譬如：加强对贵州土司的文化教育、设贵州宣慰司儒学、创办学校、扩大招生对象、

① 邓洪波：《中国书院史》，武汉大学出版社 2012 年，第 2 页。
② 张羽琼著：《贵州书院史》，孔学堂书局 2017 年版，第 24 页。
③ 张羽琼著：《贵州书院史》，孔学堂书局 2017 年版，第 29 页。
④ 张羽琼：《贵州书院史》，孔学堂书局 2017 年版，第 37 页。

奖励优秀学子等。这些措施的实施，有力地推动了贵州的书院教育。据统计，在明代创办的 44 所书院中，民间创建的仅 8 所，地方官员创建的则占 20 所，创办力量不明的书院占 16 所。可见政府在教育发展中的作用不可低估。

同样的情况在清代更为突出。清统治者入关后，为加强君主专制统治，采取联合汉族地主阶级，施用“儒术统治”的政策。如：尊孔崇儒，提倡程朱理学；广兴学校，严定学规；开科取士，笼络人才，等等。据《贵州书院史》分析，清代贵州书院的发展以道光朝为界，分为前后两个时期：前期（1661—1850 年），即清朝统一贵州到道光末年，在将近两百年的时间内，贵州书院的发展出现了两个小高峰，书院总数发展到 91 所，此一时段为贵州书院发展的黄金时代；后期（1851—1902 年），即咸丰元年到清末学制改革前夕，贵州书院的发展出现起伏，出现第三个高峰时期。出现这种情况，与政治的稳定性及统治者政策的变化有着很大关系。从创办者主体来看，据《贵州书院史》统计，地方官员创建的书院为 103 所，民间创建的为 25 所，官民合建的为 15 所，创办力量不明的为 49 所。

（二）教育的发展需要经济的支撑作用

教育是一项综合性比较强的事业。书院的创办同样如此。在创办书院的各种力量中，经济对书院的支撑作用是书院发展的基础。没有经济作支撑，书院的发展举步维艰，寸步难行。对此，《贵州书院史》有着详细分析。譬如：明初朱元璋时期，政府采取了一系列措施恢复和发展生产，包括垦荒、兴修水利、屯田等举措。其中，人少地多的贵州成为明朝政府推行屯田制度的重要地区之一。此间，因战争需要，在政府的组织下，大批平民和流民进入贵州。外地人口的流入，改变了贵州的人口结构，汉族在贵州人口结构中的比例大幅攀升。“明朝在贵州设省以后，调北征南，移民实边，中原人民大规模进入贵州。汉族人口的剧增，不仅为贵州带来了充足的劳动力，而且还把中原一带长期积淀的科学技术和文化思想带进贵州，促进了贵州民族地区社会生产力的发展。”①社会经济的发展，为贵州书院的发展提供了强有力的支撑。

在清代，政府在鼓励地方创办书院的同时，还直接提供经费上的支持，从而为清代贵州书院的发展与繁荣注入了强劲的活力。

（三）教育的发展尤其需要人的推动作用

明清时期，贵州书院之所以能够获得重大进步与发展，还有一个更为根本的因素，即人的推动作用。对此，《贵州书院史》用了相当篇幅对两个人在贵州书院发展史中的作用进行了分析。这两个人，一个是明代的王阳明，一个是清代的李端棻。

对于王阳明，作者指出：“王阳明谪居贵州三年，创办龙岗书院，讲学文明书院。讲学贵州，使王阳明的思想产生质的飞跃，由‘心即理’说跃进到‘知行合一’说。同时，贵州宽松自在的思想政治环境以及毛科、席书等贵州地方官吏的支持帮助，使

① 张羽琼：《贵州书院史》，孔学堂书局 2017 年版，第 39-40 页。

他得以在贵州最高学府的讲坛上弘扬‘心学’，将‘知行合一’之教广播于世。”[①]对于王阳明对贵州文化教育的影响，作者认为表现为三个方面：一是开启了贵州民族教育新风；二是弘扬了宋代书院教学真精神；三是促进了贵州书院的迅速发展。“王阳明在贵州传道授业，因而明代贵州教育界受阳明心学影响较深，以传习‘阳明心学’为主，成为当时贵州书院文化的一大特色。”[②]

对于李端棻，作者明确指出：“率先全面系统地提出以建立新式学堂为中心的教育改革方案的是刑部左侍郎贵州人李端棻。”“（李端棻认为）仅靠学校教育不能满足社会需要……‘与学校有益相须而成者’亦须推广讲求，诸如设藏书楼、创仪器院、开设书局、广立报馆、选派游学。”[③]在作者看来，李端棻就是近代中国“倡导新式教育第一人”！“李端棻的教育改革方案吹响了摧毁传统教育的冲锋号。后来的历史证明，李端棻的教育改革方案不仅成为百日维新时期教育改革的主要内容，而且实际上也是‘新政’时期清政府改革传统书院教育的指南。”[④]1902年，李端棻发起创办了贵阳公立师范学堂，为贵州近代师范教育培养了第一批人才，也为贵州传统教育的改革探索了新道路。此外，李端棻还发起创办了贵阳中学堂，即现在的贵阳第一中学。李端棻对贵州书院教育史留下了浓墨重彩的一笔。他的“敢为人先”的精神，值得每一个高等教育工作者钦佩、学习、效仿！

三、资料性价值

《贵州书院史》的资料性价值不仅体现于每章每节的史料分析之中，也体现于全书之后的附录之中。在全书的写作中，作者参考了大量史志档案材料。全书最后的两个附录，包含《贵州历代书院名录》和《贵州书院学记条规集成》。通过《贵州历代书院名录》，让我们能对贵州书院的设立与发展概况有一个整体认识与了解。通过《贵州书院学记条规集成》，让我们得以知晓贵州书院的历史变迁、内部管理的规章与制度等方面的内容。这些附录，保存了极其珍贵的贵州书院资料。这些资料的保存，既为未来研究者的深入研究提供了研究资料上的便利，同时，在一定程度上完好保存了多彩贵州的历史文化资料。

总之，通过上面的分析我们可以发现，《贵州书院史》的价值主要体现于三个方面：历史性价值、启示性价值和资料性价值。这三个方面的价值共存于《贵州书院史》整个研究之中。笔者期望，通过研究，进一步发掘贵州历史文化在贵州经济社会发展中的作用，进一步增强贵州全省人民的文化自信，进一步激发人们建设美丽贵州的满腔热情。

---

① 张羽琼：《贵州书院史》，孔学堂书局2017年版，第112页。
② 张羽琼：《贵州书院史》，孔学堂书局2017年版，第144页。
③ 张羽琼：《贵州书院史》，孔学堂书局2017年版，第261页。
④ 张羽琼：《贵州书院史》，孔学堂书局2017年版，第264页。

李端棻在戊戌变法中的作用研究

薛心怡*

戊戌变法运动期间，凡具有爱国思想和创新意识的有识之士多对变法问题提出过自己主张，推动了变法思想的传播。在变法思想的影响下，一些封建官吏也转变态度，支持维新变法运动，参与其中，成为变法运动中的一员。李端棻登上政治舞台，正是十八世纪六十年代，这时我国已经经过了第一次、第二次鸦片战争，并且以清政府的失败和一系列卖国条约的签订而告终。轰轰烈烈的太平天国运动也在中外反动派的镇压下失败了，人民革命正处于低潮时期。与此同时，一些镇压太平天国革命中起家的汉族大官僚，根据他们同外国侵略者打交道的经验，主张在保留封建制度的前提下，学习西方船坚炮利的本领，以维护摇摇欲坠的清朝统治。以李端棻为代表的具有爱国思想和创新意识的晚晴维新官僚，在推动戊戌变法过程中发挥了重要的作用。

一、李端棻与维新派主要人物的关系

在戊戌变法初期，礼部为顽固派官僚所控制，光绪帝不能接收到下层的请奏。李端棻（1833—1907），贵州人，在戊戌变法中赞助新政的官僚，其政治地位不可小觑。他是积极倡言新政的中央官僚，并特别受到光绪帝的倚重，被提拔为礼部尚书。在对维新变法的历史研究中，对礼部官员的任职和免除的问题，基本实行的是加重免职而任职则是减轻职务的权力。因而礼部主要官员的任免，和军机四卿等重要机构的任用一样，都是光绪皇帝启用资产阶级维新派实行变法同时也是罢黜顽固派的重要举措。由于李端棻特殊的政治地位，造就他与维新派之间的特殊的政治关系。这主要表现为两个方面：

一是代康有为、梁启超等维新派上书，鼓动光绪帝支持、进行变法，是维新派实现其目的的重要手段。清制规定，四品以下官员无权直接上书皇帝，因此倾向于维新的大臣成为维新派与光绪帝的联系纽带。

二是引荐康有为、梁启超等维新派人士。康有为做了工部主事，其他的维新派人士也担任了比较重要的官职。此后，康有为获得了专折奏事的权力，从而密切了维新派与光绪皇帝之间的联系，加速了维新运动的进程。因此，李端棻等中央大员对康有

* 作者简介：薛心怡，女，贵州财经大学马克思主义学院 2016 级硕士生，主要从事中国近现代史基本问题研究。

为等人的推荐在戊戌维新运动中起到了重要的作用。同时，李端棻还曾推荐时务学堂教习韩文举、唐才常等人为同应经济特科，说明了光绪帝在戊戌维新运动期间重用康有为等维新派实行变法，与李端棻等人的举荐有着很大的关系。

二、李端棻的维新主张及其对近代中国影响

李端棻提出了一些与维新派极为相似的变法主张。维新派的变法主要可以分为两个方面，一是变法的总体思想，二是变法的具体措施，而李端棻的变法主张主要偏重于后者。李端棻在《请推广学校折》中阐明了自己的一些主张，请立京师大学堂，凡各省、府、州、县遍设学堂，并建藏书楼、仪器院、译书局、广立报馆，选派游历生，等等。这些变法主张与维新派的废八股、变革科举有很多相符的。在维新变法失败以后，唯一得以保留的京师大学堂则是新式学校的开端，有利于维新变法运动的发展，为我国教育近代化留下了不可磨灭的影响。

李端棻的变法思想根源于他的那个时代，康有为的变法思想也同样根源于他的那个时代，只不过康有为的变法思想比较系统，成为整个变法的精神武器。李端棻的变法思想紧跟时代的潮流并自觉坚守自己的变法主张，只要考察他对戊戌变法的贡献，考察戊戌政变后李老而弥坚“敢将孔孟比卢梭”的烈士暮年，我们就能够得到这样确定的结论。有的学者把李端棻的变法思想归结到梁启超思想之中，肯定会使得评价李端棻的思想时出现偏差。任其有再多的丰功伟绩，有时李端棻就不得不被认定为一个只是同情和支持维新派变法的封建官僚。

李端棻变法的思想在当时的贵州，具有极大的进步意义。中国历史在进入二十世纪以后，已经是资产阶级、小资产阶级革命派登上政治舞台，拿起武器对清朝封建统治进行“批判”的时代了。因此，坚持戊戌时的维新思想，企图在保留清朝统治的前提下进行一些有利于资本主义发展的改革，显然是逆历史潮流而动的。贵州地处边远，交通闭塞，书报不传，直到二十世纪初年，贵州知识界和社会风气还牢牢地禁锢在封建的藩篱之中。李端棻在贵州推行新学，传播新思想，虽然是为其政治主张服务，但对促进贵州知识界的觉醒及社会进步是有积极意义的，因而也为民主革命“补了一课”，对革命派推翻清朝统治的斗争也是一种间接的支持。

三、李端棻在戊戌变法中的作用评析

在戊戌变法中，教育改革与政治改革相辅而行，是维新变法的一个重要方面。它兴起于甲午战争之后，结实于戊戌变法期间，并在以后的历史进程中最终确立。李端棻能够深刻地认识到封建教育的腐朽性，站在历史的高度来把握近代教育的走向，提出了代表时代要求并上升为国家意志的改革设计，为维新教育指明了改革方向，并奠定了我国近代教育的体制。当然，《请推广学校折》的产生是建立在维新派教育思想的基础之上，但无可抹杀李端棻总其大成的功劳。在新旧教育的历史转换中，李端棻以

其思想的先导性适时地解决了这一具有重大历史意义的时代课题。

李端棻对戊戌变法的积极方面主要来源于其自觉的变法思想和所处的政治地位。《清史稿·李端棻传》、民国本《贵州通志·李端棻传》都将李端棻对维新变法的积极意义概括为两个主要方面：一为抗疏维新；一为荐举人才。这也是李端棻在清朝封建统治中做出的两大贡献。

戊戌变法运动并不等于维新派的活动，一些开明官吏对变法运动的发展也起到了一定的促进作用，甚至是维新派所无法起到的作用。如前所述，李端棻等开明官吏力荐维新派人士充任要职，使维新派得以施展才能，开展活动，推行新政措施。这说明变法运动的发展与开明官吏荐举维新派有着密切的联系。同样，开明官吏代维新派上奏言事，把维新派主张上达光绪帝，构建了维新派与光绪皇帝之间的联络通道。众所周知，戊戌变法运动是维新派通过光绪帝所进行的自上而下的改革运动，如果没有开明官吏作穿针引线的工作，变法运动就很难得以顺利开展。因此，像李端棻这样的开明官吏在戊戌变法运动中的作用是不可替代的。

从李端棻《普通学说》看近现代科技对中国社会变革之影响

周松柏*

令贵州人不能忘记的先贤名士之一的李端棻，作为清朝末年支持戊戌维新的著名高官——礼部尚书，对科技普及不遗余力地提倡，值得充分肯定。

戊戌变法失败，李端棻被贬。他回到家乡贵阳之后，写了有利于科技普及的《普通学说》。李端棻在该文中说："为学之最初一步，普通学是也。西人谓之文学、质学。质学，东人又谓之科学，凡人类应有之智识悉具于是。学校用者谓之教科书，程度之高低，则随学校之大小而异。不明普通学不能学专门，欲求专门之大成，则普通学之程度亦须随之而高。"①中国人学习西学及其普通学，经历了艰难曲折的道路。李端棻在该文中做了如下叙述："西学之书，前此多由西文译出，而由英文来者尤夥。甲午以后，始有译东文之说，其极盛亦只在此一二年间也。西人之书以理解胜，大致浑朴类我国三代两汉时。东人则抉择最精当，体例极严整，读之较省脑力而所得亦较多。"②甲午战后，日本成为西学传播到我国的桥梁。中国接触西学并不比日本晚，为何接受西学却较日本为迟缓？回顾一下鸦片战争至戊戌变法这段历史，对于通过李端棻的《普通学说》看近现代科技对中国社会变革的影响，将会有所帮助。

一、少数进步国人从"天朝上国"之梦幻中惊醒

科学的昌明，把世界带入飞速进步的时代。近现代科学技术的发展，铸造了近现代科学精神。然而，具有数千年文明历史的中国，在接受近现代西方先进科学技术，吸收近现代科学精神，整合近现代科学精神与人文精神方面，以促进本国社会变革，却走着艰难曲折的道路。

鸦片战争的隆隆炮声，促使当时极少数进步中国人开始正视西方以蒸汽动力为标志的第一次科技革命所催生的船坚炮利的军事技术。但是，滥觞于人类蒙昧时期的鬼

---

* 作者简介：周松柏，1949年生，男，贵州贵阳人，贵州民族大学教授，博士。主要研究方向为历史学、社会学、经济学。

① 转引自钟家鼎：《李端棻评传——兼论维新官僚在戊戌变法中的地位与作用》，海南出版社2004年版，第338页。

② 转引自钟家鼎：《李端棻评传——兼论维新官僚在戊戌变法中的地位与作用》，海南出版社2004年版，第343页。

神崇拜、巫术迷信，依然存在于清王朝御敌将领的头脑中。清朝的“名将”看到英国的军舰横行无阻，炮火猛烈，认为其中必有邪术，于是想出了一条“以邪制邪”的“妙计”：下令收集民间妇女使用的马桶，载于木筏之上，企图以阴制阳，以邪制邪，以马桶中的污秽之物御敌。结果是“妙计”失灵，英军长驱直入。① 林则徐、魏源等少数进步中国人，则在英国的坚船利炮终于打开封建清帝国大门的严峻现实面前，不得不从“天朝上国”的梦幻中惊醒。他们初步认识到，经济技术落后的中国，要想战胜强大的西方侵略者，就必须了解和学习西方。

在闭关时代的清王朝封建专制统治下，林则徐开始时跟所有封建官僚一样，有褊狭自大、不合时务的陈腐观念，对中国以外的世界茫无所知。为了军事斗争的需要，林则徐努力探求西方军事技术。他组织翻译了有关欧式大炮瞄准发射技术和战船图式等资料，进而建议建立新式国防工业，将粤海关关税的十分之一——300 万两白银，用来制造新式船炮，借以保卫海防。

魏源与林则徐交往甚密，曾一道切磋学问，议论时政。魏源认为在抗英斗争中看到的西方船坚炮利的“长技”，是敌人所以制胜的原因。他在图强御侮的精神激励下，发愤写出《海国图志》一书。该书介绍了西方先进科学技术，特别介绍了战舰与火器的生产技术。魏源在书中阐述了“师夷之长技以制夷”，即学习西方的长处，以抵抗侵略、战胜敌人的思想，“师夷”主要就是学习西方的军事技术。他认为“夷之长技”是“战舰”与“火器”。他拟订了学习西方的具体措施：一是举办军事工业，开设造船厂、火器局等，生产轮船、枪炮；二是创办民用工业，生产量天尺、千里镜、龙尾车、火轮机、火轮舟、自转碓、千斤称等“凡有益民用者”，并可与军需工业同时制造。同时，允许商民自由集资开设厂局，制造轮船、机械等。②

魏源把向西方学习这个中国近代社会的重大课题，用“师夷之长技以制夷”作了概括。可惜的是，魏源不是从接受西方近代先进科学技术以促进中国社会变革，以及吸收西方近代科学精神、整合近代科学精神与人文精神，以便提高国民素质和促使国家富强的角度，来提倡向西方学习，而仅仅认为学习敌人的长处，是为了战胜敌人，从而在观念上局限于狭隘的爱国主义和民族主义。他的民族主义，还未脱离“华夷之辨”的华夏民族中心主义；他的爱国主义，尚未脱离“天朝上国”的封建帝国主义。由于对清帝国固有的“天朝上国”观念没有丝毫触动，因此这部杰作虽然在近代中国思想界留下了前进的足迹，却没有引起朝野的注意。相反，日本则被西方打开中国大门的炮声所震撼，日本志士从《海国图志》中汲取思想营养，将其转换为“维新”的精神武器。

二、近代中国与日本学习西方之比较

在接受西方近代科学技术，促进本国社会变革，以及吸收近代科学精神，整合近代科学精神与人文精神方面，不妨把近代同时期的中国与日本做一个比较。

---

①《中国近代史》编写组：《中国近代史》，中华书局 1985 年版，第 18 页。

② 陈旭麓主编：《中国近代史》，高等教育出版社 2002 年版，第 45-48 页。

19世纪中叶的亚洲，西方侵略者的炮火，先后打开中国和日本的大门。炮声震醒了中日两国的有识之士，他们睁眼看世界，看到了西方各国科学技术先进，国力强大，富于进取性，极具侵略性。中日两国都面临着既要反对西方的侵略，又要向先进的西方学习的历史任务。于是，两国的有识之士，开始了探索向西方学习的艰难历程。与此同时，中日两国在19世纪下半期，还开始了近代化的种种尝试。然而，中日两国的近代化运动，却有着大不相同的结果。要而言之，日本的近代化是成功的，中国的近代化则是成效甚微或者基本上是失败的。究竟什么原因促成这样不同的结局？为了说明这个问题，有的学者把19世纪60年代前后西学在中日两国传播的情形，以及近代中日两国对待西学的不同态度，做了比较分析。①

剖析近代西学在中日传播情形的异同，可以发现除了两国吸收西学的目的，即为了反抗侵略和实现国家民族的生存兴盛这两点相同以外，还存在值得重视的不同之处。

具体地说，有三点不同之处。一是日本幕府改革时期引进和仿制西方近代化武器装备等活动，从中国鸦片战争失败后便开始，而中国相似规模的活动，一直到太平天国对清政府构成致命威胁时才被迫开始，在时间上比日本晚了十年左右。二是前述中国有名的经世致用派学者魏源所著，宣传"师夷之长技以制夷"思想的《海国图志》，在日本引起广泛共鸣，在中国却难以发挥同样影响。三是西学在日本获得及时而有效的传播，帮助日本改革派比较迅速地实现了由"攘夷"向"开国"的转变。其中的先进分子进而摆脱了"东洋道德，西洋艺术"观的影响，对日本的社会改革发挥了重要的促进作用，而西学在中国则未能获得如在日本那样的传播。清政府官僚中当时能够接触并了解西方文化的人，与日本相比少得多。清政府官僚中的洋务派，始终处于封建顽固派的包围之中，基本未能突破"中学为体，西学为用"观的限制，没有也不可能促使当时中国的社会改革朝着深入的方向发展。清政府官僚中的封建顽固派，把西方的科学技术视为"奇技淫巧"，不屑一顾，不愿学也不想学。

归根到底，近代科学技术和近代科学精神，需要先进的经济、政治制度和人文精神与之相匹配。在接受近代科学技术的过程中，必须吸收近代科学精神，整合近代科学精神与人文精神，才能自觉地改造旧的经济、政治制度，促进社会变革。用这个标准来衡量，就可以发现近代以科学技术为先导的西学在中日的传播为什么会有以上三点不同表现。具体地说，有以下三点原因。

第一，中日两国的文化传统不同。中国的传统文化是儒学，儒学所主张的"述而不作，信而好古"，使因循守旧成为中国学术界的不良学风。直到19世纪中叶以后的近代，中国人依旧普遍存在儒学所主张的"华夷"思想，以中华自诩，把国外的一切都蔑视为"夷"，对于外来文化有极大的抵触。这种以"泱泱大国"自居而故步自封的腐朽思想，充分表现出中国封建时代人文精神的保守落后。这种保守落后的精神状态，与开放进取的科学精神格格不入。它不但不能成为吸收、整合近代科学精神的思想武器，反而既造成中国社会闭关自守，也使中国文化对外来文化有一种顽强的排斥力和

---

① 曾丽雅：《论近代中日两国对待西学的不同态度》，《江西社会科学》1989年第4期。王少普：《十九世纪六十年代前后西学在中日传播的比较》，《学术月刊》1990年第5期。

抗拒力。日本的文化传统则迥然不同。日本民族具有吸取外国先进文化的优良传统。在古代，日本就曾吸取朝鲜、中国和印度的文化，来培养日本自己的文化。17 世纪以后，日本人通过荷兰语接受西方文化，被称为“兰学”。至 19 世纪，日本便主要通过英语接受西方文化。到明治维新时期，日本更是对全世界各种不同的文化，采取了一种特有的宽容态度，尤其是大量吸收西欧文化。总而言之，日本文化传统中开放进取的人文精神，成为接受西方近代科学技术，促进社会变革，吸收、整合近代科学精神的思想武器。这既使日本社会成功地走向改革开放，也使日本文化对外来文化有一种兼容并包的宽容性。

第二，中日两国西学启蒙者在认识上存在差异。中国的西学启蒙者对西学的认识很肤浅，总是急功近利，不求甚解。他们对整个中国社会的封建腐朽性缺乏内在的自觉，因此都把封建传统文化奉为信条。他们自以为是地认为，封建的中国只是物质文明不如西方，礼教、制度、思想文化、道德、政治哲学等精神文明则胜于西方。他们本身所因袭的思想上的传统重负，决定了他们根本不可能吸收、整合西方近代科学精神，不可能把西学启蒙的工作进行彻底。与之相比，日本的西学启蒙者就成熟得多。他们热诚学习和传播西学。他们在接受西学时，不仅没有思想上的传统重负，而且对西学有一种较冷静的分析态度。他们学习西方，并不是认为西方十全十美，而仅仅因为它比日本现状高出一筹。他们思想的成熟与冷静，为日本人接受西学，吸收西方近代科学技术，整合近代科学精神与人文精神，促进本国社会变革，创造了良好的条件。

第三，中日两国政治权力对待西学的态度不同。在中国，政治上的封建专制主义必然导致文化上的专制禁锢，必然推行保守愚昧的思想文化政策。鸦片战争以后，清政府并未觉悟到挨打是因为自己落后，仍然把西方先进的科技文化称为“奇技淫巧”，把学习研究西方文化诬为“以夷变夏”。以这样的心态，当然不会主动学习西方近代科学技术，不会主动整合近代科学精神与人文精神，不会主动促进本国社会变革。因此，近代的中国政府从来没有把引进西方文化作为一项国策来大张旗鼓地推行。日本则不然。明治政府的纲领明确宣布要“求知识于世界，大振皇基”，把这当作一项国策，由此开始了大规模地吸收欧美文化的工作。以这样的心态，自然就会主动学习西方近代科学技术，主动整合近代科学精神与人文精神，主动促进本国社会变革。中日两国决策者对待西学的态度如此不同，势必影响到西学在中日两国的不同反响。

正是由于以上三点原因，导致中日两国在接受西方近代科学技术的过程中，对于吸收近代科学精神，整合近代科学精神与人文精神，持有不同态度。正是这样的不同态度，导致清政府中的洋务派自上而下推行的学习西方科学技术的运动以失败而告终。洋务派的“求富”“求强”均未能实现，中国社会仍然处于封建主义的黑暗中。与此同时，原先跟中国差不多同样落后的日本，1868 年开始明治维新，向西方学习先进科技，却取得了跟中国截然不同的效果。到 19 世纪 90 年代，日本已经在科学研究和工程技术的若干领域里做出成绩。[①]日本社会已经实现了由封建主义跨入资本主义的转变。

① 吴光宗、戴桂康主编:《现代科学技术革命与当代社会》,北京航空航天大学出版社 2004 年版，第 415-416 页。

《剑桥中国晚清史》对于中日两国接受西学的不同情形，有极为恰当的描述："在1840年后的将近半个世纪以内，西学的输入是缓慢的，它对中国士大夫的影响是表面的，特别是和西方文化在19世纪日本的迅速发展及其影响相比，就更加明显。""这个世纪中叶以后，当西学在日本迅速成为全民族注意的中心之际，它在中国却于数十年中被限制在通商口岸范围之内和数量有限的办理所谓'洋务'的官员之中。"[①]于是，甲午战后日本成为西学向中国传播的桥梁，也就毫不奇怪了。

三、维新派把科技进步看成是谋求国家强盛最有力之杠杆

1894—1895年甲午战争，中国失败、日本胜利的结局，最好地注释了清政府洋务运动的失败和日本明治维新的成功。有鉴于此，以康有为、梁启超为代表的维新派效法日本，在中国开展了维新运动。此时，世界已经迎来以电力为标志的第二次科学技术革命。维新派提出了学习西方科学技术与学习其社会制度变革学说并进的要求。[②]维新派把科技进步看成是促进社会变革、谋求国家强盛最有力的杠杆。正是对科技的重视，构成当时变法主张的内在动因。尤其值得肯定的是，维新派不但非常重视科学精神与人文精神的整合，而且十分关注科学精神对人文精神的正面影响和积极促进作用。

在封建的旧中国，国民之人文精神与西方近代科学精神不相匹配，因此维新派极其重视用西方近代的科学精神对受到封建主义蒙蔽的国民进行启蒙。维新派认识到科学在开启民智方面的巨大作用，"科学之力日盛，则迷信之力日衰"。维新派学习和宣传西方自然科学，并希望国民成为可以独立思考和不盲目信仰的"新民"。维新派深切感受到："欲救今日之中国，莫急于以新学说变其思想"。[③] 维新派对科学精神所培育出的"新的国民"之精神气质，有着非常深刻的理解。"人们常说治科学可以使人虚心静气，忍耐努力，忠实不欺。"[④] 这实际上道出了由"治科学"而培育科学精神，由"求真"的科学精神而孕育出"忠实不欺"的人文精神的路径。

维新派注意到西方先进的自然科学对社会科学、人文科学和人文精神等近代文化的深刻影响。近代"文化根底在哪里……大家当然都知道是科学"[⑤]。最突出的就是维新派对生物学的考察。以进化论为核心的达尔文生物学，被恩格斯称为19世纪人类三大发现之一。维新派仔细列举了生物学所带来的人类观念上的变革，准确评价了这些变革所具有的伟大意义，并称之为生物学家的"惊人事业"。维新派注意到了自然科学对人文精神的重要影响。维新派指出"社会学的产生可以说全部建设在生物学基础之上"，而且"法律学、经济学、政治学、宗教学、历史学都受了它的刺激"。[⑥] 这表

① 费正清编，郭沂纹译：《剑桥中国晚清史》（下），中国社会科学出版社2007年版，第323-326页。

② 陈奇：《刘思培思想研究》，贵州人民出版社1999年版，第144页。

③ 梁启超：《梁启超选集》，上海人民出版社1987年版，第323页。

④ 梁启超：《中国近三百年学术史》，中国书店1985年版，第138页。

⑤ 梁启超：《梁任公学术讲演集》第一辑，上海商务印书馆1922年版，第53-61页

⑥ 梁启超：《梁任公学术讲演集》第二辑，上海商务印书馆1922年版，第129-133页。

明，维新派看到了自然科学对社会科学和人文科学的巨大影响。

戊戌维新时期，维新派把科学精神和科技进步作为启蒙的主题，希望用科学精神重构国民的人文精神。维新志士以自己的独特经历和卓越智慧，探索了近代西方之所以强盛、中国之所以衰落的基本原因。对贯穿于西方社会中的科学理性精神和民主自由原则进行了深刻洞察，并向国人作了相当系统和创造性的介绍与阐释。维新派以西学阐释来改造国人传统观念，提倡科学理性的思想工具，在铸造国民新的人文精神方面具有重要意义。维新派既是近代世界性的启蒙运动在东方中国的产儿，又是国人从封闭的传统观念向近代观念转换过程中当之无愧的启蒙先导。维新派的注意力超越了洋务“新政”谋求船坚炮利、练兵自强的局限，而将目光移向西方之所以富强的深层原因的思考，移向用科学精神改造国民精神、提高国民素质的深层寻求。

维新派既认识到革新封建政体的具体实践是中国富强的必由之路，又认识到更新和重构国人的思想观念与人文精神，用近代科学理论启蒙国人，不但是建立近代强国的基本工程，而且是更加根本性的任务。因此，西学功底深厚的严复，系统地宣扬西学，以救治中学不合时宜的弊端，希望以一种充满生命活力的异质文化，去冲击和刷新国人守旧僵化的思想方式。严复翻译、介绍给国人的，是涉及自然科学和社会科学等诸多领域的近代西方著作。他向国人展现了一个改造落后中国的参照系，即一个由进化观念、贸易自由主义、民权思想、法制学说、科学精神、科学方法论等多方面内容所构成的崭新世界图景。

严复和其他维新人士的启蒙工作，毫无疑问地为近代中国人接受西方近代科学技术，促进中国社会变革，以及吸收西方近代科学精神，整合近代科学精神与人文精神等各个方面，做出了巨大贡献。

然而，近代中国不同于西方。西方自文艺复兴以后，实验科学的传统绵延不绝，而且日益发扬光大，成就斐然，科学精神、实证观念和与其相适应的人文精神深入人心。所以，近代西方日益兴盛。数百年来，中国无此传统，以致日渐衰落。在这样的时代背景下，维新派对吸收西方近代科学技术，促进中国社会变革的极力倡导，以及对汲取西方近代科学精神，在中国整合近代科学精神与人文精神的大力提倡，虽然切中了近代中国社会的根本弊端，但在当时封建文化传统的汪洋大海中，仍然只能是茫茫暗夜中的一盏孤灯。维新派以其超前的洞察力，触及问题的根本之所在。然而，没有根基，缺少土壤，科学精神及与其相符合的人文精神，就难以生存并遍及当时的中华。戊戌时期，维新派鼓吹科技兴国、富国、强国，尽管意义重大，却以悲剧为其结局，原因就在这里。孙中山先生对此有着深刻的理解，他就此发出质问：“会此世运进化之时，人文发达之际，犹未能先我东邻而改造富强之国家者，其何故也？”[①]孙中山先生非常清楚，探索我国比日本落后的原因，就是人文科学发展不够，人文精神倡导不够。值得庆幸的是，作为资产阶级改革先驱的维新派的期盼，以及作为资产阶级革命先驱的孙中山的理想，在经历种种曲折、痛苦的历史过程之后，终于在中华人民共

① 曾钊新、胡弼成、曾崯著：《人文精神：高科技人才必识的大智慧》，《有色金属高教研究》1995 年第 3 期。

和国成立之时，升起了逐渐成为现实的曙光。

四、新中国为国人吸收现代科学精神开辟了广阔道路

历史进入20世纪以来，以物理学革命、原子能利用、电子计算机试制成功为标志，形成了内容更加深刻、范围更为广泛的现代科学技术革命。这个时期，中国发生了翻天覆地的变化，在中国共产党领导下，中华人民共和国成立了。这个重大的历史转折，为现代中国人接受先进科学技术，吸收现代科学精神，在当代中国整合现代科学精神与人文精神，开辟了广阔的道路。

中华人民共和国成立以后，党和国家领导人敏锐地察觉到第二次世界大战后开始的新技术革命的动向，并高瞻远瞩地做出了优先发展现代科学技术的决策。1956年初，周恩来在中共中央专门召开的知识分子会议上，做了关于知识分子问题的报告，其中特别分析了世界科学技术发展的趋势。报告指出："科学技术新发展中的最高峰是原子能的利用。……同时，由于电子学和其他科学的进步而产生的电子自动控制机器……这些最新的成就，使人类面临着一个新的科学技术和工业革命的前夕。"①根据这种分析，周恩来号召全党"认真地而不是空谈地向现代科学进军"②。这次会议后，党中央组织600多位科学技术专家，制定了《1956年至1967年全国科学技术发展远景规划》，提出争取在第三个五年计划期末，使我国最急需的科学部门接近世界先进水平。后来却由于1958年"大跃进"和1959年"反右倾"的影响，科学技术工作的正常秩序遭到干扰。1961年6月，国家科委和中国科学院共同制定了《关于自然科学研究机构当前工作的十四条意见》，对"大跃进"以后科技战线各种极左思想的表现，进行了清理。1962年，国家科委重新制订了科学技术发展十年规划，安排了374项重点科研项目。但是，1966年开始的"文化大革命"，使科技事业受到了更加严重的干扰和破坏。在极左思潮引导下，拆散科研机构，毁坏科学技术设备、实验基地和科技资料，破坏正常的工作秩序，使整个科技工作处于瘫痪状态。一大批老科学家和老专家被打成"反动权威"，多年来培养起来的科技队伍被破坏得七零八落。③

历史需要新的转折。"文化大革命"的"十年浩劫"，促使国人有了新的觉醒。当国人再次面向世界时，发现中国在现代新的科技革命浪潮中，又落后了。当代中国需要接受现代先进科学技术，吸收现代科学精神，整合现代科学精神与人文精神。"文化大革命"结束，邓小平以伟大战略家的气魄，开创了改革开放的新时代，实现了国人迫切需要之新的历史转折。邓小平关于"科学技术是第一生产力"的顺应时代潮流的理念，正是一百多年来中国人所追求的科学与民主这一近现代历史过程中的两大主题之一。中国共产党十六大以后，党中央提出了"以人为本"，建设科技创新型国家，建

---

① 周恩来：《周恩来选集》下卷，人民出版社1984年版，第181-182页。

② 周恩来：《周恩来选集》下卷，人民出版社1984年版，第185页。

③ 侯强：《文革时期修正主义科研路线批判的法学反思》，《科学经济社会》2010年第4期。

立能源节约型社会，构建人与人、人与自然、人与社会和谐的科学发展观，更是为现代科学精神与人文精神的整合，找到了实现的途径。

一百多年前，李端棻曾经言及中国："据有极大之幅员，最多之人口，……一旦有为，以之雄飞于世界不难也。"① 今天的中国，科技创新，日新月异。习近平总书记在十九大报告《决胜全面建成小康社会 夺取新时代中国特色社会主义伟大胜利》中，郑重指出：我国科技"成果丰硕，天宫、蛟龙、天眼、悟空、墨子、大飞机等重大科技成果相继问世""要瞄准世界科技前沿……为建设科技强国……提供有力支撑"②。新中国科技的腾飞，经济的发展，促使我国在全世界的影响力大大提升。李端棻等维新志士，自可感到莫大安慰！

---

① 转引自钟家鼎：《李端棻评传——兼论维新官僚在戊戌变法中的地位与作用》，海南出版社2004年版，第339页。

② 习近平：《决胜全面建成小康社会 夺取新时代中国特色社会主义伟大胜利——在中国共产党第十九次全国代表大会上的报告》，《人民日报》，2017年10月28日第1刊。

浅谈李端棻对近代教育的影响

周诗若　刘正绪*

戊戌变法失败以后，社会贤达们开始思考失败的原因和未来的办法。当时，有的人认为失败的原因是守旧派势力强大，慈禧太后发现变法触及以她为核心的权力贵族的利益时，立即改变了支持的初衷，加上维新派及光绪皇帝在实施变法上的某些冒进措施，导致反对派的力量增强；有的人认为是因为维新派缺乏正确的理论指导和组织领导，脱离广大人民群众，对欧美国家抱有太大幻想。

李端棻认为要强国就必须大量培养经世致用的人才，教导人民摆脱封建思想，使广大人民群众认识到变法对强国的重要性，继而支持变法改革，才能使变法成功。于是，他决心以改革封建教育制度的弊病为己任。

早在变法前，李端棻就非常关心贵州省的教育事业。他看到云贵两省生员家境多贫寒，很多举子是靠步行进京参加考试，有的举子因负担不起进京费用，即使考中举人也不得不放弃进京会试的机会。于是他与云贵总督刘岳昭、云南巡抚岑毓英联名上奏清廷，请对“滇黔两省举人会试，例给火牌驰驿至京”，得到朝廷批准。从此，滇黔两省的举人，凭着官府发给的证明，可享受沿途驿站免费提供马匹车船和伙食的待遇。

光绪末年，包括袁世凯在内的政治力量，都深感培养具有近代知识人才的重要性。袁世凯指出，“亟思变计，兴学储才”，使人才辈出，才是“图治根本”。他把改革科举制度，兴办学堂，培养人才提到了治国根本的高度，并提出循序渐进，最终彻底废除科举制度的思路。19 世纪末叶，虽然各地已经开办了一些新式学堂、学馆，传播西方科学文化，但无论是教学的硬件还是软件都不完备，教学方法和理念未形成体系，学堂和学生的体量微小，地处偏远的贵州就更为落后了。在先进的社会思潮和贵州现实氛围的影响下，李端棻也提出自己的教育理念，提倡“救时”之学，促进近代贵州知识分子观念的改变。

光绪二十二年（1896 年）6 月，李端棻上《请推广学校折》，提出“一经五纬”的改革纲领。他认为人才多寡关系国家之强弱，激励人才是当务之急，应从中央到地方创设新式学堂，引进新思想、新知识——以此为“一经”；“五纬”是指设藏书楼（即图书馆）、创仪器院、开译书局、广立报馆（出版报刊）、选派游历（派人出国留学、考

---

* 作者简介：周诗若，男，汉族，大专文化，中共党员，贵阳市作家协会会员、贵州近现代史研究会常务理事兼副秘书长、贵阳市史学会理事。刘正绪，男，回族，浙江义乌人，原贵阳市地方志办公室志书处处长，主要从事地方志编纂和研究。

察）。他的这些主张为光绪皇帝采纳，成为政府决策。尽管变法以“百日维新”告终，但“废科举，兴学堂”成为不可抗拒的历史潮流，对中国近代文化教育产生了深远的影响，对贵州省摆脱文化相对落后的历史具有决定性作用。

在奏折中，李端棻明确提出“时事多艰，需才孔亟，请推广学校，以励人才而资御侮”的主张。他认为，为“救时”而读书的人，学习是为了致用，为了救国。也就是后来新时代知识分子所呐喊的“为中华之崛起而读书”。为穷理而读书的人，固然是不可或缺的，但社会现实的需求是“救时”，在国家危急存亡之时，强调“穷理”是不现实的，而且没有安定的学习生活环境，学者也不可能真正达到“穷理”的目的。据此，他提倡“救时”之学，鼓励学子学以致用，学以救国。

变法失败后，李端棻被慈禧太后革职流放新疆。光绪二十七年（1901 年）遇赦回到贵阳，于光绪三十一年（1905 年）联合社会名流于德楷、唐尔镛、任可澄、华之鸿等将贵阳府中学堂改建为贵阳中学堂，后又改称通省公立学堂，即今有名的重点中学贵阳贵阳市第一中学的前身。

在教学方法上，李端棻强调所学课程应按专业和学科进行教学，即“各执一门”和“分斋讲习”，以期达到致精、致深的目的，培养真正的专门人才。应当像日本那样，模仿欧美教育体制。李端棻针对随着学校和课程的增多，师资力量必然不足的情况，提出就地聘任和通过考试补充教师的办法。还要求学堂由当地品学兼优、有影响力的士绅监督协助办学，并承担规范学堂管理和建设的管理职责。

李端棻主张建立学校系统，在府、州、县设小学，在省设中学，而在京城建立大学。充分利用师资，节约教育经费。他还提倡普及教育，规定学生入学年龄为 12 岁以上，学员可以是民间子弟、省学的“诸生”，京师大学的“贡生、监生”以及一定级别的和官员。各级学堂的课程按从易到难，“中外兼顾”设置。

李端棻认为学习应从基础知识开始，他说：“不明普通学，不能学专门，欲求专门之大成，则普通学之程度亦须随之而高。”“普通学”包括算术、几何、代数、中国地理、中国历史等共 16 种。同时，李端棻提出设藏书楼、创仪器院、开译书局、广立报馆、选派游历等五项辅助措施。以期“中人以上，皆可自励于学，而奇才异能之士，其所成就益远且大”。有了大量各有专长的知识分子，那么“修内政”“雪国耻”的目标就不愁不能实现了。

最终，他所设想的计划得到实施。中、小学堂之设立办法、“分斋讲习”及奖励办法等，甚至成为学部考试及授予翰林部属等官之办法；“设藏书楼”变为开设图书馆；“选派游历”，使贵州省有了数批到日本和欧洲留学的学生。李端棻提倡的教育改革理论及其相应措施的实施，促进了贵州省乃至全国近代教育体制的形成和教育观念的改变。

李端棻在贵州提倡开设新式学堂，并积极投身教育事业，培养掌握新知并能学以致用的人才。他担任过贵州经世学堂山长，并参与创办贵州省公立师范学堂和贵州通省公立中学。在他的全力推动下，贵州大学堂于 1902 年得以创建。同年，他还亲自在经世学堂讲解新知识和学术理念，包括卢梭的“天赋人权说”、孟德斯鸠的“三权鼎立论”、达尔文的进化论，以及培根、亚当・斯密的政治经济学等，使贵州年轻一代首次知道除“四书五经”之外，还有如此丰富多彩的另类世界。李端棻开通了新风气，培养出新人才。

在他教育改革思想的影响下，从光绪末年至民国初期，在贵阳涌现出一大批中小学堂，包括女子学堂。李端棻终身关注民族兴亡，孜孜不倦地促进贵州近代教育事业。临终前，他还要求自己的家人为学校捐资捐助学。

在中国近代教育史上，李端棻最大贡献就在于他改革学制，注重科学，反对应试教育，倡导素质教育。可以说，如果没有贵阳人李端棻，就没有今天的北京大学。在北京大学校史馆，至今陈列着李端棻向光绪皇帝所上的《请推广学校折》就证明了这点。

1907 年 11 月 17 日，李端棻在贵阳家中逝世，葬于今永乐乡水塘村。其墓现为贵阳市文物保护单位。

“维新之艰难兮，公缔其始”
——纪念李端棻上《请推广学校折》120 周年

刘宗棠*

1896 年（光绪二十二年）五月，戊戌变法的前夜，李端棻向光绪帝上《请推广学校折》，建议在全国进行教育改革，首倡在首都建京师大学堂，各省府州县皆设学堂，得到光绪帝降旨允准，并付诸实施，推动了我国教育走向近代化和现代化。后来，李端棻被誉为“京师大学堂（后改名北京大学）的首倡者”“中国近代教育之父”。李端棻的《请推广学校折》，被认为是“中国建立近代学制的发端”，是“中国近代教育的纲领性文件”。

今年是李端棻上《推广学校折》的 120 周年。我们再次回顾和隆重纪念中国改革历史上的这一重大事件，是很有意义的。

一、《请推广学校折》是中国近代教育的纲领性文件

戊戌变法有两方面最为重要的内容：一为政治改革，二为教育改革。1898 年戊戌政变后，慈禧太后废除新政，光绪被幽禁，六君子血染菜市口，康梁流亡海外，历时 103 天的维新变法失败了。

但是，历史潮流，浩浩荡荡，后来以慈禧为代表的保守势力也不得不顺应时代的发展，实行一些政治改革和教育改革：1901 年（光绪二十七年），宣布实行“新政”；1905 年，宣布停止科举制度；1906 年，被迫实行宪改。尽管自己挽救不了清政府灭亡的命运，然而教育改革的潮流却依然顺应着历史发展的趋势澎湃前进。

1896 年 5 月，在维新变法思潮蓬勃兴起的时候，李端棻上《请推广学校折》，主张改革旧的教育制度，建立培养新人才的新的学校教育体系，他主张“自京师以及各省、府、州、县，皆设学堂”，并在此基础上提出了一整套富有革新意义而又切实可行的发展新教育的方案，而且为光绪帝采纳，成为戊戌维新的主要内容之一，并较快地付诸实行。

1898 年 7 月 3 日，光绪帝正式批准设立京师大学堂，由孙家鼐主持在北京创立。

---

* 作者简介：刘宗棠，男，1931 年生，贵州毕节人，原贵阳学院教授。主要从事逻辑学的教学与研究，著有《〈指物论〉与指号学》《论“承认”》《再论“承认”》《三论“承认”》等。

不久，百日维新失败，而京师大学堂以“萌芽早，得不废”。此外，慈禧在谕旨中也说“大学堂为培植人才之地”，应予以继续兴办。于是，京师大学堂成了“戊戌变法”诸多新政中的唯一幸存者。1912年，京师大学堂改名为北京大学。

京师大学堂的建立，是中国高等教育近代化的标志，其最大特色是在继承中国文化传统的基础上引进西方近代的科学文化。百日维新失败后，不仅京师大学堂保存下来，而且各地建立起来的新学校也并未全部解散。正是这些新式学校，成为传播新思想、培育新人才的基地，有力地促进了我国此后的改革、革命和建设事业，促进了我国的近代化和现代化。

因此，有的学者认为，李端棻的《请推广学校折》，实为中国学制近代化的先声，是中国教育近代化的纲领性文件。

二、《请推广学校折》产生的时代背景

《请推广学校折》的产生，是顺应时代潮流的需要，清醒地认识到当时中国的现状，并且吸纳和总结了现实生活中一些地区举办新式学堂的经验教训后才产生的。

从1840年的鸦片战争开始，中国迅速沦为半殖民地半封建社会，丧失独立自主的地位，并促进了自然经济的解体，也促进了中国走向近代化的进程。

面对着列强的入侵，面对着强劲袭来的欧风美雨，一部分中国知识分子开始睁眼看世界，探求新知，寻找御侮强国之道，萌发了向西方学习的新思潮。从“师夷之长技以制夷”到“师夷之长技以自强”，并进而逐渐认识到还必须深入地多方面地学习西方的先进文化、变法经验、教育思想和学校制度等。

在教育方面，一些比较开明的爱国知识分子开始正视现实，抨击封建的传统教育，批评八股取士制度，反对空疏无实的理学，强调“经世致用”，倡导学习西方的科学文化以及一些制度，要求广开言路，选拔安邦治国的人才。一些人士已经意识到，要改变当时中国又贫又弱的状况，必须寻求和培育新型的人才。他们迫切地感觉到，造就人才“实为自强之本”，且是“当务之急”，并在一些地区已经陆续举办了一些新式学堂，积累了一些经验教训。

在维新变法运动中，维新派人士也十分重视教育改革，积极主张并且实际践行办教育以培养人才，立报馆以宣传变法，译新书以昭新学，建学会以组织力量，等等，作为救亡之道。

在维新派的领袖人物中，李端棻是朝廷大臣，因此更能够通观全局，统筹兼顾，提出《请推广学校折》这样重要的纲领性文件，直接上奏给光绪皇帝，由此把教育改革转变为国家意志，号令全国，积极推行。

三、《请推广学校折》的主要内容

《请推广学校折》的主要内容，简单点说，就是奏折开头一句话：“时事多艰，需

才孔亟，请推广学校，以励人才而资御侮。”

说到“时事多艰”，这在当时是众所周知的，就不详加论述了。说到“需才孔亟”，奏折讲得非常具体。“皇上顺穷变通久之义，将新庶政以图自强，恐办理无人，百废莫举，特降明诏，求通达中外能周时用之士，所在咸宁表荐，以备擢用。”本来“以为豪杰云集，富强立致”，可是实际情况却很不妙，“然数月以来，应者寥寥，即有一二，或仅束身自好之辈，罕有济难瑰玮之才，于侧席盛怀，未能尽副”。中国人口众多，士人也不少，为什么当前会如此缺乏人才呢？李端棻认为：“非天之不生才也，教之之道未善也。”接着深入分析“教之之道未善也”的原因。“夫二十年来，都中设同文馆，各省立实学馆、广方言馆、水师武备学堂、自强学堂，皆合中外学术相与讲习，所在而有。”那么，为什么还说“教之道未尽”呢？李端棻指出以下五点：

其一，学习内容简单而且单一，只学习西语西文，“而于治国之道，富强之源，一切要书，多未肄及”。

其二，不分学科，不分专业进行教学，“学业不分斋院，生徒不重专门”。

其三，新学中有的必需试验测绘，有的必需游历察勘，然而“今之诸馆，未备图书，未遣游历，则日求于故纸堆中，终成空谈，无自致用”。

其四，学生的发展前途还不理想。“利禄之路，不出斯途。俊慧子弟，率以从事帖括以取富贵，及既得科第，遂与学绝，终为弃材。今诸馆所教，率自成童以下，苟逾弱冠，即已通籍；虽或向学，欲从末由。”

其五，新式学堂太少，学生也太少。“今十八行省只有数馆，每馆生徒只有数十。士之欲学者或以地僻而不能达，或以额外而不能容，即或在馆学徒，一人有一人之用，尚于治天下之才，万不足一。况于功课不精，成就无几。”

李端棻还着重指出，钻研新学，与只需要闭户读书的旧学不同，还必须有翻译、有仪器、有游历考察等条件。他说：“格致、制造、农、商、兵、矿诸学，非若考据词章帖括之可以闭户獭祭而得也。书必待翻译而后得读，一人之学，能翻群籍乎？业必待测验而后致精，一人之力，能购群器乎？学必待游历而后征实，一人之身，能履群地乎？此所以虽有一二倜傥有志之士，或学焉而不能成，或成矣而不能大也。”

在深入地分析了“教之之道未善也”之后，紧接着就提出了改进的办法。首先，他很赞赏“设官书局于都畿，领以大臣以重其事”。他认为，这一举措非常重要：“他日奇才异能，由斯而出，不可胜数也。”

“官书馆”早在咸丰末年，就在湖北、安徽、江苏等地出现，到同光年间，曾国藩、左宗棠、张之洞等封疆大吏也积极创设，筹资举办。1895 年，清政府把维新派的强学会所办的强学书局改组为官书局，译刻各国政治、商务、工程等书籍，1898 年并入京师大学堂。这里所讲的“设官书局于京畿”，应该主要指的是后者。

重视学习的内容，积极认真地出版大量有用的新知识非常重要。然而，“惟育才之法，匪限于一途；作人之风，当遍于率土。”于是，李端棻郑重地提出自己的主张：“臣请推广此意，自京师以及各省、府、州、县，皆设学堂。”并且，分别提出各级学堂对学生的不同要求和所学的不同内容以及学习时间等。例如：“府、州、县学，选民间俊秀子弟，年十二至二十者入学，其诸生以上欲学者听之；学中课程，诵‘四书’、《通鉴》、小学等书，而辅之以各国语言文字及算学、天文、地理之粗浅者，万国古史近事之简明者，格致理之平易者，以三年为期。”更高一层的“省学，选诸生年二十五以下者入学，其举人以上欲学者听之；学中课程，诵经史子及国朝掌故诸书，而辅之以天文、舆地、算学、格致、制造、农、商、兵、矿、时事、交涉等学，以三年为期。”最高层的“京师大学，选举贡监年三十以下者入学，其京官愿学者听之。学中课程一如省学，惟益加专精，各执一门，不迁其业，以三年为期。”此外，还要考虑到学习的分科和毕业后的出路。“其省学、大学所课，门目繁多，可仿宋胡瑗经义治事之例，分斋讲习，等其荣途，一归科第，予以出身，一如常官。”考虑得很周到，安排很严密。“如此，则人争濯磨，士知向往，风气自开，技能自成，才不可胜用矣。”

从课程的安排来看，这里虽然仍旧是“中学为体，西学为用”的思路，但是已经非常重视引进西方新知识的内容，比以往的书院全是传统旧学的安排，大有进步了。从出路上看，虽然仍旧向“科第”靠拢，这也是适应当时社会思想的权宜之计。这也可以看出在改革中要真正向前一步是多么地困难。

李端棻主张的“推广学校”，“自京师以及各省、府、州、县，皆设学堂”，规模宏大，经费从哪里来？师资从哪里来？这些重大问题必须有解决的办法。而且，“今国家正值患贫，何处筹此巨款？”对此，李端棻也面对现实，提出了切实可行的办法。他说：“臣查各省及府、州、县，率有书院，岁调生徒入院肄业，聘师简授，意美法良。惟奉行既久，积习日深，多课帖括，难育异才。”原来各地所办的书院已经远远落后于现实需要，可以把这些书院改办为新式学堂。“今可令每省每县各改其一院，增广功课，变通章程，以为学堂。书院旧有公款，其有不足，始拨官款补之。因旧增广，则事顺而易行；就近分筹，则需少而易集。”考虑得很实际，也很周到。

与此同时，仍要突出重点：“惟京师为首善之区，不宜因陋就简，示天下以朴，似当酌动帑藏，以崇体制。每岁得十余万，规模已可大成。中国之大，岂以此十余万为贫富哉？”要认真办好京师大学堂，还是要有决心下点本钱的。

要办这么多的学堂，师资从哪里来？这也只能从现实出发，循序渐进，逐步解决。“臣以为事属创始，学者当起于浅近，教者亦无取精深。今宜令中外大吏各举才任教习之士，悉以名闻，或就地聘延，或考试选补，海内之大，必有可以充其任者。”充分利用现有资源，积极努力，总有解决的办法。

李端棻认为当前最基本的是设官书局和办大学堂这两项，此外还“有与学校之益相须而成者”，他举出了五项：一曰设藏书楼也；二曰创仪器院也；三曰开译书局也；四曰广立报馆也；五曰选派游历也，游历又分为“游历各国”和“游历各省”两种。

李端棻认为，在这推广学校的主张中，官书局和大学堂是“经”，而以上五项是“纬”。这“一经五纬”就是《请推广学校折》的主要内容。他说：“夫既有官书局、大学堂以为之经，复有此五者以为之纬，则中人以上者，皆可自励于学，而奇才异能之士，其所成就益远且大。”他满怀信心地说，如果这些主张得到切实推行，“十年以后，贤俊盈廷，不可胜用矣。以修内政，何政不举？以雪旧耻，何耻不除？”充分表现出改革教育的自信和锐气。

四、《请推广学校折》的作用和意义

李端棻上《请推广学校折》的时机正是变法维新思想勃兴，光绪帝也雄心勃勃地准备变法改革而且还获得了一些自主权力的时候。再说,《请推广学校折》的内容很好，分析当时存在的问题非常切中时弊，又能从实际出发，提出切实可行的改革方案。因此，不久就被有关部门审议通过，也得到光绪皇帝降旨允准。对此,《贵州通志・李端棻传》说:“端棻呈递此折在光绪二十二年，是时风气未开，已能切中窾要如此，宜其渥荷德宗优鉴也。”

1898 年，戊戌变法开始。6 月，光绪帝下诏筹办京师大学堂，并令各省、府、州、县之书院改为学堂。不久，变法失败，新政被取消，但京师大学堂得以保留下来。

1900 年，八国联军入侵中国，接着清政府被迫实行新政，下令兴办学堂，具体办法虽有所改变，但主要内容还是与《请推广学校折》一致的。

1905 年，清政府下令废除科举考试，培养精通四书五经等传统旧学的旧式教育宣告结束，培养通晓新的专业知识的技术人才的新式教育走上前台。原有的各级官学和书院纷纷改为新式学堂。

就以贵州来说，1897 年，在贵州任学政的严修仿照张之洞在四川办尊经书院的办法，对贵州的学古书院进行改革，不久后，学古书院改名为经世学堂，成为贵州第一所新式学堂。从 19 世纪末到 20 世纪初的十多年里，贵州兴办学校的数量和门类之多，以及教学内容变革的丰富和深刻，都是前所未有的。

戊戌变法失败后，李端棻以“滥保匪人”的罪名被流放新疆，中途遇赦回贵州。那时，李端棻虽然已年逾古稀，但仍不改初心，继续为教育事业贡献力量。在贵阳，他曾任贵州经世学堂山长（校长），并参与创办贵州第一所师范学堂——贵州省公立师范学堂，创办贵州第一所中学——贵州通省公立中学（贵阳一中的前身）。据《贵州通志・李端棻传》记载:“端棻回籍后，贵州巡抚延主经世学堂讲席，谆谆以开通风气，导引后进为要务，按月两开讲演，以立身敦品根底之学备他日朝廷器使。及其临殃前日，犹谆属子弟出资捐助学堂经费。”他大力倡导和切实践行教育改革，可谓至死不渝。

当然，我国从旧式的传统教育走向新式的近代教育和现代教育，是大势所趋、人心所向的必然结果。但是，李端棻 1896 年上《请推广学校折》，适应时代的需要，作了切实而又精要的顶层设计，并且得到光绪的采纳施行，使之转化为国家意志，推动了京师大学堂和各省、府、州、县新式学堂的建立，推动了我国教育的近代化，的确是功不可没。

李端棻逝世后，康有为在异国他乡沉痛悼念，他撰写了《祭故礼部尚书芯园李公文》，开头一句就说“维新之艰难兮，公缔其始”，高度肯定李端棻在维新变法中的重大贡献。

现在，北京大学校史馆和贵阳一中校史馆，都陈列有李端棻的塑像并介绍他的事迹。

李端棻和他的《请推广学校折》，在中国的教育史上的确做出了极其重大的贡献，值得我们认真学习，永远铭记。

吴可读的“尸谏”与李端棻《谨遵懿旨妥议建储事宜事折》

冯祖贻　吴申玲*

清光绪五年二月（1879 年 4 月），正当慈禧给同治帝及其皇后举办奉安大葬时，时任吏部主事吴可读突然进行了“尸谏”，以死请为同治立嗣，一时震惊朝野，给慈禧第二次垂帘听政合法性带来了不小麻烦。在慈禧布置下，一班朝臣特别是其中号称“清流”派人士纷纷出动，为慈禧辩解，此事才得以平息下去。清流派人士中，李端棻亦有一折，从这个奏折中不难发现戊戌维新之前李端棻的治学路径及政治态度，这对研究李端棻与慈禧之间的关系，李端棻何以在之后仕途比较畅达，以及如何评价李端棻，都有不小的价值。

一、同治死后，慈禧一手操纵了光绪的继立

清同治十三年十二月（1874 年 1 月）清穆宗载淳病故[①]，年仅 19 岁，无子。清朝帝室继统问题陷入危机。在同治帝已病入膏肓之时，王公大臣曾提出了候选人溥伦。溥伦是道光帝长子奕纬的长孙，属“溥”字辈，比同治帝低一辈。以溥伦继统“则可为同治帝之嗣子”，且“合于继序之正”[②]。但慈禧以奕纬早死，溥伦父载治是从远支过继来的，从血缘上论算不上近支宗亲而拒绝了。

其实慈禧最不愿从“溥”字辈中选继承人，如选“溥”字辈子嗣，慈禧则为太皇太后，虽崇而疏，更不能垂帘听政，她中意的是从同治同辈“载”字辈挑选嗣帝。在近支宗亲中，“载”字辈最有资格入选的是恭亲王奕䜣长子载澂。但载澂年已十七，如继位，慈禧就不能垂帘听政（同治帝就是十七岁亲政的）。再加上恭亲王与慈禧不和已久，慈禧正千方百计剥夺恭亲王参赞朝政大权，恭亲王为避祸已竭力回避，所以慈禧

* 作者简介：冯祖贻，贵州省社科院原副院长、研究员，主要从事中国历史文化研究。吴申玲，贵州省社科院助理研究员，主要从事中国历史文化研究。

① 同治帝因何病故，历来有各种传言，主要有天花和梅毒二说。据翁同龢日记和现发现的御医诊断来看，同治死因当系天花。据翁同龢日记载，同治当年十月经诊断为天花，起初很凶险，但十一月初已大有好转，还召见了翁同龢，翁同龢也曾上近前查看过，后来因“微感风凉”，病情急转直下。

② 濮兰德、白克好司：《慈禧外纪》，第 84 页。

在同治帝病危之时已决定立醇亲王之子载湉。此时载湉年方四岁，即位之后慈禧仍可统揽大权，而且载湉之母为慈禧之妹，更易控制，所以早已准备了小龙袍，只待正式宣布。

关于慈禧正式宣布立载湉为帝一事，翁同龢有一段记录：慈禧召集王公大臣奕䜣、奕譞、惇王、宝鋆、崇伦、文锡、沈桂芬、潘祖荫、翁同龢等到御前，劈头一句就是："此后垂帘如何？"大臣们只是言"宗社为重，请择贤而立，然后恳乞垂帘"。可以看出王公大臣虽不满慈禧一味想垂帘专权，但也只是推诿而已，"择贤"已有立长之意。慈禧听闻不合己意，干脆直接下谕："谕曰：文宗（指咸丰）无次子，今遭此变，若承嗣年长者实不愿，须幼者乃可教育，现在一语即定，永无更移，我二人同一心（指慈禧、慈安），汝等敬听，即宣曰某（指载湉）。"并立即下军机处拟旨[①]。所谓"二人同一心"也是谎言，慈安并非完全同意[②]。只是在拟旨时，大臣潘祖荫与翁同龢产生一些小嫌隙，"伯寅（潘祖荫）必明书为文宗（指咸丰）嗣，余意必应书为嗣皇帝，庶不负大行付托，遂参用二人说定议"最后的谕旨便是："载湉著承继文宗显皇帝为子，入承大统，为嗣皇帝。"[③]当夜载湉便入宫。第二天慈禧便命六部、九卿、翰、詹、科、道妥议垂帘章程，并宣布正式垂帘听政。此时距同治十二年（1873 年）慈禧宣布"撤帘归政"才不过一年。

慈禧立光绪为帝，既操之一人之手，其目的又很清楚，一些朝臣们都私下议论是"利幼君可专政"[④]，至于编造的理由，尽管有潘、蒋两人为之掩饰，在"嗣""统"上做文章，但从历代皇统和清代国法上都是讲不通的。因为光绪既成了咸丰的儿子，继承的必是咸丰之统，皇帝之位也必是因继承了咸丰而得来的，何来"大行付托"？近支王公后代明明有同治后辈的人，偏偏不立，岂非要同治断后？其中慈禧所掩盖的政治企图不是一清二楚了吗？

二、吴可读"尸谏"究竟表达了什么

慈禧一手遮天立了光绪，慑于她的淫威，王公大臣虽没有反对，但内心总是不服的，一些官衔稍低的官员开始表达不满。

第一个站出来的是内阁侍读学士广安，他抓住慈禧上谕中称载湉"承继文宗显皇帝之子，即承继大行皇帝为嗣"一事，要慈禧召集王公大臣、六部九卿会议此事，当众"须立铁券"，以防日后有变。广安奏折中最有说服力的是他举出了史证：宋太祖赵匡胤因遵杜太后之命传弟而不传子；宋太宗赵光义继位后，因听从赵普的话，违背杜太后成命，传子而不传侄，导致后患事。广安的奏折实质是指摘慈禧不为同治立嗣。

---

① 《翁同龢日记》，第 2 册，第 770 页。

② 慈安并不完全同意立光绪，此事外间颇有传闻，只因个性软弱慑于慈禧威势，没有直接表示反对。

③ 《清穆宗实录》卷 374。

④ 罗惇曧：《德宗继位记》，载《清野史续编》第 1 种，第 1 页。

奏上，慈禧因广安为满族后裔，只是传旨申饬[①]。

此时，后宫又传出噩耗：同治皇后阿鲁特氏在同治死后不满百日自杀身亡。阿鲁特氏之自杀，显然与慈禧脱不了干系[②]，慈禧又加掩饰称其为“毁伤过甚，遂抱沉疴……遽尔崩逝”，并加尊号。但御史潘敦俨却上奏折，称皇后之死外间传闻很多，既已如此，宜对阿鲁特氏再加美谥“以光潜德”。明明慈禧用光绪名义加了尊号，还要表扬，这不是再揭伤疤又是什么？此折也隐约透露出潘敦俨对慈禧不为同治立嗣的不满。折上后慈禧大怒，申斥潘敦俨“谬妄”，并予以“夺职”[③]。

尽管一位学士、一位御史受到斥革，但朝臣的不满心理仍在酝酿。终于到光绪五年三月，同治与皇后棺木安葬清东陵时，发生了吏部主事吴可读不惜以死再次请为同治立嗣一事，这便是有名的“尸谏”案。

在分析吴可读“尸谏”之前，需对吴可读本人及同光间出现的“清流”做些介绍。

吴可读，字柳堂，甘肃皋兰（今兰州）人，道光三十年（1850 年）进士，后任刑部主事。同治年间，左宗棠赴陕甘平定叛乱时，时任乌鲁木齐提督成禄诬民为贼，击害多人，左宗棠特向清政府报告，吴可读支持左宗棠，认为成禄之罪“有可斩者十，不可缓者五”，力主严办。成禄为满人，在宫中有奥援，因此慈禧、同治都不主严办。为此吴可读再上奏折，奏折中竟出现“请斩成禄以谢甘民，再斩臣首以谢成禄”的句子。奏上，慈禧、同治斥责吴可读欺蒙圣上年幼，醇亲王也力主斩吴可读。后经刑部、都察院一众官员营救，才改削职，回归兰州，主讲皋兰书院[④]，至同治死之前，才经各方推荐，回京调任吏部主事。吴可读生前敢于犯龙颜而不顾，除自身“操行清洁，不附权贵”的品格而外，也与同光之际出现了一批清流派官员的客观环境有关。

同治时，清政府在中外反动势力支持下，镇压了太平天国和捻军起义，表面上是一派“中兴”景象，实质是内外交困、朝政腐败、矛盾重重。这时朝廷中的一批中下层官员，他们评议朝政，弹劾大臣，指斥宦官，“上至朝政之阙，下及官方之邪，微及闾阎之困，无不朝闻事目，夕达封章”，这些人被称之“清流”。这时又逢慈禧与奕䜣争权，地方督抚中，原属湘、淮系将领又多，奏章便“恒以诸臣咨纵，蔑视两宫为言，适如孝钦意，往往劾人不待复按，即罪之”[⑤]。慈禧和醇亲王奕譞利用他们牵制奕䜣，反过来恭亲王奕䜣也利用他们反制慈禧。当时的“清流”以翰林院、都察院中官员居多，都是一些正途出身，手头没有实权的官员。同光之际的清流中，向有“四谏”“十朋”之说，吴可读则名列“十朋”之列。清流们并没有一定的组织，但却常有聚会，一是“四谏”之一张之洞举办的龙树寺觞咏大会，一是大家都常去的松筠庵杨继盛祠。以致路人见到松筠庵门前官员聚集，就会猜到明日朝堂上必有参奏。所以“清流”不仅指“四谏”“十朋”中人，而是泛指一群人，前列的广安、潘敦俨以及后来上书议“大

---

① 朱寿朋：《光绪朝东华录》（一），总第 22 页。

② 阿鲁特氏与慈禧关系一向不和，有传言同治死后，阿鲁特氏备受虐待以至自杀。

③ 朱寿朋：《光绪朝东华录》（一），总第 207 页。

④ 黄濬：《花随人圣庵摭忆》（上），第 188 页。

⑤ 震均：《天咫偶闻》卷六。

礼”的李端棻均属清流之列。[①]

吴可读不惜以死上奏的内容仍是要求慈禧再发明旨，明确嗣皇帝（光绪）如有子，皇帝的大统一定要归这个儿子，这个儿子即是同治之子而非光绪之子。这样才符合“本朝祖宗以来，子以传子之家法”，同治才能“未有子而有子”，慈禧、慈安才能“未有孙而有孙”。尽管仍是老话，没有新意，但是态度益加激烈，矛头指向慈禧也更加明确，认为慈禧只“为文宗显皇帝立子，不为我大行皇帝（同治）立嗣”是“一误再误”。吴可读除举宋朝赵光义立子不立侄的历史往事外，又列举了明朝英宗被俘，景泰帝以弟继位，曾立英宗子为太子，但受人鼓动废英宗子而改立己子事，说明后果的严重性。奏折最后，吴可读还对慈禧提出了几点希望：调剂宽猛，养忠厚和平之福；任用老成；因创祖宗之未创，为子孙留有余。这几句话隐有所指，是否暗指慈禧与奕䜣之争，以及慈禧修圆明园而遭清流派抵制之事，是大可深究的[②]。

吴可读遗折最令人注意的是这封遗折写作时间、地点和采用的方式。时间是同治死后五年，光绪继位，慈禧再次垂帘已成定案，那场争论已成过去，吴可读偏偏又要重提旧事，正如吴所说“今逢我大行皇帝永远奉安山陵，恐遂渐久渐忘”，所以他才“迫不及待”以死贸然上言。他自杀地点又选择在奉安陵寝来回必经大道边一座小庙里。遗折有两份，一封请吏部尚书宝鋆送达朝廷，另一封留置于身上（他本人也是奉安人员之一），有人想隐瞒也瞒不住。采用的方式又是罕见的，为古人所称道的“尸谏”（吴先自经，不成后服药）。据说，那天天气也奇怪，已是阳春三月，京城却忽飘雪花。此事引起朝局不小震动，慈禧不得不千方百计设法弥补，以平息舆论，安定朝局。

三、为慈禧解套的“清流”派——兼析李端棻《谨遵懿旨妥议建储事宜事折》

吴可读的“尸谏”举动以及遗折给慈禧出了大难题：上书者是清流健将，而清流是一个不可小觑的群体；所针对的又是她本人，且言辞激切，甚至采取了尸谏的极端方式，不是简单的几句斥责可以压平的。为此，她走了以下三步棋。

第一步：以退为进，先肯定吴可读的遗折是为大清王朝着想，是忠于清朝、忠于先帝、忠于两宫太后、忠于光绪的。肯定吴可读的遗折“预定大统之归”，申明同治十三年十二月五日所降宣布嗣皇帝生有皇子即承继大行皇帝为后的谕旨，已包含了吴可读所奏之意，等于为下一步行动划定了一个框架。

第二步：为表虚心，慈禧特将吴可读遗折发下，召内阁会议讨论。不过这次在四

---

① 将李端棻归入“清流”还有一个证据：李端棻与“四谏”之一的张之洞为同年，二人同为同治二年（1863年）进士。李端棻充军返乡后，张之洞任湖广总督时，李端棻曾到过湖北小住，张殷勤接待。李端棻返贵州后曾有《寄赠张香涛同年》一诗，云“鄂州小住得依因，大慰飘萍泛梗生。贵贱交情今乃见，文章结契自然真”，以记其事。中言“文章结契”，实指当年在北京时两人的交往。李诗见《贵阳五家诗钞》之《苾园诗存》，第15页。

② 吴可读遗折全文见《清朝野史大观》卷八，第2、3、4页。

月一日（1879 年 5 月 21 日）召开的会议并不理想，大臣们不知是因为慈禧有了框架，还是怕惹怒了慈禧，多以“继统似涉建储，不敢参议，不得擅请，不能豫拟”为由，以“无庸议覆”作答①。慈禧自是不满意，于是又开始了第三步。

第三步，发动上下臣工包括王公大臣、六部、九卿、翰、詹、科、道等，“将吴可读原折妥议具奏”。慈禧心目中的重点对象是她最亲信的大学士徐桐，同治、光绪的两位师傅，还有同治十三年十二月那次上谕的起草人潘祖恩、翁同龢以及清流派代表人物。果真在十余天内，就收到了徐桐、潘祖萌、翁同龢的连衔上疏，清流派宝廷、黄体芳、李端棻和张之洞也各有疏上呈。

徐桐、潘祖萌、翁同龢的上疏自不必说，完全按慈禧画出的框架建言，强调慈禧在同治十三年十二月五日所降谕旨已概括了吴可读的要求，即所谓“即是此意”。其他几位清流派官员的奏折，则都先肯定了吴可读的忠心可嘉，但却在立嗣和建储上大做文章，替慈禧不为同治立嗣作辩解，认为如建储是违背了祖宗成法（因为清代在乾隆以后都不能明立储君），所以只能为咸丰立嗣，而慈禧原定嗣皇帝生了皇子即承继大行皇帝为后的做法，才是既使咸丰有了后代，也使同治有了继承人（未来的皇帝），是两全其美的做法，是有深刻含义的②。

在这几位清流派官员的奏折中，李端棻的奏折别具一格，自应单独做一解析。

李端棻的奏折是四月十日（1879 年 5 月 30 日）上奏的，距内阁会议还不到十天。这封奏折的特点是撇开了吴可读的原折，专在“立嗣”和“继统”上做文章，多方为两宫太后及当今皇帝（光绪）当前和今后的为难之处陈词。李端棻总结道，太后及当今皇帝（光绪）面临有“五难”：前两难是太后原来的上谕（潘祖萌、翁同龢所拟）原本有不周全之处，给太后造成了困难；后三难则虑及将来，即当今皇帝生有众皇子以后如何确定皇位继承者，如何择贤，如明定必违祖制，如不明定又与太后的谕旨不符。李端棻的思虑的确极为周全，也很深远。最后归结为：正因为“难”，所以要“筹及两全，折衷一是，惟在乎两宫”③，将最终决定权稳稳当当放在了慈禧手里。这应当是慈禧看过后最称心也最满意的答案。李端棻的这封奏折为他赢得很高声誉，人称“其议大礼一疏，益言人所不敢言。识者谓司马文正、欧阳文忠之濮议皆不及焉”④，比之司马光和欧阳修尚有过之。

当“清流”们纷纷上言批驳吴可读的遗折，又肯定了慈禧的做法，将希望寄托于慈禧再作决断之后，这场晚清朝廷上轰轰烈烈的“议大礼”最终以慈禧再发谕旨重申同治十三年的上谕为结束。尽管慈禧明知那道谕旨有缺陷，但她要的就是不为同治立嗣，以满足她个人再次垂帘、专控朝权的私欲。不过为照顾清流派的面子，对吴可读也加以嘉奖，赞其“孤忠可悯”，给予五品顶戴，作为“议恤”。

从李端棻参与“议大礼”一事，我们也可一窥李端棻早期的学术和思想倾向。《清史稿》和梁启超为李端棻所撰墓志铭说李进翰林院时，或“倭仁、罗惇衍方倡程朱学

① 李端棻：《谨遵懿旨妥议建储事宜事折》。
② 罗惇曧：《德宗继统私记》，载《清野史续编》第一种，第 3-14 页。
③ 李端棻：《谨遵懿旨妥议建储事宜事折》。
④ 梁启超：《清光禄大夫礼部尚书李公墓志铭》，《饮冰室文集》四十四（上），第 2 页。

以厉末俗，公咸从奉手有所受焉"，或"为大学士倭仁、尚书罗惇衍所器"，及陈夔龙在《梦蕉亭杂记》中说李端棻早期的学问是"旧学"，都是正确的。李端棻后来出任云南学政，为云贵总督刘岳昭、云南巡抚岑毓英多有策划，又对当地权豪"以贿干进者，辄正色斥去"，也颇显清流风骨，但骨子里还是讲求程朱理学的儒生，说他很早便接受西方先进思想，那是不符合历史实际的。

李端棻在"议大礼"中的表现，足以说明他对儒家经典，如《礼记》极为熟悉，也对历代的"议大礼"的掌故烂熟于胸。我们知道，自宋以后，屡屡在皇位继承上出现争执时，参与"大礼议"的，都是一代儒臣或理学名臣，如上述宋代的司马光、欧阳修，还有明代的李东阳、夏言等。李端棻不仅对"大礼议"所涉儒家经典、仪规熟悉，还对慈禧的心思揣摩透彻，为她多方着想，他的奏折想不得到慈禧的好感都难。

有一件史事我们也应虑及：戊戌时李端棻升任最高职务是礼部尚书，为什么偏偏是礼部尚书？前人往往只从原礼部尚书怀塔布属拥护慈禧的顽固派，力拒光绪提倡的全国官员"上书言事"，光绪为了驱除改革障碍、震慑顽固派，所以撤了怀塔布的职，又因李又与改革派首领康、梁交好，因而改任李端棻这一角度着眼。然而，从另一方面论，在光绪眼中，李端棻无论是政治倾向（支持改革），还是业务能力论（熟悉礼制，并参与了光绪五年的"议大礼"），出任礼部尚书，均是能为各方所接受的合适人选。

四、慈禧对晚清政局的控制与清流们在光绪朝的遭际——以李端棻为例

吴可读的"尸谏"可以说是清流派对慈禧企图控制晚清政局的一次挑战，而结局是慈禧以她娴熟的政治手段轻易获胜了。她手段最出色的地方在于以清流制清流：吴可读是清流健将，此前的广安、潘敦俨也是清流中人，但后来站在慈禧一方，帮助她解难的恰恰也是清流中人，其中的张之洞还是清流中的领袖，张之洞、黄体芳又是"四谏"中的两员大将。吴可读"尸谏"案的落幕，意味着慈禧在控制光绪朝政局中初步站稳了脚跟。之后便再难听到朝臣因同治立嗣问题为难她了[①]。

有件小事值得一提，吴可读临死前还留下一封《诀儿书》，因担心死后儿子无人照顾，特地在心中交代儿子在他死后去拜见张之洞和张佩纶，又叫儿子去拜见左宗棠，为的是"必不令尔无啖饭所也"[②]。可见吴可读与二张平日交往及感情颇深。然而，吴可读死后张之洞等清流人士却完全背弃了吴可读，倒向了慈禧一边。假如吴可读死后有知，该作何想法！

慈禧不为同治立嗣，故意选载湉为帝的目的在于控制政权，这在清流派、恭亲王

① 我们在档案中还发现了另一封奏折，说到王先谦大概在这之后讲过一些不当言论，立即被李端棻揭发，这封奏折名《侍讲王先谦芜言乱政并违祖训请立予斥革治罪事》，"芜言乱政"或许即与建储有关。李端棻上奏时间为光绪五年六月二十一日，离李端棻所上前一折，即《谨遵懿旨妥议建储事宜事折》仅三个月不到。

② 黄濬：《花随人圣庵摭忆》（上），第193页。

乃至一班朝臣都是心知肚明的。吴可读的遗折即隐约透露此事(指斥慈禧“一误再误”),同时还规劝慈禧不要再干预恭亲王办理朝政。然而，在其后张之洞、李端棻等为慈禧解围的奏折中，这事一点影子也没有了，由此可见清流的分化。

为慈禧出力的清流们，大致都得到了相应回报。张之洞不久便以翰林身份出任山西巡抚，宝廷作了侍郎，黄体芳做了通政使。李端棻在议大礼时还是陕西道监察御史，不久即擢任内阁学士，典试广东，后来又典试过四川、山东，光绪十八年（1892 年）出任会试副考官，升刑部侍郎，又兼署工部侍郎。到他做武试正考官时，已是正三品的官员。光绪二十三年（1897 年）调任仓场侍郎，直至戊戌变法中（光绪二十四年，1898 年），被光绪赏识擢拔为一品衔的礼部尚书。他后来的升迁主要是因他接受新思潮及参与变法的结果，但根据当时情况，慈禧虽已归政光绪，二品以上官员的升迁仍要通过慈禧同意。因此，在李端棻仕途一直平稳向上的背后，是否存在光绪五年他那封名重一时、为慈禧考虑周详的奏折的影子呢?

我个人认为，研究历史人物的一生，并做出客观评价，既要关注其人在重大历史时期的重大表现，如李端棻在戊戌变法前后的政治态度是评述他一生最重要关节点，同时也不能忽视其人在其他历史时期中的言论，甚至细节。这样才不至于将历史人物简单化、平面化，也更符合历史实际。本文所提供的仅是李端棻经历中的一个片段，其解析也只是我个人的一些粗浅见解，见仁见智，尚祈大家不吝指教。

浅议李端棻的历史贡献及其当代价值

李守明*

李端棻（1833—1907），字苾园，贵州贵筑（贵州贵阳）人。幼岁而孤，曾随叔父李朝仪赴京求学，同治进士。历任学政、刑部侍郎等职。李端棻是清朝著名的思想家、改革家、教育家，戊戌变法领袖人物、北京大学首倡者，被称为“中国近代教育之父”[①]。李端棻不仅是对清末政治有重要影响的人物，而且对云南、贵州等地方也做出了重要贡献。

一、李端棻对国家和地方的重大历史贡献

（一）在戊戌维新时期的功绩尤为突出

自光绪帝下《定国是诏》，宣布变法，“百日维新”开始。李端棻联络九卿上折，以支持康有为的《上清帝五书》，遭到拒绝后，毅然以个人名义上书，向光绪皇帝推荐康有为的《上清帝五书》。翁同龢被革职后，李端棻成为维新官僚的核心人物，多次向光绪帝“密荐康有为、谭嗣同堪大用”，此外还推荐了一批维新派人士，把他们推到了重要的位置上。他上《变法维新条陈当务之急折》，提出御门誓群臣、开懋勤殿议制度、删改六部之则例、派朝士归办学校等主张。光绪革去礼部六堂官之职后，擢李端棻为礼部尚书。李端棻积极参与变法的策划、组织和推行，功不可没。[②]

戊戌维新运动是一段具有划时代意义的历史。一个不想当亡国之君的光绪皇帝和一群帝党官僚，以及一批以“救国图存”为己任，谋求国家独立、民主、富强的资产阶级维新派，有感于甲午战争惨败的教训，急于寻找救国强国的途径，急于寻求改革现状的政治力量。这三股政治势力为了一个共同的政治目标，把激荡已久的资产阶级维新思想推进成为一场实实在在的社会变革运动。这三种政治力量，相辅相成，缺一不可。其中，帝党官僚居中推动和参与，对“百日维新”起了重要作用。在当时极端守旧的中央大臣不断分化或退缩的情况下，凸显了李端棻的作用，所以梁启超说他是“二品以上大臣言新政者，一人而已”。李端棻自 1863 年入翰林院以来至 1896 年从事

---

* 作者简介：李守明，贵阳市政协原文史和学习委员会主任，主要从事地方历史研究。

① 冯楠主编：《贵州通志 · 人物志》，贵州人民出版社 2001 年版。

② 钟家鼎:《李端棻评传——兼论维新官僚在戊戌变法中的地位与作用》,海南出版社 2004 年版，第 288-289 页。

学政 33 年，深知科举制度专重考试，勿视教育的弊端。

（二）首倡兴办京师大学堂

中国封建帝王时代的人才选拔制度，千余年来都是以科举取士，清朝更规定科举文章专用八股文，这严重束缚了人的思想，使得人们的聪明才智难以发挥——李一楫的诗作中就有“帖括词章误此生”的诗句，而有改革教育、举办新学校之意。自鸦片战争以来，帝国主义列强不断侵略中国，而清政府软弱无能，一味屈膝投降，割地赔款的不平等条约也一再制订。侵略者在中国的土地上横行霸道，为所欲为。光绪二十年（1894 年），甲午战败签订《马关条约》后，光绪帝“欲兴庶政而图自强”，降诏征求“通达中外能周时用之才”。不料时过数月，应者寥寥。究其原因，李端棻认为是“非天之不生人才也，教之之道未善也”。遂于光绪二十二年五月初二日（1896 年 6 月 12 日），向光绪皇帝上《请推广学校折》，认为通过改变课程来革新传统书院是开办新学堂的最切实可行的方法。这个建议为朝廷所接受，并作为朝廷的政策加以颁行。这一奏折也成为中国近代教育史上有名的纲领性文件。它表面上是讲教育制度，但实际上已触及封建用人制度和政治制度的改革。正如《剑桥中国晚清史》所说，在 1896 年到 1898 年两年中，教育改革之风席卷全国，最后体现在百日维新期间修改考试制度和建立全国的学校体系的全面努力中。就这方面而言，1900 以后教育的改革和 1905 年科举制度的废除都是从 1895 年以后开始的。李端棻在奏折中除请办学堂之外，还建议各省设藏书楼，在所建学堂中设仪器室，在京师设译书馆，并在京师与各省及繁华商埠设大报馆，又建议选派优秀学生出国留学。此奏折得到光绪帝采纳，这对中国近代教育的影响是深远的，直接贯穿整个近代中国教育制度的变革，为“百日维新”的教育改革指明了方向。

此外，李端棻以文学受德宗、穆宗两朝知遇，屡司文衡，一为顺天府乡试同考官，一为会试同考官，一为云南学政，且前后历充山西、广东、四川、山东主考官，所至皆大力识拔人才。他在云南学政任时，值滇乱初平，前任学政所畏难不致者，皆一一按临，期共沐中兴文化。后典试广东，因赏识梁启超的才华，遂以堂妹妻之。

二、李端棻为贵州、贵阳做出了重大贡献

戊戌政变后，李端棻被充军新疆。1901 年，赦归家乡贵阳。1904 年，清政府特赦戊戌党人，李端棻得开复原礼部尚书衔。他回乡后，主讲贵州经世学堂，在政治、经济、文化等方面为贵州、贵阳做出了重大贡献。尤以教育方面的贡献最为突出，他一直推行教育改革，传播先进思想，直至去世，葬于永乐乡。遗著有《苾园诗存》一卷，存诗百余首。

1901 年，年近古稀的李端棻赦归回乡，并未因政治打击和长期患病而消沉，反而壮心不已，为家乡风气开通而竭尽全力，成为当时贵州维新人士公认的一面变法旗帜。1902 年，李端棻受聘为贵州经世学堂山长，大力革新教育，推行新政。《苾园诗存》有

《应经世学堂聘》诗一首记载其事："帖括词章误此身，敢膺重币领群英。时贤心折谈何易，山长头衔恐是名。糟粕陈编奚补救，萌芽新政要推行。暮年乍拥皋比位，起点如何定课程。"诗中可见李端棻仍然不改初衷，以宣传新学为己任。他到职后，八股已废，改用论说文。第一次月课李端棻出题为"卢梭论"，第二月课出题"培根论"。应考诸生不会做，他就把两次月考题的出处——梁启超主编的《新民丛报》上的文章，拿出来让考生抄写并给考生讲解。他定期召集诸生讲演，阐述民权自由真理，月课以培根、卢梭诸学说命题。李端棻的教育内容和思想，一定程度上传播了西方自由平等思想，宣传了自然科学知识和政治思想，开通了贵州的学术风气，使探索新学的人日渐增多，为民智未开、思想守旧、闭塞落后的贵州注入了一股新鲜血液，推动了贵州文化教育的发展和新式人才的培养。

在经世学堂主讲期间，李端棻着手推行家乡新式学堂建设。1902 年 7 月 31 日，贵州巡抚邓华熙奏请将贵阳贵山书院改为贵州大学堂，并下令各府设中学堂，县设小学堂。由此，贵州掀起了一股办学热潮，李端棻在其中起了重要的倡导作用。光绪三十年（1904 年），作为众望所归的维新元老，李端棻在于德楷、乐嘉藻、唐尔镛、任可澄、华之鸿等在籍绅士的拥戴下，发起创办了贵州第一所公立师范学堂和贵州第一所公立中学堂（贵阳一中前身）[①]，是为清末到民国初期贵州规模最大、师资队伍最雄厚的中学堂。据民国《贵州通志》统计："自 1902 年到 1910 年，贵州省共办各种新式学堂 683 所。其中，小学堂 655 所（高等和两等小学堂 108 所，初等小学 547 所），中学堂 6 所，师范学堂及师范传习所 10 所，实业学堂 3 所，高等性质的学堂 6 所及政法学堂 3 所。"[②]从李端棻回贵阳到他去世，在短短的 6 年时间里，新式学堂在贵州已普遍建立，各种新思想、新文化在贵州得到推广。

从李端棻在经世学堂传播卢梭、培根等资产阶级启蒙思想，到全省各地学堂的纷纷开办，前后时间不到 10 年。这既反映了社会进步发展不可阻挡之势，同时也凝聚了李端棻以开通风气为已任的不朽之功。追随李端棻兴办维新事业的于德楷、乐嘉藻、唐尔镛、任可澄、华之鸿等，亦为贵州当时的风云人物。

清朝末年，人才不足严重影响贵州和贵阳发展。为此，李端棻大力倡导选派学子留学。据有关资料记载，1905 年一年之内，通过贵州官方选派和自费留学生便有 151 名，成为贵州向外选派留学生最多的一年，在贵州发展史上留下了值得书写的一笔。在李端棻出任贵州经世学堂讲习期间，编著《普通学说》讲授大纲，其中列出 65 种教材和所需书目，涉及 17 个学科，培养了一批有用的新式人才。经世学堂先后培养的 40 多名学生，是贵州历史上第一批学兼中西的人才，他们为贵州政治、经济、文化等做出了重要贡献。

1904 年，清政府特赦戊戌党人，李端棻得开复原礼部尚书衔。同年，李端棻应张之洞之邀赴湖北。在此期间，李端棻目睹了湖北蓬勃发展的新政活动，对湖北乃至全

---

① 转引自钟家鼎：《李端棻评传——兼论维新官僚在戊戌变法中的地位与作用》，海南出版社 2004 年版，第 357 页。

② 转引自钟家鼎：《李端棻评传——兼论维新官僚在戊戌变法中的地位与作用》，海南出版社 2004 年版，第 357 页。

国各地收回路矿利权活动感受尤深。回乡后，即着手倡导本省收回路矿利权活动。贵州发起成立了全省铁路矿务总公司，公推李端棻为总理，于德楷为协理，周素园任文案。可惜终因阻力太大而停办。[①]

三、李端棻的历史贡献及当代价值

李端棻的主要历史贡献，表现在“戊戌变法领袖”和“中国近代教育之父”两个方面。他的思想和文化内涵，不仅在他所处晚清时期推动了历史的发展，就是在近代和当代中国，仍然具有重要的时代意义。

首先，李端棻作为戊戌变法领袖，其家国情怀对当代所开展的爱国主义教育仍有十分重要影响。中日甲午战争后，帝国主义列强瓜分中国，有识之士皆欲变法而致富强，在多方努力下开展了戊戌维新运动。而这场运动是当朝的光绪皇帝、维新派和维新官僚三位一体、共同发动的运动。李端棻在戊戌维新时期的功绩尤为突出。他联络九卿上折，支持康有为的《上皇帝五书》，遭到拒绝后，毅然以个人名义上折，这种忧国忧民的担当体现的正是家国天下的爱国主义情怀。在今天新的时代里，心怀家国天下便是个体对国家和人民的热爱与忧患意识，是主动追求民族统一、国富民强的精神，也是国家认同感和责任意识的体现。李端棻的家国情怀对当代中国的爱国主义教育仍有广泛的影响。

其次，李端棻所上《请推广学校折》有力地推动了中国教育近代化的历史进程。1896 年 6 月 12 日，时任刑部左侍郎的李端棻上《请推广学校折》(该折全称为《奏时事多艰，需才孔亟，请推广学校，以励人才而资御侮折》)，建议“一曰设藏书楼”“二曰创仪器院”“三曰开译书局”“四曰广立报馆”“五曰选派游历”，指出国家教育现状已经成为国家实施变法的瓶颈，严重制约人才的培养。针对教育现状与弊端，提出“自京师以及省府州县皆设学堂”等一整套教育改革的主张。具体办法为：在京师设立大学堂，在省会设中学堂，在各府、州、县设小学堂；各级学堂的学制、教学内容、专业设置、学生年龄皆进行予以定制；学生毕业后“等其荣途，一归科第，予以出生，一如常官”。该折上达后，光绪皇帝命令总理衙门议复。虽然守旧派官员从中拖延，但最终在光绪皇帝的严厉督促下，这些纲领得到落实。京师大学堂顺利成立，新式学堂在全国开始兴办。李端棻的这种教育思想，在当代仍然有着重要的价值。

再次，李端棻故里文化已成为推动贵阳经济社会发展的重要文化品牌。自李端棻被评为“贵阳市十大文化名人”以来，贵阳市和南明区及贵阳学院高度重视李端棻故里文化打造工作，无论从硬件设施上，还是从学术研究方面，做了许多基础工作。包括修缮李端棻墓区，改造周边村落，整治周边道路等，并在永乐乡初级职业中学内设立了李端棻纪念馆，还建立了李端棻中学。在李端棻逝世 100 周年、110 周年时，均组织召开了全国性学术研讨会和相关活动。贵阳学院成立了李端棻研究院，以开展李端

① 转引自钟家鼎：《李端棻评传——兼论维新官僚在戊戌变法中的地位与作用》，海南出版社 2004 年版，第 357 页。

菜研究工作。南明区与贵州人民出版社正在着手推动李端棻历史资料进中小学读本。

四、进一步提升李端棻文化时代价值的几点思考

（一）高度重视李端棻文化的打造提升，让李端棻文化走向全国。李端棻不仅为贵阳本土的文化名人，而且在全国也是有影响的人物。他对中国近代社会特别是近代教育改革做出过重大贡献，产生了重大影响。其“胸怀凌云志，敢为天下先”的先驱精神、人格魅力和丰富学识，以及改革创新、不畏艰险、胸怀天下、勤勉好学、清正廉洁、开明开放等精神品质，至今仍具有重要的教育意义和时代价值。贵州省史学界、文化艺术界要进一步挖掘李端棻家国天下的爱国情怀和敢为天下先的先驱精神与人格魅力，定期不定期召开形式多样、内容丰富的端棻文化学术研讨活动，不断推出新成果，提高李端棻在全国的影响力，为后人塑造崇高的人格典范。

（二）打造李端棻文化品牌，丰富城市内涵，组合现有资源，分工协作，突出特色。尽管贵阳市及南明区、永乐乡，分别创建了“李端棻研究院”“李端棻中学”“李端棻纪念馆”等设施，但总体而言项目校少，不能全面反映李端棻文化的内涵及其覆盖面，建议规划建设一批以李端棻命名的乡镇、道路、街道、公园等，并在永乐乡建一所李端棻书院或祠堂，让李端棻文化元素根植于贵阳这座城市，让李端棻文化形象化，逐步融入城乡居民的生活。

（三）加强李端棻文化的宣传和传播力度。李端棻是我国开启中国近代教育改革、建立新的教育体系的奠基人，又是戊戌变法的领袖，堪称贵阳市、贵州省乃至全国的爱国爱乡典范，要采取多种形式把他的爱国爱乡的精神呈现出来，并进行广泛宣传。要加快陈列馆建设速度，扩大规模；加强史料的挖掘，丰富陈列展示内容，并将李端棻陈列馆改为纪念馆，创造条件将纪念馆建成贵州省的爱国主义教育基地；创作相关影视艺术作品，建议市委宣传部把李端棻纳入正在启动的“贵州文化长卷”对象，以加大宣传力度；通过“乡贤文化进校园”活动，对教师和学生进行爱国爱乡教育，大力弘扬爱国主义精神，把学习先贤爱国之心转化为教书育人和勤奋学习的报国之行，让历史文化名人与当下产生连接，使其精神价值活在当下，对当下人民尤其是青少年进行爱国主义教育，振奋民族精神，为实现“两个一百年”目标，赓续中华民族伟大复兴梦想奋斗前行。

封建桎梏孽根深　变法维新路艰难

——从唐才常、张之洞、张勋说起

秋阳*

戊戌政变之后，李端棻寄希望于“四方多猛士，定可挽山河”。继之而起的是“举兵勤王”，拥光绪帝“复辟”，将维新变法继续推进，以期其成。勤王举兵者，首推唐才常。

唐才常，湖南浏阳人，贡士出身。光绪二十三年（1897年）在长沙主编《湘学报》，并任时务学堂教习。期间聘请梁启超入湘为总教习，又与谭嗣同等创立南学会，通过学会接纳维新志士，壮大改革队伍。唐才常还在报上发表文章，竭力传播维新变法思想，以唤醒民众。其中有一篇题名《论热力》的文章①，乍看以为是谈洋务的机器制造，实则“热力”是象征性的，用以比拟人的头脑。因西方讪我垢我为“病夫”而以为耻，于是反躬自省。“中国以四万万人而国者也。吾既为四万万人中之一人，则剖国权为四万万分，吾即有一分，而可以撑拄之、维持之，诚使人人能应分之国权……断无可亡之理。则意大利、希腊、普鲁士之转亡为存者，无他奇术，而惟恃吾心之热电为之。斯电也，在格致家为电，在吾心则为诚。热之所到，诚即随之，而上九天，而下九渊，靡所沮矣。”其意是说，只要动脑子思考，明白了自己应有的权利，就得去争取。由是可以断言：“有热力者，不变速亡，变则速强。热力速而涨者，其民必智，其国必新。热力大而神者，其民必仁，其国必群。”唐才常经过此番探究，热力勃发，信心十足，志气倍增。

唐才常因李端棻的推荐，受光绪帝召赴京师应特科的选拔，以备变法之用。戊戌政变，六君子惨遭杀害，激起他对慈禧太后的痛恨。为寻求救治之途，他一方面曾赴我国香港、上海以及日本、南洋等地，奔走活动；另一方面，又与康有为、梁启超积极保持联系。

光绪二十四年（1898年）冬，唐才常来到上海，创建自立会，组织自立军。全军分为五路：安徽大通为前军，由秦立山、吴禄贞统率；安庆为后军，由田邦璿统率；湖南常德为左军，由陈犹龙统率；湖北新堤为右军，由沈荩统率；指挥机关设在汉口英租界。

光绪二十六年（1900年）六月，八国联军侵入北京。唐才常乘反对清政府引义和团排外之机，于七月上旬在上海英租界张园召开“中国国会”，公然宣布：一、“保全

---

* 作者简介：秋阳，原名徐平，贵州凯里人，原《花溪文谈》主编，主要从事中国历史文化研究，著有《李端棻传》。

① 中国史学会主编：《戊戌变法》，上海人民出版社1957年版，第三册，第95-100页。

中国自立之权，创建新自立国”；二、“决不认满洲政府有统治中国之权”（实指慈禧太后独揽的光绪政权）；三、“请光绪帝复辟”。会上选举容闳为“中国国会会长”，严复为“副会长”，唐才常自任总干事，与分干事林圭等人实际主持自立会的一切活动。会后，自立军五路人马分头布置，确定于八月九日同时举事，但因康有为在海外筹集的经费迟迟未到，一再延期，终至起事失败。

据历史学家茅海建《戊戌变法史事考初集》记载[①]，朝中官员曾向朝廷举荐时任湖广总督的张之洞，以备重用，受到慈禧太后的关注，谕旨来京陛见。张之洞以事多艰难及疾病缠身，推故延期。后因湖广发生涉外案件需要处理，未能成行。嗣后，召张之洞进京的呼声再起，有人复向光绪帝推荐张著《劝学篇》。光绪帝详加批阅后，谕旨说他持论平正通达，于学术人心大有裨益，着军机处广为刊布。

茅海建则认为此文是张之洞最重要的著作，其中提出的“中学为体，西学为用”的中西文化观，当时无论趋新或守旧的人士都认为可以接受，且在文化底蕴上显得比康有为各说更为深厚沉实。

尽管主张召张之洞进京的朝臣众多，终因张之洞心存疑忌，辗转延挨，致使慈禧另选了荣禄入值军机处。茅海建为此不无遗憾地说：“如非历史的偶然，戊戌维新在他的主持或指导下展开。在这一假设的前提下，我当然无法臆测中国历史的走向，但我已感到，由于他的机敏，很可能会避免戊戌政变这一结局，那毕竟是中国历史的倒退。”

按《辞海》对张之洞著《劝学篇》的释义，说其“提出‘旧学为体，新学为用’的论点，主张在维护封建统治的基本原则下接受西方资本主义技术，反对维新变法。它是集中反映洋务派思想的论著”。尽管张之洞未能听从朝廷的谕旨应召，失去了升迁的机会，但因他的思想观点与维新变法相对立，于是在行动上与维新派相抗衡。先是奉总理各国事务衙门电，裁撤上海南学会，进而指称自立军为“匪”，称唐才常为“匪首”，罪名为“勾煽三江两湖等处哥老会匪，纠众谋逆，定期于七月二十九日，武昌、汉口、汉阳同时起事”，即将唐才常等二十名自立军正法示儆[②]。所谓“谋逆”“案情”还处在准备“起事”阶段，并没有行动，就将其逮捕“正法”，岂不是罚不当罪的么？

然而，张之洞杀了唐才常等人之后，又从其查抄的案情中发现：康有为、梁启超是上海自立总会的正副会长，主张新造自立国，不认清为国家（实指慈禧当政的宫廷），敢托保国之名，以逞其乱国之谋。罪证为：其一，刊刻有督办南部各省总会、督办南部各路军务、统带中国国会自立军以及中国国会分会驻汉等四枚关防。其二，以富有票为代金券，发放自立国所属各部，凭票兑换现金，以资费用，相当于国库。曾查获康有为“诈骗敛集”（实为募集）之款共六十万元。其三，各聚点打造刀械，制造号衣，储备米粮，购买洋枪、刀械，实为自立军的后勤仓库。

张之洞据此认为，国会统率的自立军，以自立为名号，以焚戮劫掠为条规，以富有票为引诱，以哥老会、红教会及各省会匪为羽翼，意欲使天下人心同时动摇，天下民生同时糜烂。由是深受刺激，以其“凶毒以极”，由恐惧惶惑而生敌意，进而感到诛

---

① 茅海建：《戊戌变法史事考初集》，生活、读书、新知三联书店 2018 年版。

② 中国史学会主编：《戊戌变法》，上海人民出版社 1957 年版，第三册，第 471-472 页。

杀唐才常等人还嫌不够，甚至要将康有为、梁启超一并除之而后快。于是，他再上《宣布康党逆迹并查拿自立会匪首片》，内称“康党逆谋作乱”，“当经拿获匪首唐才常等多名正法”，“而康梁布散党徒，暗结广东”，仍在活动，“臣查开最要匪首名单，并摘叙自立会匪紧要情节，晓谕地方”，“并饬江汉关道照会汉沪各领事查照办理，务期多歼厥渠魁，解散党羽，以安大局”。对此，清廷批谕：“即著电咨三江两广等省一体秘访严拿，歼厥渠魁，解散党羽，务期净绝根株，以遏乱萌，钦此。”

张之洞将康梁推入绝境，事非偶然。张之洞在群臣举荐后虽然没有得到重用，系他个人自弃，但对慈禧太后的宠信，不能没有感恩图报之心。何况慈禧太后因为康梁脱逃未能捕获，不惜悬赏重金（七万两白银）购其头颅，以解心头之恨。现在有了献头的机会，何乐而不为？事非巧合。张折上呈即有了回应：

所幸的是，康有为、梁启超远在海外，未曾与唐才常一道回国，逃脱一劫。唐才常等自立军志士的死也就沦为替牲。

噩耗传来，李端棻闻之，悲痛欲绝，作《党祸》诗以诉说心中的悲愤：

几见清流误国家，权奸颠倒是非差。
狭心但解酬恩怨，盲眼何曾识正邪。
戮辱逋囚无漏网，晋唐明宋有前车。
汉阳渡口京都市，云散风凄日又斜。

京都市，系指谭嗣同等六君子被杀于京都菜市口；汉阳渡口，则为张之洞荼毒唐才常等自立军的刑场。

如果说，直接杀人者是不识正邪的帮凶，那么“权奸颠倒”者，即隐藏在身边的后党，就难逃罪责了。光绪帝中毒案的披露，再一次佐证光绪帝的被毒害，亦与母后欲除去身边一身反骨的儿皇才能确保皇族家法的长治久安的权奸密切相关。

戊戌变法历经挫折，终归失败，国无宁日。然而，历史是不会中断的。继之而起的是孙中山领导的国民革命，推翻了清王朝的统治，创建新的国体——中华民国。

清末的中国正处在半封建半殖民地时代，辛亥革命推翻了清王朝，结束了封建帝王统治的历史，完成了反封建的历史任务。然而，进入民国以后，皇帝阴魂不散，又出了个窃国大盗——袁世凯，悍然称帝，因逆潮流而动，遭到全国人民的反对，倒袁之声四起，袁贼自掘坟墓，葬身黄土。

袁世凯自作孽，死有余辜。然而，意想不到的是孽根难除。袁世凯死后，时任安徽督军的张勋，拥十三省同盟，一朝得势，遂生为清帝复辟的妄想，串通康有为于1917年6月统率他的“辫子兵”，破城入京，跪求废帝溥仪复皇帝位。北洋军阀段祺瑞遂与冯国璋联合起来，组成讨逆军，将其破灭，起落仅十二天。

康有为一介书生，不可能持枪上阵。“辫子军”败亡后，不知所终。张勋逆谋破灭后，史学界有称其为“复辟丑剧”的，极富讽刺意味。张勋复辟虽是历史的不幸，但作为一面镜子，仍可供世人借鉴以警示未来。

《请推广学校折》：开启中国教育近代化进程的珍贵档案

郑永华*

京师大学堂不仅是清末“百日维新”的重要成果，在中国近代教育发展史上更具有重要的象征意义。从京师大学堂演变而来的北京大学，成为中国近代第一所真正意义上的大学。而北京大学酝酿与筹建的真正起点，其实应该从光绪二十二年五月初二日（即 1896 年 6 月 12 日）刑部左侍郎李端棻所上的《请推广学校折》算起。可以说，一百二十多年前李端棻所呈上的这份奏折，在北京大学建校史乃至在整个中国近代教育发展史上，都具有里程碑式的象征意义，是为开启中国教育近代化进程的珍贵档案。百余年来，各种版本的《请推广学校折》在不同文献中流传不绝，但由于各种原因，该奏折的进呈原件却未引起足够关注。近日在清宫档案中发现《请推广学校折》一份，应即其原始进呈本。今略做简述，以飨读者。

一、奏折的发现与认定

这份清宫档案，北京大学曾作为《京师大学堂档案选编》的首篇资料，于 2001 年影印公布。但由于体例所限，未对其来龙去脉进行详细说明，因而也没有引起学界应有的重视。查其原档，现藏于中国第一历史档案馆的“军机处录副奏折”案卷内。馆藏目录为全宗 3 号，目录 146 号，卷 7209 号，件 70 号。所拟标题，作“刑部左侍郎李瑞棻奏为时艰需才，请推广学校，敬陈管见事”。标题中的“李瑞棻”，显系“李端棻”之笔误，此由奏折封面及内文内容明显可见。全折正文以“刑部左侍郎臣李端棻跪奏”起首，共计十六开 31 幅半，每幅 6 行，行 20 字，皆以正楷工整书写。最后的具奏时间，为“光绪二十二年五月初二日”。奏折封面正中所书“奏”字与内文相同，但紧接其下的“侍郎李端棻摺，请推广学校由”以及封面左下的“五月初二日”，则与奏折内文有所区别。封面右上，又有草书的编号“贰拾”。封面左上，则是整理人员后来加盖的档案目录与编号印章。该折封面的具体情况以及其内文首尾，附书影如下。

---

* 作者简介：郑永华，男，湖南邵阳人，博士，北京市社会科学院研究员，主要从事清史、北京史、秘密社会史等研究，著有《清代秘密教门治理》《姚广孝史事研究》等。

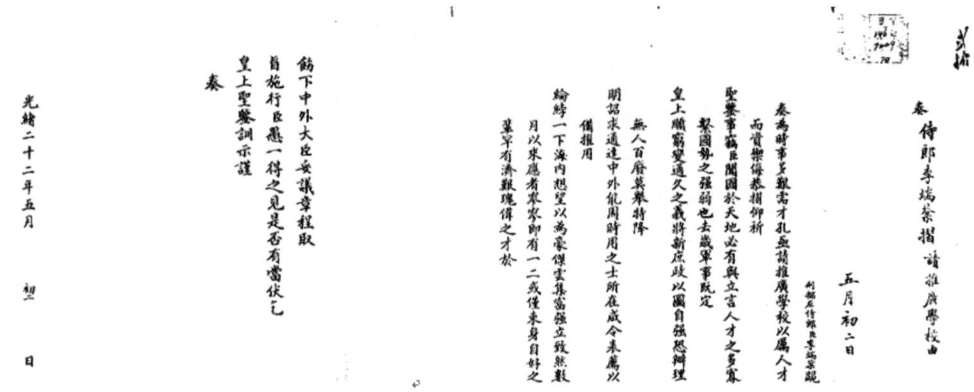

奏 侍郎李端棻摺 請推廣學校由

五月初二日

刑部左侍郎臣李端棻跪

奏為時事多艱需才孔亟請推廣學校以厲人才

而資襟備恭摺仰祈

聖鑒事竊臣聞國於天地必有與立言人才之多寡

繫國勢之强弱也去歲軍事既定

皇上頤窮變通久之義將新庶政以圖自强恐辦理

無人百廢莫舉特降

明詔求通達中外能周時用之士所在咸令表薦以

備採用

綸綍一下海內想望以為豪傑雲集富强立致然數

月以來應者寥寥即有一二或僅束身自好之

葉罕有濟艱瑰偉之才於

……

飭下中外大臣妥議章程取

旨施行臣愚一得之見是否有當伏乞

皇上聖鑒訓示謹

奏

光緒二十二年五月　初二　日

将此折与现存的李端棻其他折件进行字迹比对，可以初步判断，该奏折目前虽收藏于“录副奏折”卷宗之内，却并非由军机处抄录的副本，而是李端棻本人呈上的奏折原件。查光绪十四年（1888 年）慈禧太后“归政”时，清廷规定每日在京衙门呈递的奏折，“皇上批阅传旨后，发交臣等另缮清单，恭呈皇太后慈览”。外省奏折则在皇帝批阅下发后，由军机处摘录事由，上呈慈禧太后阅览。这即是慈禧太后“归政”以后，仍继续监督光绪皇帝施行政务的“事后报告制度”[①]。据此查考档案，不仅可以得知《请推广学校折》归于《录副奏折》卷宗的缘由，亦可以认定该折实系李端棻呈上的原件。

按五月初二日的《起居注》，载光绪帝赴仪鸾殿向慈禧太后请安后，“内阁奉谕旨：‘李端棻奏《请推广学校以励人才》一折，著该衙门议奏。’”[②]可知光绪帝是向慈禧太后请安后，开始批阅《请推广学校折》等奏件的。《上谕档》对此有更详细的记载，先称“内阁奉上谕：‘李端棻奏《请推广学校以励人才》一摺，著该衙门议奏。’”其后续载“本日，侍郎李端棻奏《请推广学校以励人才摺》，奉明发谕旨：‘著该衙门议奏。’翰林院侍讲学士戴鸿慈奏《粤海关私设号口请饬查禁摺》，又奏《请将户部税则刊石揭示片》，奉寄信谕旨：……以上各摺片，应行抄录之件较多，拟于明日再将原摺片恭呈慈览”[③]。再查军机处办理过程中留存的清单，亦称：“本日侍郎李端棻奏《请推广学校以励人才摺》，奉明发谕旨：‘该衙门议奏。’”其后记录翰林院侍讲学士戴鸿慈奏《粤海关私设号口请饬查禁摺》、奏《请将户部税则刊石揭示片》以及给事中戴恩溥、御史李擢英等其他奏折的处理经过，最后特意注明：“以上各摺片应行抄录之件较多，拟于明日再将原摺片恭呈慈览。谨奏！”[④]次日军机处的清单与此相呼应，略称：“谨将初二日侍郎李端棻等封奏摺片六件，恭呈慈览。谨奏！”[⑤]这一详细过程，又见于《随手登

① 参见李文杰：《垂帘听政、训政、归政与晚清的奏折处理》，《近代史研究》2018 年第 2 期。

②《清代起居注》，光绪朝第五十六册，台北联合报文化基金会国学文献馆、联经出版事业公司 1987 年版，第 028099 页。

③《光绪宣统两朝上谕档》，广西师范大学出版社 1996 年版，第 99-100 页。

④ 录副奏片，[军机大臣]奏为侍郎李端棻奏请推广学校以励人材等折片奉旨恭呈慈览事，光绪二十二年，中国第一历史档案馆，档号：03-5731-138。

⑤ 录副奏片，[军机大臣]奏为[五月]初二日侍郎李端棻等封奏折片六件恭呈慈览事，光绪二十二年，中国第一历史档案馆，档号：03-5351-051。

记档》的记载。[①]两月之后，总理衙门奕䜣等人在议覆该折时，则称“光绪二十二年五月初二日军机处抄交刑部左侍郎李端棻奏《请推广学校以励人才》一摺，本日奉上谕：‘著该衙门议奏。钦此！’臣等查该侍郎原奏所陈各节”云云[②]。

将上述《起居注》《上谕档》、录副清单以及《随手登记档》的记载相互对照，可以证实，五月初二日李端棻将《请推广学校折》上奏后，当日即奉到光绪帝“著该衙门议奏”的明发上谕，军机处随将折件抄交总理衙门办理。按规定，此折光绪帝批示以后，仍应“另缮清单，恭呈皇太后慈览”。但由于上呈的奏折数量多，军机处来不及将各奏折全文一一抄录，遂决定“明日再将原摺片恭呈慈览”。次日值班的军机章京按照预先安排，将《请推广学校折》原件进呈慈禧太后。待该折“慈览”完毕返回后，又归入军机处存档备查的录副卷宗内，并在封面右上用草书添注编号“贰拾”，封面“奏”字下添注主题“侍郎李端棻摺，请推广学校由”，以及左下所注上奏时间“五月初二日”，亦同为军机处人员所加，目的是存档后便于日后检索。从此，这份珍贵的档案原件遂尘封于深宫之中，直到一百余年后方露出其本来面目。该份奏折的发现与认定，不仅弥补了学界长期以来未能寻获《请推广学校折》原件的缺憾，同时以珍贵的档案实物，见证了中国近代教育发展史上的重大史事。

二、奏折的拟稿人

1913年，罗惇曧在《京师大学堂成立记》中说道：“甲午中日战后，士夫渐奋发言自强，康有为上书请变法，遂及兴学，梁启超为侍郎李端棻草奏，请立大学堂于京师。”首先提出李端棻所上的《请推广学校折》，是由近代著名思想家梁启超代拟的。从李端棻、梁启超两人的交往以及思想演变来看，这种推测颇有道理。后来学者检阅维新人士当时的来往书信，又发现创办《时务报》的黄遵宪、吴德潇以及李端棻本人在与汪康年、梁启超等人的通信中，多次提到该奏折。而将这些信函前后“连贯起来看”，梁启超为李端棻代拟《请推广学校折》一事，“似可定谳”[③]。

此中机缘，在于奏折的上呈者李端棻与梁启超两人之间，实有非同寻常的密切关系。李端棻（1833—1907），字苾园，出生于贵州贵筑县（今贵阳市），祖籍湖南清泉县（今衡阳市衡南县）。李端棻幼年丧父，后随叔父李朝仪（先后任顺天府平谷、大兴知县以及南路厅、东路厅同知，1879年任顺天府尹）赴京城求学，同治二年（1863年）中进士，入翰林院，以“直言”称名一时。光绪十五年（1889年），李端棻以内阁学士的身份前赴广东出任恩科主考，发现答卷中有一篇文章落笔雄奇，熔经铸史，大为赞叹，遂录取为广东乡试第八名。揭榜后待新科举人前来拜师时，才知道该试卷的作者

① 军机处随手登记档，光绪二十二年五月初二日，中国第一历史档案馆，档号：03-0288-2-1222-120、03-0288-2-1222-121。

② 录副奏折，总理各国事务王大臣奕䜣等奏为遵议李瑞棻[李端棻]条陈展拓学堂理合时宜请各省推广并筹给学生经费事，光绪二十二年七月初三日，中国第一历史档案馆，档号：03-110-5614-019。

③ 闾小波：《李端棻〈请推广学校折〉为梁启超代拟》，《近代史研究》1993年第6期。

并非他原来预想的“饱学宿儒”，而是年仅十七岁的翩翩少年梁启超。李端棻对才华横溢的梁启超非常欣赏，询知其尚未成家，因叔父李朝仪前已病逝在顺天府尹任上，遂作主将自己的堂妹李蕙仙许以为妻。李端棻与梁启超两人之间，就在座师的基础上，再加上了姻兄的双重关系。两年后，梁启超北上京城与李蕙仙完婚，由李端棻亲手操办。新婚夫妇一同来往于李端棻家中，梁启超与李端棻的交往，自然更为密切。梁启超后来在为李端棻撰写的墓志铭中，即深情回忆起自己“以光绪己丑（即前述光绪十五年）受学贵筑李公，旋婿公妹，饮食教诲于公者且十年。”成于民国年间的《清史稿》，更强调了梁启超在思想文化上对李端棻的巨大影响，谓李端棻“典试广东，赏梁启超才，以从妹妻之。自是颇纳启超议，娓娓道东西邦制度”云云。思想上的志同道合，加上两人之间的密切关系，成为梁启超为李端棻草拟奏折的前提与基础。

至于奏折酝酿、起草的时间，当在光绪二十一年（1895 年）末到二十二年（1896 年）春之间。自光绪十六年（1890 年）北上参加会试起，梁启超数年间“屡游京师”，结交康有为、谭嗣同等人，逐步接受维新变法思想。光绪二十一年，梁启超再随康有为入京，参与组织“公车上书”。此后康有为南下，梁启超则继续留在北京，在强学会中担任“书记员”，又主持《中外纪闻》事务。年底，强学会被封，梁启超为之奔走呼号，后改立为官书局，但梁启超被排斥在外。次年三月，梁启超应黄遵宪与汪康年之邀，赴上海创办《时务报》。在此前后，李端棻因病请假在家休养。大概是缘于此前强学会被封之挫折，或是为了便于日后《时务报》的筹办，梁启超在前赴上海之前，遂与李端棻商议上奏。经过沟通磋商，最后由梁启超拟出初稿。此后，梁启超南下，三月底李端棻亦销假“勉强从公”，但由于身体虚弱，“偶一劳乏，诸多不适”，直到四月底、五月初才将全稿誊录，并于五月初二日正式奏呈。五月下旬，李端棻致函梁启超，特意告知“月前所上一疏，饬交礼部、总署会议，准驳尚未覆议。候有定议，再为寄知”，所言“月前”所上之奏疏，即两人参与而由梁启超草拟的《请推广学校折》。

三、开启中国教育近代化进程的先声

正是由于与梁启超等维新人士的密切来往，李端棻后来成为清末著名的改革家，也成为戊戌变法中“二品以上大臣言新政”之唯一一人。由梁启超草拟、李端棻定稿奏呈的《请推广学校折》，则是两人呼吁改革中国传统教育体制的先声。该折开宗明义，提出上奏之由，在于“时事多艰，需才孔亟，请推广学校，以厉人才，而资御侮”。梁启超、李端棻在奏折中指出，虽然同文馆、实学馆、水师武备学堂等已开办 20 余年，但却收效很小，是因为这些洋务教育具有“徒习西语西文，而于治国之道、富强之原一切要书，多未肄及”，“学业不分斋院，生徒不重专门”，“日求之于故纸堆中，终成空谈，无自致用”等五大弊端。奏折认为，要改变目前“国家不一收奇才异能之用”的教育困境，必须对原有的科举学制进行改革，“自京师以及各省、府、州、县，皆设学堂”。各级学堂分等教育，自州、县学堂起，即兼习中西课程，“诵四书、《通鉴》、小学等书，而辅之以各国语言文字，及算学、天文、地理之粗浅者，万国古史近事之简明者，格致理之平易者”。省学堂在州县学堂的基础上进一步提高，“诵经、史、子及国朝掌故诸书，而辅之以天文、舆地、算学、格致、制造、农、商、兵、矿、时事、交涉等学”。京师大学，其课程设置“一如省学”，但学生重于专研，“惟益加专精，各执一门，不迁其业”。又提出，要有效推广学校，还需有设藏书楼、创仪器院、开译书局、广立报馆、选派游历等“相须而成”的具体举措。奏折最后饱含希望地指出，若传统的教育体制能够切实施行变革，十年之后，必能培养出大批国家急需的“奇才异能之士”，“以修内政，何政不举？以雪旧耻，何耻不除？”

李端棻奏呈的《请推广学校折》，第一次比较系统地提出在全国范围内普设新式学堂，同时在州县、省城、京都自下而上构建三级教育机构的设想，其教育思想已与近代国民教育体系非常接近。其中的部分内容，即使过去了一百多年，仍不乏积极的现实意义。该折表面上讲的是新型人才的培养，但实际上已经触及朝廷的选人、用人制度，在一定程度涉及政治制度的变革。晚清定制，上呈君主的奏折一事一折，不能太长，一般为七开 13 幅半的篇幅。而《请推广学校折》长达十六开 31 幅半，长度超过一般奏折两倍以上，仅此就可见这一奏折的重要性，远非寻常奏折可比。李端棻的奏折递上以后，光绪皇帝也非常重视，当即传谕“著该衙门议奏”，批转具体负责洋务、学校等新政事务的总理衙门议复。次日将该折原件呈送慈禧太后“慈览”时，亦未表示不同意见，实际上就是认可了光绪皇帝对奏折的处理。在两个月后的七月初三日，总理各国事务大臣奕䜣等正式议复《请推广学校折》，原则上同意李端棻的意见，认为所奏“理合时宜”，建议各省推广，并提议交管理官书局的孙家鼐具体筹划。八月二十一日，孙家鼐遵旨上奏，提出设立京师大学堂，聘请中西教习设立十科，以“中学为主，西学为辅；中学为体，西学为用”为办学宗旨。中国第一所近代意义的大学，至此已是呼之欲出。但由于经费无着，梁启超、李端棻首先提出设立京师大学堂的倡议，迟迟未能落实。直到光绪二十四年四月二十三日（1898 年 6 月 11 日），锐意变革的光绪帝在康有为、梁启超等维新派推动下，正式颁布“明定国是”的上谕。其中特意强调：“京师大学堂为各行省之倡，尤应首先举办，著军机大臣、总理各国事务王大臣会同妥速议奏。”五月十五日（1898 年 7 月 3 日），经光绪皇帝再三严令，总理衙门将梁启超代草的学堂章程奏上，当日得到光绪帝谕准。京师大学堂在历经两年的波折之后，终于正式成立。虽然不久后即发生“戊戌政变”，大部分维新变法成果付之东流，梁启超流亡海外，李端棻亦被罢官遣戍新疆，但复出“训政”的慈禧太后认为“大学堂为培植人材之地”，理应继续兴办。因此，由李端棻始倡的京师大学堂得以继续筹办，并于年底招生开学，此后又演变为北京大学，持续相沿，成为中国教育近代化的标志性事件。

教育改革在救亡图存的中国近代史上具有非同寻常的意义，仁人志士甚至将其上升到“教育救国”的高度。自李端棻递上《请推广学校折》并得到清廷同意后，兴办新式学堂之风，在南北各地逐渐兴起。光绪二十七年（1901）李端棻赦回贵阳，仍以兴学育人为己任。次年，他受聘主讲贵阳经世学堂，谆谆以开通风气、引导后进为要务。后来又与人创办贵阳公立师范学堂（今贵阳学院前身）、贵州通省公立中学（今贵阳一中前身）等新式学校，并发起成立贵州教育总会。直到临终前数日，李端棻犹心系学堂，反复叮嘱子弟出资捐助。由李端棻所上的《请推广学校折》，不仅成为“戊戌变法”时期教育改革的指针，也是中国近代教育史上的纲领性文件。正是在这个意义上，作为北京大学首倡者的李端棻，被后人誉为“中国近代教育之父”。由梁启超代拟、李端棻进呈的《请推广学校折》原件，更成为见证中国教育近代化进程的珍贵档案。

后　记

2017 年 11 月 16 日至 11 月 18 日间，由北京大学元培学院、贵州省史学会、贵州省文史馆、贵阳市历史学会、贵州师范大学、贵阳学院联合主办，贵阳学院党委宣传部、马克思主义学院承办的“李端棻研究院纪念李端棻逝世 110 周年全国学术研讨会暨贵州省史学会 2017 年年会”在贵阳学院音乐大厅隆重召开。来自全国各地的一百多位专家学者参加了本次学术盛会。

本次会议共收到专家论文 60 余篇，40 余万字。内容涉及五个方面的主题：李端棻的教育思想研究、李端棻的教育活动研究、李端棻的生平事迹研究、近代贵州历史人物研究、近代贵州历史问题研究。与会专家围绕这五个方面的主题展开了深入细致的交流与研讨。

在研讨会开幕式上，北京大学元培学院党委书记孙华教授，贵州省人大常委会原副主任、省文史研究馆馆长顾久，四川大学历史文化学院陈廷湘教授，复旦大学历史系刘平教授，北京社科院历史研究所郑永华研究员，贵州省社科院原副院长冯祖贻研究员，安徽大学钱耕森教授，贵州省社科院历史研究所原所长、贵州省史学会原会长、贵州省文史馆特聘研究员熊宗仁，贵阳学院刘宗棠教授和余文武教授等分别做了主题报告。贵阳学院校长毛有碧教授主持了大会开幕式。在开幕式上发表致辞的领导与专家分别是：贵阳学院党委副书记张年举、北京大学元培学院党委书记孙华、贵州省史学会副会长兼副秘书长彭法以及贵阳市政协副主席、贵阳市历史学会会长杜正军。张年举副书记在致辞中表示：“李端棻属中国近代史上知名的教育家。贵阳学院的组成部分——原贵阳师范学校，就是李端棻生前组织创建的。因此，本次盛会在贵阳学院召开，具有十分重要的历史与现实意义。”孙华教授在致辞中指出：“北京大学的前身——京师大学堂，就是由李端棻提议创建的。因此，谈到北京大学的历史，必须铭记李端棻的首创之功。在当代中国，要推动高等教育事业的创新发展，必须努力学习李端棻的这种开创创新精神。李端棻为近代中国高等教育事业的发展做出了卓越贡献。李端棻作为从贵州走出去的教育家、政治家，今天在省城贵阳召开纪念他的学术研讨会，具有重要的现实意义。”彭法教授在致辞中发表了热情洋溢的讲话，他指出：“贵州省史学会是联合贵州省史学研究学者的重要平台。在省史学会与贵阳市历史学会的联合推动下，召开了纪念李端棻逝世 110 周年的学术盛会。这对进一步深化李端棻的学术研究将起到很好的推动作用，希望更多的国内外专家加入李端棻的研究团队中来。通过李端棻的研究，进一步推动近代中国贵州声音的研究。”贵阳市政协副主席、市历史学会会长杜正军在致辞中指出："贵阳市政协在深化、挖掘贵阳市历史文化资源的过程中，应该大有作为。我们要充分发挥贵阳历史文化在贵阳经济社会建设与发展中的重大作用。其中，李端棻作为从贵阳走出去的知名教育家、政治家，其政治变革思想、教育创新思想、教育创新活动，非常值得省内外的专家，尤其是贵阳的专家学者去研究、去探讨。对此，贵阳市政协文史与学习委员会、贵阳市历史学会要深入思考，大力推动，让李端棻的政治与教育思想焕发出更加亮丽的光彩！"

在大会主场报告中，顾久馆长作了《努力将端棻文化发扬光大》的报告。顾馆长指出："李端棻的改革是体制的改革，是分配领域的改革，是一个忘我的爱国者的改革。他的改革，是追求平等、民主、自由、高枕无忧的改革，同时也是脱胎换骨的改革。其舍我其谁的改革精神，在当今的贵阳仍有示范意义。"四川大学历史文化学院陈廷湘教授作了《滇黔军入川护国靖国的是与非》的报告。陈教授认为："滇黔军入川护国靖国的历史事实启示我们：如何解决利益与个人理想的矛盾仍是当今社会所要研究的重大课题。在解决利益与理想的冲突与矛盾中，要努力协调解决国家利益与个人理想的统一。唯有如此，才能推动社会的正常发展。"贵州省社科院原副院长冯祖贻研究员作了《李端棻研究中的几个问题》的报告。冯研究员指出："李端棻的研究，应解决好三个方面的问题。一是史料的发掘问题。我们要加强对与李端棻有关的史料的收集、研究。二是研究的系统性问题。对李端棻的研究，不应是一点一滴的研究，而应通盘考虑，系统研究。三是要确保研究的客观性、公正性。对李端棻的研究，有的研究不能人为地拔高，应从历史事实出发，给予客观、公正的评价。"贵州省文史馆特聘研究员熊宗仁作了《怎样为近代贵州的历史发声》的报告。熊宗仁研究员指出："近代贵州，带规律性的特点和能发出声响的要点，表现为五个方面：一是中国自古以来经济社会发展立流方位演进的客观趋势，造成贵州边缘区位的形成和长期难以改变的现状。二是历史重负下相对的封闭、保守，导致贵州人潜意识或显意识的急躁骎进和求稳自保心态的交织，使许多主政者或上层阶层代表人物易产生政治经济冲动、文化躁动和求变心切，由此产生了政治、经济、文化领域短暂突破，或走近主流，甚或引领主流。但这些突破或昙花一现，或中途夭折，或短暂繁荣，或一度辉煌。三是中央政府对贵州重视程度的不同，政策措施的激活或抑制，造成贵州发展大环境的宽松或局限，给予贵州的发展空间或广阔或狭窄，几乎决定了贵州发展的快慢，也决定了贵州在全国话语权的大小。四是近代贵州战乱频仍，稳定时期少，经济发展举步维艰。贵州丰富的矿产资源、能源资源优势不能转化为经济优势，长期处于'宝山空手，乞醯邻家'的局面，人民群众在水深火热中越陷越深。五是近代贵州在旧民主主义革命阶段，虽也有'一举足而形势顿殊'的表现，但远不如新民主主义时期贵州的影响大。尤其是红军转战贵州和遵义会议所造成的影响，以及留下的红色遗产，造就了中国历史的伟大转折，最终成就了中华民族伟大复兴的第一部曲——中国人民站起来了，民族独立、人民解放的奋斗目标得以实现。”

通过本次会议的交流，与会人员进一步统一了思想，凝聚了共识，充分肯定了李端棻在近代中国教育改革中的先驱地位。为保存本次会议的研究成果，特遴选部分有代表性的研究成果结集出版，以飨读者。

借此机会，感谢贵阳学院党委书记吕保平同志拨冗为本论文集作序。感谢贵阳学院校长毛有碧教授、副校长焦艳教授、副校长赵福菓教授对本论文集的顺利出版所给予的大力支持。感谢贵州省史学会、贵阳市历史学会对本论文集的出版所给予的关心与支持。同时，也感谢西南交大出版社李晓辉老师为本论文集的出版所付出的辛勤劳动。

当然，由于时间仓促，编者水平有限，书中错讹在所难免。在此，祈望同仁批评指正！

编者于贵阳双龙航空港经济区渔梁河畔
2019 年秋季